纪念邓小平同志"三个面向"题词四十周年
北京景山学校优秀科研成果

ZHONGXUE SHUXUE ZONGHE SHIJIAN
HUODONG ANLI JINGXUAN JI

中学数学综合实践活动案例精选集

廖北怀 ◎ 主编

人民东方出版传媒
People's Oriental Publishing & Media

东方出版社
The Oriental Press

图书在版编目（CIP）数据

中学数学综合实践活动案例精选集／廖北怀主编 . —北京：东方出版社，2024.3
ISBN 978-7-5207-3767-8

I.①中…　Ⅱ.①廖…　Ⅲ.①中学数学课—教学研究—初中　Ⅳ.①G633.602

中国国家版本馆 CIP 数据核字（2023）第 217891 号

中学数学综合实践活动案例精选集
（ ZHONGXUE SHUXUE ZONGHE SHIJIAN HUODONG ANLI JINGXUAN JI ）

主　　编：廖北怀
责任编辑：王伊萌
责任审校：孟昭勤
出　　版：东方出版社
发　　行：人民东方出版传媒有限公司
地　　址：北京市东城区朝阳门内大街 166 号
邮　　编：100010
印　　刷：廊坊市印艺阁数字科技有限公司
版　　次：2024 年 3 月第 1 版
印　　次：2024 年 3 月北京第 1 次印刷
开　　本：710 毫米 ×1000 毫米 1/16
印　　张：22.5
字　　数：342 千字
书　　号：ISBN 978-7-5207-3767-8
定　　价：68.00 元
电　　话：(010) 85924663　85924644　85924641

教育要面向现代化，面向世界，面向未来。

邓小平　一九八三年国庆节

书赠 景山学校

本书系北京景山学校中学数学组承担的北京市教育学会"十四五"教育科研 2021 年度一般课题"高质量课堂教学创新模式的行动研究"的研究成果；系该组作为东城区中学数学名学科基地的建设成果。

《中学数学综合实践活动案例精选集》

主　编：廖北怀

副主编：凌　杰　刘兴华　陈　昕　韩莉梅

编　者：（按照姓氏笔画排序）

门桐宇　于洪伟　王明宝　王　旭　王　宁　王宾辉

石来京　史潮女　许　静　许云尧　许立群　刘文慧

刘兴华　李艳平　李雅楠　李　健　杨晓晨　杨安宇

宋思瑶　张　伟　张　旭　邵珍红　陈　昕　郇维中

胡彦鹤　柳龙姝　洪　晔　郭凌霄　凌　杰　韩莉梅

廖北怀　潘　颖　戴锦华

序

数学课程标准指出，数学在形成人的理性思维、科学精神和促进个人智力发展中发挥着不可替代的作用。数学素养是现代社会每一个公民应当具备的基本素养。数学教育承载着落实立德树人根本任务、实施素质教育的功能。综合实践活动既是中学数学课程的重要组成部分，也是学生学习数学的重要方式。在数学综合实践活动中，学生通过专题学习或项目式学习等方式，在现实情境和真实问题中，整合数学与其他学科的知识和思想方法分析解决问题，将在一定程度上有效提升学生的数学素养、综合素质、应用意识以及创新思维。

北京景山学校是十二年一贯制的教改实验学校，义务教育阶段实行的是五四分段学制。改革创新是学校教育教学的使命和特色，中学数学组的老师大胆实践、科学探索，根据国家课程标准的要求并结合教师实际教学经验，精心设计了一系列契合各年级学生年龄特点、学习特点并具有较强代表性的数学综合实践活动。此次汇编的综合实践活动是老师日常教学中的部分成果，包括数学游戏、数学探究、数学建模等多种形式，每个案例都经过实操层面的检验，具有很好的示范意义和推广价值。本书在编写上还具有以下特点：

一是突出实践性和探究性，活动设计强调学生在做中学、玩中学，每个综合实践活动均突出真实情境的创设。活动设计突出学生的体验，活动过程逐步递进，层层深入，鼓励学生大胆试验、自主探究、发散思维。

二是突出数学的学科本质，每个活动和案例背后都蕴含着重要的数学原理、数学方法或数学模型，不单为活动而活动，而是突出活动中浓郁的"数学味"，将数学的思想方法渗透在分析和解决问题的过程中，着眼于发展学生的数学眼光、活跃学生的数学思维、提升学生的数学素养。

三是突出整体性和实用性，本书设计的活动涵盖了初、高中各年级，涉及代数、几何、三角、统计等各方面数学内容，且体例统一，不仅仅是教学成果的汇编，同时也是很好的教学资源，便于老师使用和借鉴。

期待本书的出版能助力数学组的同人在数学教学改革的探索中更进一步，取得新的丰硕成果。

北京景山学校特级教师、正高级教师：

2024 年 3 月

前　言

　　随着国家人才强国战略的深入实施，时代和社会发展需要进一步提高国民的综合素质、培养创新人才，对中学数学课程提出了更高的要求，要改变课程过于注重知识传播的倾向，强调形成积极主动的学习态度，使获得基础知识与基本技能的过程同时成为学会学习和形成正确价值观的过程；改变课程实施过于强调接受学习、死记硬背、机械训练的现状，倡导学生主动参与、乐于探究、勤于动手，培养学生搜集和处理信息的能力、获取新知识的能力、分析和解决问题的能力以及交流与合作的能力。人人都能获得良好的数学教育，不同的人在数学上得到不同的发展，逐步形成适应终身发展需要的核心素养。

　　本书选择从中学数学综合实践活动的角度，结合中学阶段的国家数学课程内容，设计了一系列贴合学生生活实际的主题实践活动，力求让学生从数学的角度观察与分析、思考与表达、解决与阐释社会生活以及科学技术中遇到的现实问题，感受数学与科学、技术、经济、金融、地理、艺术等学科领域的融合，积累数学活动经验，体会数学的科学价值，提高发现与提出问题、分析与解决问题的能力，发展应用意识、创新意识和实践能力。

　　本书内容丰富多样，如游戏类、知识类、体验类、动手类、探究类等，每一个活动包含了设计理念、活动目标、活动准备、活动设计和活动预期效果几个板块，注重学生的多元思想和个性品质的发展，为学生提供自主探索的空间，使学生增强探索与创新意识，学习科学的研究方法，发展综合运用知识的能力，增进学校与社会的密切联系，培养学生的社会责任感。既可以作为中学教师进行综合实践活动的教学素材，也可以作为学生自主探究、自主实践的用书。

但鉴于能力和水平有限，编写中难免有疏漏和不妥之处，恳请广大读者和同行批评指正，以便不断修正和完善，在此表示衷心地感谢！

编　者

2024 年 3 月

目录
Contents

六年级部分

游戏型《扑克牌中的魔术》

设计理念

"玩中学"是一种教育方法，引导学生将"玩"和"学"结合起来，通过"玩"来激发他们求知的动力、巩固习得的知识、提高动手协作的能力，使他们在"玩"的过程中自由、快乐地学习和探索. 扑克牌作为益智类游戏的重要道具，兼具数和形的特点，加上洗牌时的随机性，可以设计与代数、几何以及概率有关的数学游戏. 根据扑克牌的特点设计与数学有关的魔术，能让学生在"玩"扑克牌的过程中体会到数学的乐趣.

活动目标

1. 了解扑克牌具有数和形的双重特点.

2. 了解游戏背后的数学支撑.

3. 通过游戏，培养学生数学抽象、数学运算和数学建模等核心素养.

活动准备

扑克牌.

活动设计

导语： 扑克牌是一个魔术师的常用道具，凭着眼花缭乱的手法和特制的道具扑克，魔术师能完成各种匪夷所思的魔术，让观众大呼过瘾，遗憾的是我们没有魔术师的手法，但是如果你能抓住扑克牌兼具数和形的特点，再加上一点点运气，你也可以玩转扑克. 特别说明一下，我们不需要特制扑克，一副普通的扑克牌即可，下面让我来教大家几招.

魔 m1:

一副牌，充分洗牌后，随机切牌，一半拿在手里，一半放在桌面（背面朝上），找一个同学配合表演（不是"托儿"，随机找一个同学即可），让这个同学看一下桌面上的牌最上面一张，为了增加可信度，可以让全班同学看到这张牌（但魔术师没有看见），然后放回原来位置，魔术师盯着桌面上的牌，似乎要透过

背面看到这张扑克牌到底是哪张，接着魔术师把手里的牌和桌面上的牌放在一起，让配合表演的同学继续洗牌，洗完后给魔术师，魔术师很轻松地找到了那张牌，他真的有透视眼吗？

你注意到所有细节了吗？关键在哪里？

关键在于魔术师手里拿的那一部分牌！魔术师在切牌的时候，不经意间很隐蔽地看了一眼手里那部分牌的第一张（尽量不让同学们看见这张牌）！

揭秘：魔术师并没有透视眼，其实道理非常简单，假设魔术师手里的第一张牌是红桃 5，那么魔术师把两部分牌放在一起时，要猜的那张牌和红桃 5 是挨着的，虽然配合表演的同学重新洗牌了，但即使他洗了很多次，但这两张牌被分开的概率并不大，你有很大的可能性完成这个魔术，找到要找的这张牌.例如，打开牌后，红桃 5 附近的牌是这样的（见上图），那么同学们看见的那张牌最大的可能就是黑桃 2.

当然了，完成这个魔术要有一点点运气，因为也有可能失败.

设计意图：在魔术和揭秘的过程中，培养学生认真观察、注意细节的习惯，同时，通过洗牌渗透随机思想.

魔 m2：

　　一副牌，拿出一部分牌不要，剩下的牌充分洗牌，随机找一个同学配合表演，让这个同学随机抽取一张牌，可以让全班同学看到这张牌（但魔术师没有看见），然后把这张牌给魔术师，魔术师把这张牌随机插入其他牌中，魔术师盯着牌，似乎要透过背面看到这张扑克牌到底是哪张，充分洗牌后，魔术师还是很轻松地找到了那张牌！

　　你注意到所有细节了吗，关键在哪里？

　　关键在于两个地方：一是魔术师不要的牌；二是魔术师是如何把那张挑出来的牌插入其他牌中的！

　　揭秘：仔细观察每一张牌，你会发现可以把牌分成两类：一部分是中心对称的（例如方块 2，黑桃 J）；其余的是非中心对称的（例如黑桃 7，红桃 6）.

中心对称　　　　　　　　　　　　非中心对称

　　所有中心对称的牌都不要，留下所有非中心对称的牌（魔术师事先要挑好），对于非中心对称的牌，我们约定一个向上的方向（只要自己能区分向上的方向即可），要保证所有挑出来的牌向上的方向是一致的.

　　当配合表演的同学抽出一张牌时，魔术师一定要盯紧这位同学的手上动作，从而知道这张牌哪个方向是向上的，然后魔术师接过这张牌后，比较隐蔽地将这张扑克牌调一个方向，插到其他牌中，所有牌中，只有这张牌的"方向"和其他牌是不一样的，魔术师可以轻而易举地找到. 例如，我们约定上图中红桃 6 的方向为向上的方向，则下图中红桃 6 的方向是向下的，而其他几张牌方向都是向上的（自己默认向上的方向），从而能够找到这张抽出的牌是红桃6.

设计意图：在魔术和揭秘的过程中，培养学生认真观察、注意细节的习惯，同时，在对比的过程中提升对图形对称性的认识.

用了概率，用了图形，能不能用一下扑克牌数的特征呢？

魔 m3：

一副牌（去掉大小王），充分洗牌后，正面打开，让同学们看到是彻底打乱的，然后背面朝上，随机抽一张，例如抽到黑桃8，把黑桃8放在桌面上，正面朝上，然后开始数数，从8数到K，每数一个数，随机从牌中抽一张放在黑桃8的上边（算上8，一共6张）；另起一堆，再重复两遍. 假设桌面上翻开的三堆牌中的第一张分别是8，7，J（每堆牌的最底下一张，也就是第一次抽出来的那张），J当成11，因此8+7+11＝26，然后魔术师从剩下的牌开始数，数到第26张，奇迹发生了，魔术师可以准确无误地猜出第26张牌！8，7，J完全是随机的，也就是说26这个数字是随机生成的，难道魔术师记住了手里边每张牌的位置？

如果他不是记住了所有牌的位置，那他是不是记住了某些特殊位置的牌呢？

揭秘：考虑特殊情况，比如说抽出来第一张牌都是K（当成数字13），那么每堆牌只有一张，13+13+13＝39，加上原来的三个K，应该要猜的牌是第42

张：如果抽出来的第一张牌都是 A（当成数字 1），那么每堆牌有 13 张，翻开的牌有 39 张，而 $1+1+1=3$，$39+3=42$，要猜的牌还是第 42 张，是巧合吗？

可以证明无论每堆牌的第一张是什么牌，最后要猜的都是第 42 张．证明如下：

假设每堆牌的第一张分别为 x，y，z，

那么桌面每堆牌的数量分别是 $14-x$，$14-y$，$14-z$，

即桌面上的牌一共 $42-(x+y+z)$ 张．

从而 $42-(x+y+z)+x+y+z=42$．

即无论每堆牌的第一张是什么牌，最后要猜的都是第 42 张，从上往下数是第 11 张．

因此细节是打开牌让同学们看的时候，告诉同学们牌是杂乱无章的，同时魔术师也记住了第 11 张牌是哪张，当然，看似每次都是随机抽牌，但注意不是从上边抽，只要从第 11 张以后抽，那么这第 11 张牌就不会发生变化．

没有想到字母表示数还可以这么用吧？

> **设计意图**：在魔术和揭秘的过程中，培养学生认真观察、注意细节的习惯，同时引导学生透过现象看本质，从特殊情况出发，发现结论，再进行严谨的证明，体会用字母表示数的应用．

同学们，你们能用扑克牌的这些图形和数字特征，结合一点概率知识，设计一个魔术吗？

活动效果

> 本活动适合六年级学生，他们对于数和形，以及事件的随机性有一定的认识，通过几个简单的小魔术，在玩的过程中学数学，体会简单游戏背后的数学支撑，体会生活中处处有数学．该活动不仅激发学生学习数学的兴趣，使其体会到数学的应用，同时也提升了学生对数学的认识．

（本活动由许云尧设计）

翻牌游戏

设计理念

数学游戏在启发学生的智力、提高学生的学习兴趣和数学思维方面可以发挥很好的作用. 在游戏过程中，培养学生发现问题、提出问题、分析问题、解决问题的能力. 创新意识的培养是现代数学教育的基本任务，学生自己发现和提出问题是创新的基础；独立思考、学会思考是创新的核心；归纳概括提出猜想并加以验证是创新的重要方法. 如果我们用和学生的知识相称的题目来激起他们的好奇心，并用一些激励性的问题去帮助他们解答题目，就能培养学生独立思考的兴趣，并教给他们某些方法.

本节课是在学习了有理数乘法法则，以及多个非零有理数相乘的符号判定方法的基础上，通过翻牌游戏的形式，让学生在玩的过程中提出猜想，进而给出证明，体会从简单到复杂、由特殊到一般及分类讨论的思想，并经历应用数学知识解决问题的过程.

活动目标

1. 感受和体会有理数乘法符号法则的应用.

2. 经历将翻牌游戏数学化的过程，体会用数学知识解决问题的重要性，培养学生发现问题、提出问题、分析问题、解决问题的能力，培养学生的创新意识.

3. 体会从简单到复杂、由特殊到一般及分类讨论的思想.

活动准备

每人 7 张扑克牌、实验报告.

活动设计

创设情境

引入：我国著名数学家陈省身曾为青少年题词："数学好玩". 今天我们来玩一个翻牌游戏.

活动 1：游戏规则介绍

取出若干张扑克牌，全部正面朝上放在桌上. 每回合翻动若干次扑克牌（包括已经翻过的扑克牌），经过若干回合的操作将所有的扑克牌都变成反面朝上.

> **设计意图**：介绍、讲解游戏规则.

活动 2：理解游戏规则

举例：取 5 张牌，每回合翻 3 次.

> **设计意图**：进一步理解翻牌规则，让学生通过动手实践，发现问题并及时解决.

问题 1：为了方便地记录翻牌的过程，需要用简便的方法表示扑克牌的正反两种状态，你有什么好的方法吗?

> **设计意图**：在初中引入负数，一个重要的实际原因是我们经常要表示具有相反意义的量. 正和反是两种具有相反意义的量，引导学生用"＋"表示正面朝上，用"－"表示反面朝上，为后续利用有理数乘法法则解决问题做好铺垫.

问题 2：最少需要几个回合能完成?

> **设计意图**：此问题是为激发学生的探究欲，但证明过程较难，只要求学生在实验的基础上得到结论即可；而对于一般情况下的最少回合数及证明，会留作选做作业，供能力比较强的同学课后研究.

探索交流

活动3：探索步骤介绍

教师要求学生按照3翻2，4翻3，5翻2，5翻3，5翻4，6翻4，6翻5的顺序进行探索，完成实验报告，并给学生解释每回合翻1次或者原始牌张数能被每回合翻牌次数整除时，一定可以完成，比较简单，不做过多探究.

实验报告

总张数	翻牌数	是否可以	次数	过程记录
3	2			
4	3			
5	2			
5	3			
5	4			
6	4			
6	5			

> **设计意图：**引导学生从简单到复杂进行探索. 在游戏过程中，学生可能会发现3翻2是无法完成的，此时对学生来讲只是感性的认识，是一个猜想. 进而引导学生提出问题：如何解释3翻2不可能完成？为后面数学思考环节做好准备. 在游戏过程中，培养学生发现问题、提出问题、分析问题、解决问题的能力.

问题3：如何解释3翻2无法完成？

> **设计意图：**学生刚开始可能想利用实验的方法来说明，但要穷举所有可能的翻牌方法是比较困难的. 引导学生从另一个角度加以说明，关键在于总结出：翻动1次牌，牌的正反状态就会发生改变，如何表示这种改变.

问题 4：1 张牌翻动 1 次符号如何改变？

翻动 1 次牌，正反状态改变，相当于在原来的基础上乘以 "−1"。在此基础上解释 3 翻 2 不可能：3 张牌起始状态为 3 个 "+"，乘积符号为 "+"，目标状态为 3 个 "−"，乘积符号为 "−"，但每个回合翻动 2 次，从符号角度来讲，相当于乘了 2 次 "−1"，根据负负得正，每一回合不会改变整体乘积的符号。所以不可能从起始的乘积符号为 "+" 变化到目标状态乘积符号为 "−".

> **设计意图：** 引导学生发现解决问题的关键，为解决后续问题做好铺垫。

问题 5：无法完成的情况可以推广到更一般的情形吗？

奇数张牌，起始乘积符号为 "+"，目标状态乘积符号为 "−"，但每一回合翻动偶数张牌，从符号角度来讲，相当于乘了偶数次 "−1"，根据负负得正，每一回合都不会改变整体乘积的符号。所以不可能从起始状态变化到目标状态。

> **设计意图：** 后续会发现 5 翻 4 也无法完成，引导学生从特殊推广到一般，形成猜想：奇翻偶不可能完成。同时渗透分类讨论的思想，对所有情况可以分为 4 类：奇数翻奇数，奇数翻偶数，偶数翻奇数，偶数翻偶数。让学生尝试解释为什么奇翻偶无法完成，培养学生的表达能力。

总 ＼ 翻	奇	偶
奇	√	×
偶	√	√

归纳小结

通过本节课的学习，谈谈你的收获和体会。

学生总结：

1. 利用 "+1" 和 "−1" 表示正面和反面，这样很方便；

2. 遇到复杂问题可以先研究简单情况；

3. 研究问题过程中可能先通过尝试，提出猜想，然后证明（或举出反例）；

4. 体会利用数学知识解决问题的重要性.

教师总结：

1. 用到的数学知识：有理数乘法法则；

2. 问题探索的一般方法：由特殊到一般，由猜想到证明；

3. 常用的思想方法：分类讨论.

设计意图：通过梳理、归纳，提升对知识、思想方法的认识.

课后作业

必做：

1. 桌上有 7 张正面向上的扑克牌，每回合翻动 3 次牌（包括已翻过的牌），这样一直做下去，能否使所有的牌都反面向上？如果可以，最少需要几次？记录翻牌过程. 如果不可以，请说明理由.

2. 桌上有 7 张正面向上的扑克牌，每回合翻动 4 次牌（包括已翻过的牌），这样一直做下去，能否使所有的牌都反面向上？如果可以，最少需要几次？记录翻牌过程. 如果不可以，请说明理由.

选做：

1. 对于 m 张正面朝上的扑克牌，每回合翻动 n 次，在可以使所有牌变为反面朝上的情况下，最少需要几个回合？

设计意图：根据学生能力的不同，留必做和选做作业，既巩固了本节课所学知识，也给能力较强的同学提供可以继续研究的问题.

活动效果

同学们对游戏过程很感兴趣，所有同学都积极参与，并展示自己的方法. 在解决问题过程中，同学们容易猜测出奇翻偶的情况是实现不了的，但如何解释其中的原理对学生来说有难度．对于如何简单表示扑克牌的状态，同学们能够想到用"+"和"−"表示扑克牌的不同状态，也有同学提出用二进制即"0"和"1"表示，这同样是非常好的方法．但在解释 3 翻 2 为什么完不成时，学生遇到困难，虽然老师加以引导，但没有学生想到利用有理数乘法符号法则来解释，这可能是因为学生之前没有解决此类问题的经验．

（本活动由郇维中设计）

用字母表示数

✏ 设计理念

本节课是义务教育课程标准实验教科书七年级上册第二章《整式的加减》的补充内容. 在学习完《有理数》后，从小学的算术计算过渡到中学的代数运算，认知字母，能用字母表示简单问题中的数量关系和变化规律，初步形成符号意识是必不可少的重要一步.

在本节课的设计中，教师力求通过游戏，探究游戏中的奥秘，激发学生的学习兴趣和热情，通过充分的活动让学生体会字母表示数的意义，形成初步的符号意识，让学生在充分的游戏活动中逐步学会如何用字母表示较复杂问题的变化规律，体会字母表示数的优势，感知用符号来表示一般规律对于简化数学表达、得出结论的便利.

本节课的活动较多，需要 2～3 个课时.

📖 活动目标

1. 让学生经历探索规律并用字母和代数式表示数量关系的过程，感受从具体到抽象的思想.

2. 能用字母表示一些简单问题中的数量关系和变化规律.

3. 在具体的情境中体会字母表示数的意义，形成初步的符号意识.

4. 让学生经历设计游戏及用字母和代数式表示游戏中蕴含的数量关系的过程，引导学生用字母和代数式表示常见的数量关系，进一步体会字母表示数的意义.

5. 使学生经历探索并用代数式表示规律的过程，体会字母表示数的优势.

活动准备

1. 分组：每组学生 4～6 人.

2. 准备活动资料：每组学生合作准备不少于 30 个的五角星，每人 1 张 A4 纸，每两人准备 1 副扑克牌.

活动设计

游戏引出课题

每组准备不少于 30 个的五角星（数量是 3 的倍数，不同组的五角星数尽量不相等），平均分成 3 堆. 请按照老师的游戏步骤操作，老师定能猜出每组中间一堆剩下几个五角星.

游戏步骤：

步骤 1：从左堆中拿出 10 个放入中堆.

步骤 2：从右堆中取出 5 个放入中堆.

步骤 3：从中堆中取出与左堆余留的个数相等的五角星放入左堆.

当学生操作完毕，教师立即宣布每个人中堆有 25 个五角星，并让学生尝试解释其中的奥秘. 教师板书本节课的学习主题.

教师展示游戏步骤，每小组的操作员操作游戏，组员认真观察，从旁协助. 学生参与游戏过程，了解游戏结果后表示惊奇并思考原因.

自然语言（指令）	符号语言（列代数式）		
	左堆	中堆	右堆
平均分成 3 堆	x	x	x
1. 从左堆中拿出 10 个放入中堆	$x-10$	$x+10$	x
2. 从右堆中取出 5 个放入中堆	$x-10$	$x+10+5$	$x-5$
3. 从中堆中取出与左堆余留的个数相等的五角星放入左堆	$2(x-10)$	$(x+10+5)-(x-10)$	$x-5$

设计意图：利用游戏创设情境，引导学生质疑和探究其中的奥秘，从而激发学生的学习兴趣和学习热情，引出学习主题．

小组合作

请每组同学试着变换游戏步骤中的数字，中堆的五角星数将会有怎么样的变化？你有什么样的发现？

学生分组活动，尝试变换游戏步骤中的数字，得出新的结论．

设计意图：小组合作，动手实践，得出结论，在这个过程中体会字母表示数的意义．

用字母表示数的历史

教师结合数学史和五角星游戏，让学生体会字母表示数的产生与发展过程：

1. 公元 3 世纪以前：代数学发展的早期——"修辞代数"时期

中堆的五角星数："第一次从左堆中拿出个数"的 2 倍 ＋ "第二次从右堆中拿出的个数"．

2. 公元 3 世纪—16 世纪："缩略代数"时期

丢番图的解法：

假设第一次从左堆中拿出 10 个放入中堆，第二次从右堆中取出 5 个放入中堆．

设开始 3 堆的五角星数为 x，则最后中堆的五角星个数为 $x + 10 + 5 - (x - 10) = 10 + 10 + 5 = 25$．

3. 公元 16 世纪至今："符号代数"时期

设第一次从左堆中拿出 a 个放入中堆，第二次从右堆中取出 b 个放入中堆，设开始 3 堆的五角星数为 x，则最后中堆的五角星个数为 $x + a + b - (x - a) = a + a + b$．

设计意图：经研究发现，学生的认知规律和知识的产生发展过程比较一致，通过对代数学发展史的了解，学生能更好地理解字母表示数的意义.

继续游戏，活动中体会 //

每两人发1副扑克牌. 角色分配，一人当算牌者，操作扑克牌，另一人当同伴，游戏一次后，两人互换角色.

游戏步骤：

（1）记牌：算牌者当着同伴的面，把扑克牌反复洗牌几次，然后从中按顺序抽取27张牌（正面朝上，如图1），按次序摞成一摞，然后倒扣在桌面上（正面朝下，如图2）；

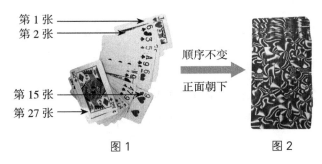

图1　　　　　　　　　　　　　　　图2

（2）抽牌：让同伴从剩下的27张牌中任意抽取3张（A，B，C），如果抽到大小王要重抽，把抽出的3张牌（A，B，C）正面朝上摆放（如图3），剩余24张牌摞成一摞倒扣在桌面上（如图4）；

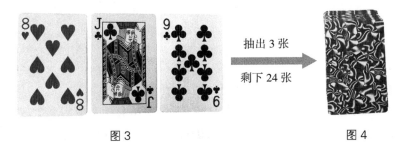

图3　　　　　　　　　　　　　　　图4

（3）合牌：算牌者把剩余24张牌整体摞在先抽出的27张牌的正上方（如图5、图6），共51张；

图5　　　　　　　　　　　　　　　图6

（4）补牌：从51张中自上而下抽取若干张牌补放在3张牌（A，B，C）后面，使得每摞牌第一张牌面数字（A，B，C的牌面数字）+补牌的张数 $=13$（如图7、图8）；

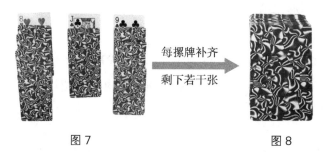

图7　　　　　　　　　　　　　　　图8

（5）算牌：如果抽出的3张牌（A，B，C）牌面数字之和为n，算牌者能算出剩余的牌中自上而下第n张牌的牌面数字和花色.

　　学生分组活动，分饰两个角色，在实验的同时思考问题，发现结论，并共同合作，尝试用字母表示数的方法进行推演和论证. 教师引导学生探究其中的奥秘，用字母表示数的方式，得出游戏的一般规律. 学生在教师的引导下尝试改变游戏规则，继续实验，进一步感知和体会.

　　学生两人分别进行活动演示，看哪位算牌者能知道第n张牌的数字和花色.

　　教师：我们只需要记住第n张顺序抽取的牌面数字和花色即可. 你能用数学知识解释游戏中的奥秘吗？你能尝试改变其中的规则，变换结论吗？

　　设计意图：小组合作，动手实践，得出结论，让学生进一步体会字母表示数的意义，形成符号意识，进一步感知字母表示数的优势，了解如何用字母表示数来揭示数学活动中蕴藏的规律.

灵活运用 ///

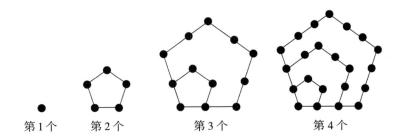

第1个　　　第2个　　　　　第3个　　　　　　　第4个

1. 第 2 个图形比第 1 个图形多几个点？

2. 第 10 个图形比第 9 个图形多几个点？

3. 任意一个图形比前一个图形多多少个点？

4. 根据你的计算方法，第 300 个图形比第 299 个图形多多少个点？

教师引导学生采用多种方法解决问题，并由此介绍毕达哥拉斯学派的多边形数.

> **设计意图**：学生从毕达哥拉斯学派的多边形数改变的练习，经历用代数式表示规律的过程，体会字母表示数的优势.

课堂小结 ///

教师引导学生从以下方面总结本节课的收获与体会：

1. 字母表示数的优势；

2. 特殊→一般→特殊；

3. 字母表示数的历史.

教师引导学生归纳本课的学习内容与重难点，总结本节课的学习方法和数学思想方法.

> **设计意图**：总结归纳，巩固新知.

作业

课外作业：分组，仿照课堂上的游戏例子，设计有趣的数学游戏或者疑难谜题，要求能用字母表示数的方式来解决问题.

小组合作与展示

请每组同学轮流做主持人，详细说明本组设计的游戏规则或谜题，其他组的组员根据游戏规则或谜题说明进行解答，由主持人组织其他各组回答问题，教师从旁指引.

展示要借助 PPT 或实物投影，如使用道具，需要各组同学自行准备.

学生分组活动，经历思考、设计、试验、问题解决、书写报告或 PPT 并阐述等过程，完成项目的合作展示. 其他组员经历思考、学习等过程. 教师对于学生的展示予以评价和总结，或协助解释，学生谈谈作业完成的体会.

> **设计意图：** 学生在交流的过程中进一步感知本节课的学习内容，体会字母表示数的意义及优势. 学生经历利用所学进行创新设计、合作展示等过程，锻炼问题解决能力及其他各项综合能力.

活动效果

本节课是非常适合初中学段低年级学生进行的一节活动课，课前准备较简单，实施比较容易，实操性强，且本节课的目标完全符合实际课内需要，从小学的算术计算过渡到中学的代数运算，认知字母，能用字母表示简单问题中的数量关系和变化规律，初步形成符号意识.

本节课通过引导学生探究游戏中的各个奥秘，引出学生要学习的主题，以学生感兴趣的游戏的形式，极大地调动了学生的学习积极性和主动性，激发了学生的学习兴趣和热情，使数学课更加活跃和鲜明起来. 通过反复引导学生变更游戏中的数字和规则，让学生进行改编等变式训练，加强了学生对学习内容的理解和掌握，让学生在这个过程中充分体会到字母表示数的意义和优势. 分组合作氛围浓厚，学生在分组学习的过程中学会了如何分工、合作与交流，增进了学生之间的情谊，特别是在完成课外作业以及进行小组展示时，通过一个完整的项目式的学习，学生不仅理解和掌握了课上的学习内容，更锻炼了创新能力、问题解决能力、合作学习能力、表达与阐述能力等，综合能力得到了充分的发展.

（本活动由陈昕设计）

生活中的数学图形

📝 设计理念

　　建立和发展学生的空间观念是图形与几何学习的核心目标之一，能由实物形状抽象出几何图形，并用几何图形描述一些现实中的物体，是培养空间观念的重要方面.

　　本节综合实践活动课在学习了初中学段"图形与几何"领域的第一章《几何初步》后，通过组织学生到生活中去寻找数学，并从中抽象出几何图形或者几何规律，学生感受到几何图形与我们的生活息息相关，感悟数学在生活中的应用，初步建立空间观念，发展几何直观. 通过从具体实物抽象出几何图形的过程，渗透重要的数学基本思想——数学抽象思想. 本活动对培养学生浓厚的数学学习兴趣，也起着十分重要的作用.

📖 活动目标

　　1. 让学生能从具体实物中抽象出几何图形，并用几何图形描述一些生活中的物体，发展几何直观，初步建立空间观念，渗透数学抽象思维.

　　2. 通过对几何图形特征的描述，发展学生运用几何语言表述问题的能力；通过观察、动手操作、类比、推断等数学活动，积累数学活动经验，感悟数学思考过程的条理性，发展形象思维.

　　3. 让学生经历从现实世界中抽象出几何图形的过程，感受图形世界的丰富多彩，激发对学习图形与几何的兴趣，发展审美情趣.

活动准备

校内展示 5 组"数学图片". 借助现实生活中大量存在的物体, 鼓励学生从生活中"发现"图形. 从现实实物中抽象出几何图形, 增强学生的几何直观感受, 提高学生学习图形与几何知识的兴趣.

第 1 组生活中的图形

长方形的地面和门　　　　　　　　圆的定义

建筑物上的图案　　　　　　　　移动中的圆

第 2 组生活中的图形

相交线——对顶角相等　　　　垂直　　　　垂线段最短

平行线上的奔跑　　　　　　　　三角形的稳定性

第 3 组生活中的图形

天空中的点动成线　　　　　　　　水流中的点动成线

蜗牛走过的痕迹　　　　　点动成线　　多个点动成线构成线动成面

线动成面　　　　　　　　　面动成体

第 4 组生活中的图形

轴对称，好美　　　海面倒映着美丽的白塔——轴对称

和山水共同分享轴对称的快乐　　　　　动物也爱美

第 5 组 生活中的图形

长方体　　　　　　　　　　圆柱体——撑起雍和宫地铁站

旋转后的美丽作品　　　　　　　　旋转体

人要不断向大自然学习

· 数学无处不在

· 有了你们，就有了发现数学的眼睛

📖 活动设计

环节一：校内进行

一、回忆数学图形都有哪些

1. 常见的平面图形：长方形、正方形、圆形、三角形、五边形等

2. 生活中常见的立体图形：长方体、正方体、圆柱、圆锥、三棱锥等

二、发现生活中一些美妙的图形中蕴含着哪些数学知识

1. 点动成线、线动成面、面动成体

2. 轴对称、平移等形成优美的图形

3. 三角形的稳定性

4.平行线间距离处处相等

5.垂线段最短

……

环节二：校外进行

组织全体同学到北海公园开展"寻找生活中的数学图形"综合实践活动. 请同学们带着发现的眼睛，怀揣着数学知识，在公园内，利用手机或相机记录下自己发现的几何图形、几何现象或者几何规律.

活动要求及出发前的准备工作：

1.4～6人一组自行分组，以小组为单位进行活动.

2.每组成员在解散进行活动前，需先进行成员分工，每组1名负责人（组长），2名记录员，2～3名拍摄员，成员人数不够时可兼任.

3.拍摄员职责：擅于发现生活中的数学图形，用相机记录下来，注意图片需包含想要展示的几何图形或想要说明的几何现象；记录员职责：随时记录拍摄员的发现，并在自己有新的发现时提醒拍摄员拍摄记录；组长职责：协调统筹整组的活动，既能够安排好团队活动区域，也能够在沿途发现本组同学遗漏的生活中的数学风景以做好补充.

4.活动时间40分钟，每组出发前需选定本组活动区域，不宜过大，可参考北海公园地图，大致思考会有收获的活动点位，结合地图预设准备发现的几何图形、几何现象等，有目的地开展活动.

环节三：校内进行

同学们的北海公园之行结束后，回到学校，以小组为单位进行图片整理、记录并进行汇总，制作成果展示PPT，准备进行小组汇报，小组汇报时间与环节二的活动时间至少间隔一周进行. 在这一周内，同学们需完成的具体任务如下：

1.分类整理、筛选图片阶段

整理在北海公园活动时的记录册及照片，需先将图片与几何图形或几何现象、规律相对应，再对本组所摄照片进行筛选、分类，精选后存入本组展示资料库.

2.查阅资料、解说图片阶段

本组同学根据最终选定的精选图片，结合自己的数学知识，对图片中呈现的几何图形、几何现象或几何规律进行"数学解说"，必要时可查阅资料，辅助图片中的数学知识进行解读，并制作小组汇报展示PPT，形式多样，图文并茂，充分体现本组同学的活动成果.

3.成果展示、汇报演讲阶段

在环节二进行一周后，安排一节课的时间进行小组汇报，每组自选汇报方式，可派代表进行汇报，或由小组成员分部分共同汇报，展现通过此次活动在数学方面的收获，通过实践探究，发展学生的空间观念、提高学生的创新意识.

活动效果

学生作业展示

生活中的几何图形

北京景山学校　六年级（5班）　江麟

通过观察、想象、动手操作、交流等亲身实践，学生在数学活动中获得建立几何图形的初步知识和技能，提高学生的空间观念和想象力，突出学生在学习中的主体地位，帮助学生积累有关数学活动的经验，并获得一定的成功体验.

　　本次数学实践活动给学生提供展现个性的空间，引导学生自主探究和合作交流，让学生在快乐中学习. 同时还充分利用信息技术工具的动态演示，帮助学生认识立体图形与平面图形的特征，帮助学生建立空间观念.

（本活动由凌杰设计）

角平分线在折叠五角星时的应用

设计理念

　　折纸活动是一种数学活动. 我国《义务教育数学课程标准》(2022 年) 总目标提出，课程目标以学生发展为本，以核心素养为导向，进一步强调使学生获得数学基础知识、基本技能、基本思想和基本活动经验 (简称四基)，并提出了"重视学生直接经验的形成，处理好直接经验与间接经验的关系"的建议. 积累数学活动经验是提高数学素养的有效手段之一，也是数学教学的重要目标之一，而数学活动经验的积累需要在"做"和"思考"的过程中完成. 折纸活动虽未被明确提出，却是落实数学活动经验积累的一个有效途径.

　　初中学段正是学生发展几何直观能力和空间想象能力的重要阶段，在此阶段，将折纸活动内容融入日常教学活动中，有助于学生理解图形的性质、位置关系与变化. 在初中设计开发基于折纸的数学活动课程，有利于激发学生的学习兴趣、学习动机和学习热情，消除学生对数学的畏难情绪.

　　折纸活动促使学生能够在日常生活中发现问题、分析问题，并将问题数学化，最终解决问题，提高学生的数学素养，体现了"动手做"与"动脑想"的互相补充，有效激发了学生的思维.

活动目标

　　1. 在折叠中找出角度的等量关系，理解折叠问题的实质，发现相等的角，体会角平分线在实践操作中的应用.

　　2. 通过活动，增强学生动手操作的能力，培养学生发现问题、分析问题、解决问题的能力，发展学生的几何直观和空间想象力.

3. 通过折纸活动，激发学生学习数学的兴趣，让学生感受到数学的应用价值.

活动准备

1. 每人准备十张 A4 大小的白纸和十张 A4 大小的彩纸，一个标准的五角星模型.

2. 直尺，量角器，圆规，铅笔，橡皮.

3. 彩笔（至少三种颜色）和剪刀.

4. 电脑，投影仪，实物展台，磁贴若干.

活动设计

复习相关知识

1. 角平分线的定义.

2. 回顾小学进行剪纸手工操作的方法.

课堂活动

问题引入.

如右图，将长方形纸片 $ABCD$ 中的 $\angle C$ 沿着 GF 折叠（点 F 在 BC 上，不与点 B，C 重合），使点 C 落在长方形内部的点 E 处. 若 FH 平分 $\angle BFE$，则 $\angle GFH$ 的度数满足（C）

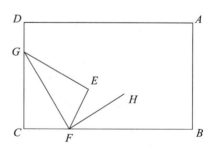

A. $90° < \angle GFH < 180°$

B. $0° < \angle GFH < 90°$

C. $\angle GFH = 90°$

D. 随折痕 GF 位置的变化而变化

设计意图： 通过复习前面所学知识及折纸方法，保证在本节课动手操作的过程中，学生能顺利地找出折叠中的角平分线.

活动 1：圆中寻找五角星

问题 1： 如何在圆中找到标准的五角星？

活动步骤：

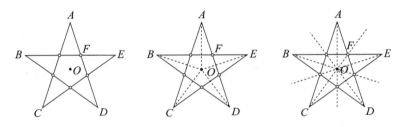

（1）用量角器测量五角星的各个角度.

（2）在一张 A4 大小的白纸上画一个半径为 8cm 的圆 O，任意画出一条半径 OE；

（3）用量角器画出 $\angle AOE = \angle AOB = \angle BOC = \angle COD = \angle DOE = 72°$，分别交圆 O 于点 A，B，C，D，E；

（4）连接每隔一点的两个点，得到一个新的五角星；

（5）测量这五角星的五个角，发现每个角的度数都等于 36°.

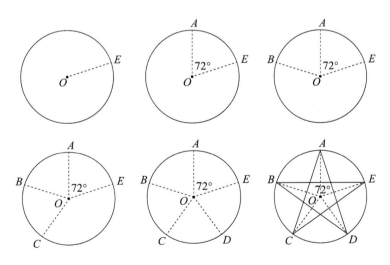

设计意图：通过在圆中寻找五角星的活动，学生了解正五角星的图形特点，为后续折叠五角星做好铺垫.

问题 2：如果用长方形折叠出五角星，运用在圆中找到标准五角星的方法，需要如何进行折叠?

方法参考：可以将五角星每两边相交的两个中间的点折出，即点 F，G，H，M，N，共将周角等分成 10 份，每份 36°.

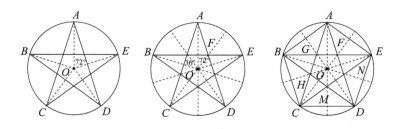

你能说出这种画法的道理吗? 你是否还有其他的画法?

实际上圆周可以看为 360° 的圆弧，若等分成 5 份，则每份为 72°，即五角星相邻两顶点和中心组成的角也是 72°. 从边长上讲也是一样的道理.

类似地，你能画出一个正六角星吗? 实际上可以用一个圆规画一个圆，在圆内画一个内接正三角形，然后把这个三角形的每两个顶点之间那段圆弧平分，找出新的三个点，再把这三个点之间连线，就成了正六角星.

活动 2：用长方形折叠出五角星（第一种方法）

问题 3：如何应用一张长方形纸折叠出五角星（提示：可以用剪刀剪一刀，也可以不用）?

活动步骤：

（1）学生拿出准备好的五张 A4 纸大小的彩纸，彩笔（至少三种颜色），剪刀；

（2）将一张彩纸用下图的方式折叠.

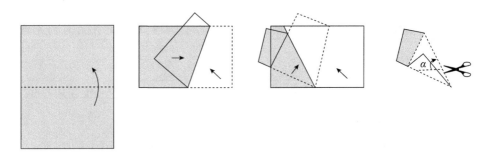

思考： 折叠中有角平分线出现吗？沿不同的角剪开，得到的五角星形状相同吗？哪一种更美观？变换不同的角试一试.

实际上，折叠中一定出现角平分线，在折纸或剪开时角度不准确，很难得到正五角星，所以沿不同的角剪开，得到的五角星形状是不同的，当为 54°时更美观.

设计意图： 通过第一个活动，学生了解了正五角星的图形特点，结合手中下发的五角星模型和自己在圆中画出的五角星，以及度量出的角度，动脑思考.

在活动 2 中，促使学生思考必须要折出的线有哪些．教师通过给出折叠图形，引导学生进行折纸活动，思考关键要素．这种"动手做"与"动脑想"的互相补充，能有效地激发学生的思维活动，有利于激发学生的学习兴趣、学习动机和学习热情，消除学生对数学的畏难情绪.

活动 3：用长方形折叠出五角星（第二种方法）

学生按下图所示进行折叠，并比较和第一种折叠方法的异同点.

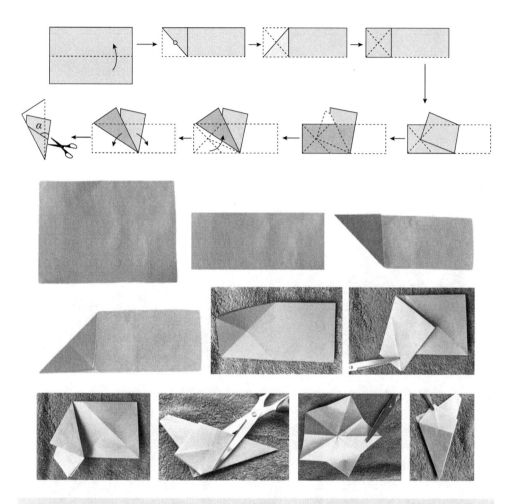

设计意图: 通过活动 2 长方形折叠五角星,学生很容易参考图片进行折纸活动. 活动 2 和活动 3 这两种折叠五角星的方法,本质上是一样的,都是将 360° 角十等分,通过折叠手法,出现十个中心角为 36° 的角.

第二种折叠方法实际是学生在课堂上由第一种折叠方法找到的. 教师可以顺势引导,追问这两种方法的共性,也再次体现了"动手做"与"动脑想"的互相补充,有效激发了学生的思维.

活动 4:用正方形折叠出五角星(第一种方法)

教师:提供折叠过程的视频;

学生:按照视频步骤用一张正方形彩纸,折出五角星,步骤如下:

（1）准备一张正方形彩纸，对折；

（2）将一边对准中线，折出折痕；

（3）另一边对准折痕折叠；

（4）把边往回折叠，直到底部折成三角形；

（5）用剪刀沿边剪开，展开得到一个五边形；

（6）五个边分别向下折，展开，折出折痕；

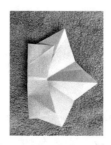 

（7）按照五角星的形状把五个角折出来；

（8）翻过来，把五个角的边继续翻折，五角星就折好了．

思考：哪里用到了角平分线？

设计意图： 活动 4 是活动 3 的延伸，只是折叠出的五角星更立体美观. 也是由平面五角星向立体五角星的过渡. 在学生动手折叠时，教师可以提示学生折叠时体会角平分线的用途.

当第一位学生成功折叠出这种立体五角星时，会激发周边学生的"斗志"，积极思考和模仿，这正是初中学习几何初始阶段对学生的一种模仿能力的训练，使学生在模仿中思考，在动手中获取知识，激发学习兴趣. 学生自己动手折叠图形，再去认识图形，既学到了知识，又体会到了数学的乐趣.

活动 5：用正方形折叠出五角星（第二种方法：五角星"小燕"）

教师：提供折叠过程的视频；

学生：按照视频步骤进行尝试；

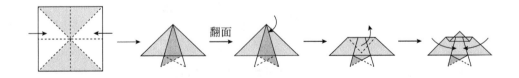

思考：哪里用到了角平分线？

设计意图：进一步培养学生的观察能力、分析能力、动手操作能力.

活动 6：用正方形折叠出双层五角星

教师：提供折叠过程的视频；

学生：按照视频步骤进行尝试.

（1）准备一张正方形的彩纸，对折一下，上层一个角向下折，展开，得到折痕；

（2）再把左下角向上折，展开，得到一个交叉折痕，右下角向上交叉线的中心折；

（3）再向右折，左下角向上折，翻过来；

（4）左右对折，翻过来，拿剪刀剪开；

（5）得到下面的三角形结构，展开，得到五边形纸，把对着星星角的线向上折；

（6）如图，这是正面的样子，下面的角向上折；

（7）展开，再展开，得到中间的一个小五角星，沿着中间的小五角星折，然后翻过来；

（8）把对着角的线向下折，整理成下面正面的样子；

  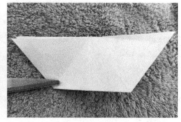

（9）继续折成下面这样，第二、三、四、五个都这样折，只折右面的角，每一面都是这样，折到最后一个；

（10）向下折，左右向下折，每一面都是，折成下面最后一个图；

（11）慢慢向外拉五角星的角，最后整理一下，漂亮的立体五角星折纸就完成啦．

思考：哪里用到了角平分线？

设计意图：最后一个折纸游戏，是把长方形、正方形折叠五角星综合在一起，折成一个双层五角星，使折纸游戏达到了一个折叠的高峰．通过实践，学生既可以体验到数学之美，也可以让自己的思维能力得以提升．

活动效果

课堂小结

1. 本节课介绍的这几种折叠方法，是否都在折叠中出现了角平分线？

2. 用第一种和第二种折叠五角星，剪刀剪角度时，哪种角度得到的五角星最美观？

3. 用同样的方法还可以做几角星？

4. 请谈谈在这次活动中的收获与体会．

课后作业 //

用类似的方法做一个六角星，并体会角平分线在折叠过程中的作用.

> 这个实践活动是针对初中学生刚开始学习几何第一章内容进行的设计，通过学生的动手操作，可以增加课堂教学的乐趣，激发学生的学习兴趣，调动学生的学习积极性. 在实践活动中，学生体会到数学的美，积累了活动经验，提升了思维能力.
>
> 学生作品：
>
>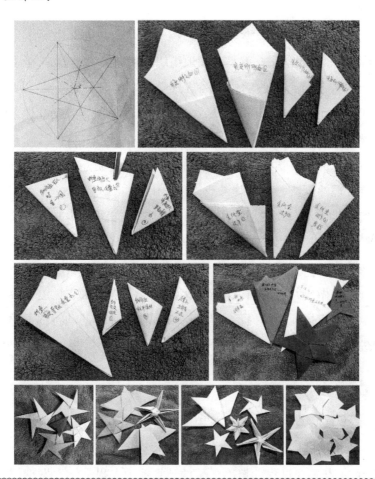

（本活动由韩莉梅设计）

24 点游戏
——有理数的混合运算

📝 设计理念

　　著名的荷兰数学家和数学教育家弗赖登塔尔把"数学化"作为数学教学的基本原则之一．"数学化"就是数学地组织现实世界的过程．"纸上得来终觉浅，绝知此事要躬行"，"数学化"的方式是使学生充分经历从生活世界到符号化、形式化的完整过程，积累"做数学"的丰富体验，收获知识、问题解决策略、数学价值观等多元成果．24 点游戏，是对有理数混合运算的很好补充．游戏规则清晰，但需要学生综合各方面的信息，经历猜想、探究、推理等思维活动，构造合理的算法，将纸牌游戏"数学化"．

　　有研究表明，认知风格决定着学习者的学习方法，其中"场独立性"和"场依存性"这两种认知风格和教育教学的关系比较大，而且认知风格是个体所用的比较稳定的并且是无意识偏爱的学习方式．"场独立性"的学习者能够不受干扰，自己做出判断，而"场依存性"的学习者，独立性差，容易受到他人的影响，需要根据他人的提示或者帮助做出决定．本活动将根据学生认知风格的不同进行分组活动．

📑 活动目标

　　1. 通过 24 点游戏，帮助学生巩固前面所学习的有理数的加法、减法、乘法、除法、乘方的法则，熟练地进行有理数混合运算．

　　2. 经历 24 点游戏过程，培养学生的计算能力，提高学生发现问题、解决问题的能力．

3. 通过 24 点游戏，学生学会与他人合作，养成独立思考与合作交流的习惯；在数学活动中获得对数学良好的感性知识，增强对数学的兴趣.

活动准备

四副扑克牌（除去大、小王），学生分成四个小组.

活动设计

活动 1：

对学生进行认知风格的测试，将"场独立性"和"场依存性"的学习者均匀地分配在各组. 将学生分成四组，一个组八名同学（此活动也可放在课前进行）.

> **设计意图：**为了小组合作的有效性，24 点游戏中要求各组尽可能多地列出算式，这个任务其实对于六年级的学生来说不是很容易，它是对所学知识的综合运用. 这样分组的好处是让"场独立性"的学习者带动"场依存性"的学习者，让所有的学生都参与到小组合作中来，"场依存性"的学习者在"场独立性"的学习者的带动下，积极参与到小组合作中来，抛去环境对学习的干扰，为小组竞赛贡献自己的聪明才智.

活动 2：游戏规则介绍

（1）将全班同学分成四个小组，每个小组一副扑克牌（除去大、小王）. 在每个环节的活动中，由每个小组派一名同学在每一副扑克牌（除去大、小王）中抽取四张扑克牌，用这四张扑克牌代表的四个数字按要求在规定的时间内进行运算（四个数只能用一次，可以使用括号），每次运算结果必须为 24. 每做对一种方法得到十分，也可以向该小组其他成员求助，但只能得五分.（注：A，J，Q，K 分别代表数字 1，11，12，13）.

（2）在比赛中，各小组成员必须遵守纪律，不得乱叫乱喊，否则扣除该小组得分.

（3）若该小组抽取的四张牌无法算出结果为 24，可放弃，重新抽取四张，但每轮只能放弃两次.

> **设计意图**：让学生明白活动的要求，保证活动能有条不紊地开展.

活动 3：常规 24 点游戏

对抽取的四个数进行有理数的加、减、乘、除及乘方运算，运算结果为 24，并在海报纸上写出尽可能多的算式.

学生活动：各小组派一名学生抽取四张牌，小组成员在海报上进行运算. 每算对一种方法得出结果为 24，就可得到十分，若无法得出结果为 24，可放弃，重新抽牌.

> **设计意图**：巩固所学习的有理数的加法、减法、乘法、除法及乘方等法则，并且从常规、简单的规则开始，使学生易于参与，体验到成功的喜悦，提高对活动的兴趣，为后面加大难度的活动做好铺垫.

活动 4：新型 24 点游戏

对抽取的四个数（其中红桃、方块代表正数，黑桃、梅花代表负数）进行有理数的加、减、乘、除及乘方运算，运算结果得到 +24 或者 -24，在海报纸上写出尽可能多的算式.

学生活动：各小组派一名学生抽取四张牌，小组成员在海报上进行运算. 每算对一种方法得出结果为 +24 或者 -24，就可得到十分，若无法得出结果为 +24 或者 -24，可放弃，重新抽牌.

> **设计意图**：符号运算是有理数运算的难点，对正、负数的运算可以加强学生对运算符号的练习. 随着活动难度的升高，学生在自主探索和合作交流的过程中，真正理解并掌握数学计算的基本技能和方法，获得广泛的数学活动经验.

活动 5：游戏反思

1. 每组同学选取一名代表上台展示游戏中出现的问题；

设计意图： 通过反思，学生进行逆向思考，再次体会有理数混合运算的算理.

2.让学生总结活动中的心得.

学生活动：各小组派一名学生谈收获，给谈得好的同学所在的小组加分.

设计意图： 在活动后学生谈谈收获，体验到活动的真正目的与意义，体验成功的喜悦，增强对数学的兴趣.

活动6：课后调查

对所有的学生进行问卷调查，分析课堂教学的效果.

设计意图： 通过问卷调查的方式了解并掌握课堂教学的效果.

活动效果

1.巩固了学习成果

通过此次活动，学生巩固了有理数混合运算的相关知识，并通过讨论、反思，加深了对法则、算理的理解，提高了运算能力.

如：有的小组展示了两个结果，可其他小组学生提出了异议，觉得如果运

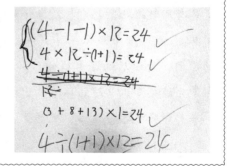

用乘法分配律，两个算式是等价的．通过讨论，复习并深刻体会了乘法分配律．

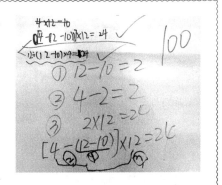

有的小组呈现的结果中，因为少了一个小括号，导致算式的结果不是24．"同级运算，从左至右；异级运算，由高到低；若有括号，先算内部；简便方法，优先采用．"因为整理算式的过程刚好是计算有理数混合运算的逆过程．如右图．

2. 积累了活动经验

24点游戏其实有很多的游戏技巧，比如想得到24，可以去看四个数的运算能否出现24的因数1，2，3，4，6，8，12等，学生们习惯于用加、减、乘，有时候会忽略除法，比如四张牌中出现10和5，可以两数相除得到24的一个因数2，更有利于下面的运算．比如下面的这组数字，学生抽到的是4，−10，5，12，可以得到右面的算式．

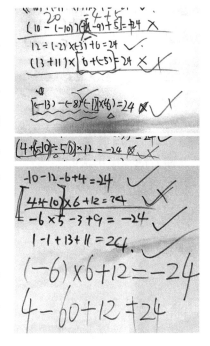

算式中出现的错误，比如有理数的混合运算顺序错误、列算式的过程中括号的丢失、符号运算错误等，这些问题也是有理数的混合运算中容易出现的．利用24点游戏这个载体，算式基本比较简单，更能说明错误的地方和错误的原因，为以后的运算提供经验．如右图，是在课堂教学的第四个环节，在学生连接知识总结的环节，出现的问题以及对问题的修正．

3. 增强了学习信心，提高了学习兴趣

调查结果显示，学生对24点游戏感觉非常好，即使有些自认为混合运算学的不是特别好的学生，通过 24 点游戏的活动，也对学习有理数的混合运算有了更大的信心，而且希望老师在以后的教学中能够尽可能多地使用数学游戏来帮助他们学习数学.

游戏补救教学调查问卷

第_____组

学号_____

1. 我觉得我的"有理数四则混合运算"学得还不错.

〇非常不同意　　　〇不同意　　　〇同意　　　〇非常同意

2. 我还想和别人玩 24 点游戏.

〇非常不同意　　　〇不同意　　　〇同意　　　〇非常同意

3. 我希望我的数学老师上课也用一些游戏来帮助学习.

〇非常不同意　　　〇不同意　　　〇同意　　　〇非常同意

4. 我现在喜欢用"运算律"计算.

〇非常不同意　　　〇不同意　　　〇同意　　　〇非常同意

5. 我现在觉得"运算律"学习不困难.

〇非常不同意　　　〇不同意　　　〇同意　　　〇非常同意

6. 我觉得"24 点游戏"好玩.

〇非常不同意　　　〇不同意　　　〇同意　　　〇非常同意

7. 我觉得"24 点游戏"对我的数学计算有帮助.

〇非常不同意　　　〇不同意　　　〇同意　　　〇非常同意

8. 我在游戏中想尽各种办法算出结果.

〇非常不同意　　　〇不同意　　　〇同意　　　〇非常同意

9. 和同伴讨论让我更顺利地进行游戏.

〇非常不同意　　　〇不同意　　　〇同意　　　〇非常同意

10. 在游戏中我得到了同学的帮助.

〇非常不同意　　　〇不同意　　　〇同意　　　〇非常同意

11. 我相信我能正确运算"有理数四则混合运算".

○非常不同意　　　○不同意　　　○同意　　　○非常同意

12. 我觉得数学不可怕.

○非常不同意　　　○不同意　　　○同意　　　○非常同意

13. 我今天喜欢上了数学.

○非常不同意　　　○不同意　　　○同意　　　○非常同意

（本活动由邵珍红设计）

从数据谈垃圾分类

——以本校本年级为例

设计理念

随着现代信息技术的不断发展，我们的时代也日新月异．我们现在的时代，毫无疑问是"大数据"的时代．因此，我们培养的学生既要能适应这个时代，更要能创造新的时代．因此，培养学生数据分析的意识十分重要，希望通过本次综合实践活动，以统计知识作为载体，教会学生利用统计的思想和方法，去看待这个时代，解决这个时代的问题．

通过对比课标中小、初、高不同阶段对于统计内容的要求，可以发现，无论是小学、初中还是高中，都在强调数据分析过程以及数据分析方法这两条主线．因此初中阶段作为承上启下的阶段，应该注意让学生在学习统计知识时，能够完整地亲身经历统计调查活动的全过程，此外还要关注数据分析的方法，包括如何收集、整理、描述以及分析数据．

活动目标

1. 学生经历并体会数据的收集、整理、描述、分析以及撰写调查报告和交流的全过程，能够对统计调查的各个环节有更加深刻的体会．

2. 学生能够通过小组学习提升合作交流能力以及参与实践活动的动手能力．

3. 学生能够体会到数学的应用价值，增强统计意识和数据分析的核心素养．学生能够增强垃圾分类的环保意识，增长垃圾分类的知识，提升对于学校以及整体社会环境的责任感．

🐾 活动准备

1. 课前授课：完成统计调查、直方图的课程教学，为本次实践活动课做好知识铺垫.

2. 班级分组：班级共 40 人，每组 8 人，自愿分组，分成五组并选出组长.

3. 确定课题：学生通过阅读学习材料（见附录 1），认识到垃圾分类的重要性. 同时通过观察，发现本年级楼道内垃圾分类的情况并不如意，从而确定研究课题为"从数据谈垃圾分类——以本校本年级为例".

4. 制定调查方案，设计调查问卷：每个小组制定调查方案，并且每个小组在分析数据时都要尽量发掘独特的视角. 每一位同学都制作一份调查问卷，问卷内容最终由教师进行整理、定稿，全班同学使用相同的问卷进行调查（见附录 2）.

5. 进行统计调查：发放调查问卷、收集数据、利用统计表和 Excel 进行整理，制作统计图来描述数据并制成 PPT 准备在课上进行交流分享.

📖 活动设计

活动 1：选取一个小组进行主要汇报

设计意图：通过学生在课上进行汇报，展现个人努力与小组合作的成果，同时通过再一次的讲解加深对统计知识的理解，增强学生参加实践活动的能力.

教师活动：教师选取其中一个小组进行汇报.

汇报的内容：调查的背景、主题，采取何种方式收集、整理数据，根据统计图的特点选择恰当的统计图描述数据，进行分析并最终提出建议.

学生活动：一个小组派代表进行汇报.

其他小组聆听汇报，着重听分析数据的角度是否和自己组的角度相同，如果角度不同，可在后续进行补充汇报.

设计意图： 学生在课前已经经历了统计调查中的收集数据、整理数据、描述数据、分析数据以及撰写调查报告的过程，让学生在课上进行汇报，既是一次展现个人努力与小组合作成果的机会，同时通过再一次的讲解加深对统计知识的理解，增强学生参加实践活动的能力．

活动 2：针对上一个组的汇报，学生、教师分别进行点评．

设计意图：

1. 通过学生互评、教师点评，对小组的工作成果以及每一个同学的努力作出肯定和表扬．

2. 根据汇报的内容，具体进行点评和提问，点明本节课的重点：让学生更加明确统计调查的各个环节．通过聆听其他小组成员的汇报，再结合自己小组统计调查的全过程，加深对统计调查各个环节的理解．

环节一：学生互评

教师活动：请学生对上一小组的汇报进行点评．

学生活动：学生进行点评．

设计意图： 除小组合作之外，增加不同小组间的点评，通过学生之间的点评激活课堂学习气氛，引导学生发现他人的优点，学会取长补短．

环节二：教师点评

教师活动：教师对上一小组的汇报进行点评．

学生活动：学生聆听．

设计意图： 对小组的工作成果以及每一位同学的努力作出肯定和表扬．点评重点：如何对统计数据进行恰当、准确的描述与分析．

环节三：教师总结

教师活动：老师提问，刚刚的汇报中，涉及了统计调查的哪些环节？

学生活动：学生回答问题．

设计意图：引导学生再次体会统计调查的全过程：收集数据、整理数据、描述数据和分析数据，撰写调查报告以及交流，进而让学生对不同环节有所体会.

活动3：其他小组补充汇报

设计意图：通过其他小组进行补充汇报、教师点评，进一步突破重难点：学生通过听其他小组的汇报，了解到其他组的同学是从哪些不同角度对数据进行分析的，如何尽可能地发掘原始数据中的信息.

环节一：其他小组进行补充汇报

教师活动：请其他从不同角度分析数据的小组进行补充汇报.

学生活动：小组派代表进行汇报；其他小组聆听汇报，着重听其他小组是从哪种角度进行分析的.

设计意图：突破难点：学生能够多角度对数据进行分析，充分挖掘原始数据中的信息.

环节二：学生互评

教师活动：请学生对上一小组的汇报进行点评.

学生活动：学生互评.

设计意图：学生之间进行互动，通过互相点评，取长补短，发现其他同学的闪光点.

环节三：教师点评

教师活动：教师对上一小组的汇报进行点评.

学生活动：学生聆听.

设计意图：教师从小组分工、描述数据、分析数据的不同角度进行点评，结合每个小组的具体成果向学生展示相同的原始数据，怎样选取不同的统计图进行描述，怎样选取不同的角度进行分析，最终得出较为准确的结论，并提出合理建议.

预设1：利用频数分布直方图来描述全年级学生垃圾分类知识问答的成绩，通过图来了解数据的分布情况.

教师活动：老师提问：能否应用我们班同学垃圾分类知识问答的成绩来估计全校同学垃圾分类知识掌握的程度？如果可以，说明理由；如果不可以，请进行解释.

学生活动：学生回答问题：不可以，因为样本的抽取不具有代表性.

设计意图：本次统计调查采用了全面调查的方式. 但是考虑到抽样调查也是收集数据的重要手段，而利用抽样调查就不可避免地要考虑到样本的抽取，因此结合调查的主题，利用提问的方式使学生明确：在抽样调查中，样本的选取十分重要，它直接决定了所得的结果是否准确.

预设2：从知识问卷的十道题中挑选作答正确率较高和正确率较低的题目进行分析，并且针对结论提出自己的建议.

教师活动：教师进行点评.

学生活动：学生聆听.

设计意图：突破难点，并向学生展示不同的分析角度，例如可以从调查问卷中选取小题进行分析.

预设3：介绍问卷中学生获取垃圾分类知识的途径，以及学生希望学校举办哪一类的宣传活动这两个问题. 通过条形统计图可直观看出学生从哪一个途径获取垃圾分类知识最多，以及学生最希望参加什么类型的活动，并根据分析结果提出建议.

教师活动：老师提问：这几组同学选取不同的统计图来描述数据，他们选取的统计图恰当吗？这些统计图各自都有什么特点？

学生活动：学生回答问题.

设计意图：通过问答的方式，学生掌握条形统计图、扇形统计图、折线统计图以及频数分布直方图这四种统计图各自的特点．通过对其他小组统计图选择的评价，促进学生能够根据数据特点灵活应用恰当的统计图来描述数据．

　　活动4：教师通过照片的形式，展示本班学生在分析数据、得出结论后，有针对性地为我校垃圾分类更好地实施所采取的行动．

　　设计意图：使学生体会到数学的应用价值，感受到数学来源于实际生活，并服务于实际生活．

　　教师活动：教师通过照片展示本班学生在参加课题学习后，为帮助我校更好地进行垃圾分类所采取的行动，包括在相应的垃圾桶上贴上易混淆垃圾的名称、手绘垃圾分类宣传单、通过观看宣传短片学习垃圾分类的相关知识．

　　学生活动：学生观看照片．

　　设计意图：使学生体会到数学的应用价值，感受到数学来源于实际生活，并服务于实际生活．

　　活动5：总结收获与体会

　　设计意图：学生反思自己的活动过程，以及在课题学习中积累的活动经验、增长的能力．

　　教师活动：在整个课题学习的过程中，同学们都有哪些体会和感受？
　　学生活动：学生总结自己的收获与体会．

　　设计意图：通过教师的提问与归纳，学生体会到通过此次实践活动，自己获得了哪些方面的提升．

　　活动6：布置作业
　　请每一位同学给自己小组以及其他小组的成果打分（满分10），并说明理由.

设计意图： 在交流分享后，引导学生有意识地取长补短，学习其他小组的优点，为下一次课题学习做准备.

活动效果

从知识方面来看，学生经历并体会数据的收集、整理、描述、分析以及撰写调查报告和交流的全过程，能够对统计调查的各个环节有更加深刻的体会；

从能力方面来看，学生能够通过小组学习提升合作交流的能力以及参与实践活动的动手能力；

从思想方面来看，学生能够增强垃圾分类的环保意识，增长垃圾分类的知识，提升对学校以及整体社会环境的责任感；

从素养方面来看，学生能够体会到数学的应用价值，增强统计意识、数据分析的核心素养.

附录1 课前阅读材料

阅读下列材料：

城市生活垃圾，是指人们在生活消费、商业等活动中所产生的废弃物. 随着经济社会的快速发展，城市生活垃圾产量日益增多. 中华人民共和国生态环境部发布的《全国大、中城市固体废物污染环境防治年报》的数据显示，从2013年至2019年，以北京市为例，城市生活垃圾总产生量从671.69万吨逐年上升到1011.2万吨，在196个大、中城市中，北京市七年间曾两度垃圾产生总量排名第一，其余五年排名第二. 具体数据见下表.

2013—2019 年北京市生活垃圾产生情况（单位：万吨）

年份	2013	2014	2015	2016	2017	2018	2019
城市生活垃圾产生量	671.69	733.8	790.3	872.6	901.8	929.4	1011.2

近年来，城市生活垃圾污染引发的环境问题开始显现，影响人体健康，损害生态安全. 城市生活垃圾管理作为污染防治工作不可或缺的重要一环，与大气、水和土壤污染防治息息相关，密不可分，并贯穿在垃圾产生、收集、贮存、运输、利用、处置的全过程，关系到生产者、消费者、回收者、利用者、处置者等多方利益. 城市生活垃圾中的有机物可以进行二次利用，使其重新获得使用价值，因此妥善处理城市生活垃圾，既是改善大气、水和土壤环境质量，防范环境风险的客观要求，又是深化环境保护工作的重要保障，更是保护人体健康的现实需要. 为保护生态环境，做好城市生活垃圾的分类、处理工作，国家出台了一系列涉及城市生活垃圾处理的政策性文件. 以北京市为例，新修订的《北京市生活垃圾管理条例》已于 2020 年 5 月 1 日正式实施，这也标志着北京正式进入全面推行生活垃圾分类的时代.

截止到 2021 年 5 月 1 日，《北京市生活垃圾管理条例》已经正式实施一年，请结合上述阅读材料，并以小组为单位，设计调查问卷，以"从数据谈垃圾分类——以本校本年级为例"为主题开展一次统计调查活动，了解在校期间你身边的垃圾分类情况，并完成一篇调查报告，为学校的垃圾分类活动贡献出自己的一份力量.

附录 2　调查问卷

亲爱的同学你好！ 2024 年 5 月 1 日，《北京市生活垃圾管理条例》将正式实施满四年，为更好地了解我校学生垃圾分类情况，推动我校垃圾分类更好地实施，特进行本次调查.

此次调查为匿名调查，请同学们真实作答，谢谢大家的配合！

班级：

一、垃圾分类知识（单选题）

1. 草稿纸属于哪类垃圾？（　　）

　　A. 可回收垃圾　　　　B. 其他垃圾　　　　C. 厨余垃圾　　　　D. 有害垃圾

2. 用完的签字笔属于哪类垃圾？（　　）

　　A. 可回收垃圾　　　　B. 其他垃圾　　　　C. 厨余垃圾　　　　D. 有害垃圾

3. 铅笔属于哪类垃圾？（　　）

　　A. 可回收垃圾　　　　B. 其他垃圾　　　　C. 厨余垃圾　　　　D. 有害垃圾

4. 如果塑料瓶中有水，应如何投放？（　　）

　　A. 直接投放到可回收垃圾桶中

　　B. 将塑料瓶中的水倒净后，投放到其他垃圾桶中

　　C. 将塑料瓶中的水倒净，并压扁后投放到有害垃圾桶中

　　D. 将塑料瓶中的水倒净，并压扁后投放到可回收垃圾桶中

5. 橡皮泥属于哪类垃圾？（　　）

　　A. 可回收垃圾　　　　B. 其他垃圾　　　　C. 厨余垃圾　　　　D. 有害垃圾

6. 废弃的钥匙属于哪类垃圾？（　　）

　　A. 可回收垃圾　　　　B. 其他垃圾　　　　C. 厨余垃圾　　　　D. 有害垃圾

7. 撕掉的旧照片属于哪类垃圾？（　　）

　　A. 可回收垃圾　　　　B. 其他垃圾　　　　C. 厨余垃圾　　　　D. 有害垃圾

8. 擦鼻涕的纸、湿纸巾等属于哪类垃圾？（　　）

　　A. 可回收垃圾　　　　B. 其他垃圾　　　　C. 厨余垃圾　　　　D. 有害垃圾

9. 下列哪种垃圾和其他垃圾不是一类？（　　）

　　A. 报纸　　　　　　　B. 衣服　　　　　　C. 陶瓷　　　　　　D. 易拉罐

10. 碱性电池属于哪类垃圾？（　　）

　　A. 可回收垃圾　　　　B. 其他垃圾　　　　C. 厨余垃圾　　　　D. 有害垃圾

二、垃圾分类意愿及现状

1. 你认为是否有必要进行垃圾分类？（　　）

　　A. 非常有必要　　　B. 有必要　　　　C. 一般　　　　　D. 没有必要

2. 你了解为什么我国要推行垃圾分类制度吗?( )

    A. 非常了解   B. 一般了解   C. 不太清楚

3. 在扔垃圾前,你是否会对垃圾进行细致分类后再投放?( )

    A. 每次都会   B. 有时会,有时不会   C. 不会,直接投放

4. 当你在扔垃圾时,发现前面的同学把垃圾扔错了垃圾桶,你会怎么做?( )

    A. 觉得无所谓,并且把自己的垃圾扔到最近的一个垃圾桶

    B. 觉得做得不好,当时碍于面子决定当作没看见,但是把自己的垃圾扔到
        正确的垃圾桶

    C. 提醒前面的同学,他的垃圾投放错误

    D. 提醒前面的同学,他的垃圾投放错误,并指导他正确投放垃圾

5. 你接受相关指导或学习相关知识的途径是什么?(可多选)( )

    A. 学校宣传   B. 电视宣传   C. 社区宣传   D. 家长指导

    E. 网络宣传   F. 其他

6. 你希望学校能够举办什么形式的宣传活动帮助大家掌握垃圾分类的知识?
    (可多选)( )

    A. 在垃圾桶上贴上易混淆垃圾的名称

    B. 在垃圾桶前安排志愿者指导同学们进行垃圾分类

    C. 开展垃圾分类主题班会

    D. 组织学生观看垃圾分类宣传片

    E. 在学校内布置展板

    F. 举办垃圾分类知识竞赛

    G. 其他

(本活动由洪晔设计)

一元一次方程的实际应用
——以手机套餐选择为例

📝 设计理念

　　数学课程标准中指出："应当让学生经历对现实问题中量的分析，借助用字母表达的未知数，建立两个量之间关系的过程，知道方程是现实问题中含有未知数的等量关系的数学表达."对于手机套餐方案选择这种生活化的问题，学生更习惯于使用生活化的语言去解释，而缺乏将实际问题数学化，然后利用数学原理来解释的意识. 本节课选择这个问题作为探究点，让学生感受"数学回归生活，服务于生活的需要"，进一步体验"建模解题"的过程，渗透建模思想，体会数学的应用价值.

📖 活动目标

　　1.能用一元一次方程解决生活中的方案选择问题，体验建立方程模型解决问题的一般过程.

　　2.通过对具体实例的分析解决，学会将实际问题转化为数学问题，体会分类讨论和方程思想，增强应用意识和应用能力.

　　3.培养学生勤于思考、乐于探究、敢于表达的习惯；让学生体会数学来源于生活，并服务于生活，感受数学的应用价值.

🐾 活动准备

　　收集手机话费套餐分类及收费情况的相关资料.

📖 活动设计

环节一：介绍史老师的实际情境

2001 年初中时她有了第一部手机，当时移动公司只有两种通话计费方式（给出表格）. 请同学们猜她当时选择了哪一种付费方式.

> **设计意图**：实际情境的引入，激发学习兴趣，使学生产生探究的欲望.

环节二：解决情境问题感受数学应用

1. 学生计算通话 200 分钟和 300 分钟两种计费方式的话费；

2. 学生探究得出话费与通话时间相关；

3. 学生通过计算，合理解释当初选择"神州行"的原因.

> **设计意图**：引导学生对表格信息做初步梳理和简单加工，渗透"话费多少与通话时间相关"，建立方程模型解决实际问题，为后面解决复杂的套餐选择问题做好铺垫. 学生在应用数学服务于生活的同时，能感受到数学的实际应用和魅力.

环节三：应用数学思想解决复杂问题

1. 给出史老师现在正使用的套餐：

月租 18 元，含短信 100 条，国内通用流量 100M，市话 0.2 元 / 分，长途 0.3 元 / 分

教师手机使用特点：

短信量少，上网较少，电话较多，需要打长途.

2. 史老师可选择的套餐：

套餐名称	月费（元）	主叫通话时间（分）	被叫	超出免费分钟数后主叫资费（元/分）
套餐一	58	150	免费	0.25
套餐二	88	350	免费	0.19

备注：
1. 国内通信业务范围：国内长途主叫通话时间、国内 IP 长途、国内漫游（不含港澳台地区）；
2. 数据流量超出资费：按 0.0005 元/KB 计收.

3. 求助：58 元套餐和 88 元套餐，她应该选择哪种套餐更合算呢？

4. 教师提问：如果史老师一个月内使用移动电话主叫时间为 $t\min$（t 是正整数）时，按套餐一和套餐二分别计算所需的费用.

主叫时间（分）	套餐一（元）	套餐二（元）
$t<150$		
$t=150$		
$150<t<350$		
$t=350$		
$t>350$		

5. 教师提问：观察表格信息，你能发现根据主叫时间选择省钱的计费方式的方法吗？

主叫时间（分）	套餐一（元）	套餐二（元）
$t<150$	58 划算	88
$t=150$	58 划算	88
$150<t<350$	$58+0.25(t-150)$	88
$t=350$	$58+0.25(350-150)=108$	88 划算
$t>350$	$58+0.25(t-150)$	$88+0.19(t-350)$

6. 总结：学生通过分类讨论得到"方程模型"，求出关键数据，利用数据提供选择方案，从而完成建模解题的完整过程.

设计意图： 掌握运用方程思想解决方案选择问题的方法，认识到方程的重要性和应用价值.

环节四：变式训练巩固新知

在某打印社复印文件，复印页数不超过 20 页时每页收费 0.12 元；复印页数超过 20 页时，超过部分每页收费 0.09 元. 在某图书馆复印同样的文件，不论复印多少页，每页收费 0.1 元. 如何根据复印的页数选择复印的地点，使总价格比较便宜？（复印页数不为零）

设计意图：学以致用，解决生活中的方案选择问题，进一步熟悉解决问题的方法与过程，从而提高分析和解决问题的能力.

环节五：课堂小结畅言所得

1.学生谈收获：请学生以"我学到了……"进行小结.

2.教师可根据学生总结情况进行归纳、提升.

设计意图：让学生自己梳理本课所得，在梳理过程中再次感受数学的魅力、应用和探究的乐趣.

环节六：布置作业巩固落实

询问家长的手机缴费方式及每月主叫时间，应用所学的知识给家长合理的建议，并将你的调查和结论写下来.

设计意图：应用数学解决生活中的实际问题，使学生有获得感，延伸德育渗透.

活动效果

活动围绕手机话费套餐的选择变化展开，充分体现"数学来源于生活，服务于生活". 在活动的探究过程中，学生能够体会数学的实际应用和魅力，增强学习的主动性，激发学习兴趣，进一步发展应用意识. 通过复杂的情境提升学生发现问题、提出问题、分析问题和解决问题的能力，以及有逻辑地表达与交流的能力.

（本活动由史潮女设计）

代数推理揭秘读心术

设计理念

在课程标准中指出，数学课堂要发展学生的符号意识，理解、运用符号表示数、数量关系和变化规律，使学生知道使用符号可以进行运算和推理，得到的结论具有一般性．在初中数学人教版教材中，代数推理贯穿始终，既存在规律性问题的代数纯理论证明，也存在几何图形特点的代数证明．因此，本节内容密切联系实际，体现知识的形成和应用过程．

代数推理是通过数学证明、等式变换等方式，将复杂的问题简单化，最终达到想要的结果．从具体情境中抽象出数学符号的过程及用代数式进行表述的方法，可以帮助学生形成推理能力，培养科学精神，探索具体问题中的数量关系和变化规律．

活动目标

1. 了解代数推理的基本过程，理解 3 的数字特征的证明方法．

2. 使学生经历"实际问题—数学问题—实际问题"的探究过程，感受从特殊到一般及类比思想的应用，发展符号意识．

3. 通过小组合作，培养学生的协作意识，让学生体会到数学的应用价值，感受数学学习的乐趣；并通过严谨的代数推理，让学生树立科学的研究精神．

活动准备

五个装有星空棒棒糖（可替换）的礼品盒，在礼品盒外面的包装纸上打印 00～99 共 100 个数字，以及每个数字对应的天体名称；将全班学生分为五个小组，制作 PPT 课件.

活动设计

情境引入

活动一：展示魔术，预设悬念

首先在班里任选五位同学，然后送给他们每人一个名为"心想事成"的礼品盒. 在礼品盒外面的包装纸上印有 00～99 共 100 个数字，以及每个数字对应的天体名称（如下表）.

表 1

0	1	2	3	4	5	6	7	8	9	10	11	12
地球	金星	水星	木星	火星	土星	天王星	海王星	太阳	地球	金星	水星	木星
13	14	15	16	17	18	19	20	21	22	23	24	25
火星	土星	天王星	海王星	太阳	地球	金星	水星	木星	火星	土星	天王星	海王星
26	27	28	29	30	31	32	33	34	35	36	37	38
太阳	地球	金星	水星	木星	火星	土星	天王星	海王星	太阳	地球	金星	水星
39	40	41	42	43	44	45	46	47	48	49	50	51
木星	火星	土星	天王星	海王星	太阳	地球	金星	水星	木星	火星	土星	天王星
52	53	54	55	56	57	58	59	60	61	62	63	64
海王星	太阳	地球	金星	水星	木星	火星	土星	天王星	海王星	太阳	地球	金星
65	66	67	68	69	70	71	72	73	74	75	76	77
水星	木星	火星	土星	天王星	海王星	太阳	地球	金星	水星	木星	火星	土星
78	79	80	81	82	83	84	85	86	87	88	89	90
天王星	海王星	太阳	地球	金星	水星	木星	火星	土星	天王星	海王星	太阳	地球
91	92	93	94	95	96	97	98	99				
金星	水星	木星	火星	土星	天王星	海王星	太阳	地球				

表2

0	1	2	3	4	5	6	7	8	9	10	11	12
水星	金星	地球	木星	火星	土星	天王星	海王星	太阳	水星	金星	地球	木星
13	14	15	16	17	18	19	20	21	22	23	24	25
火星	土星	天王星	海王星	太阳	水星	金星	地球	木星	火星	土星	天王星	海王星
26	27	28	29	30	31	32	33	34	35	36	37	38
太阳	水星	金星	地球	木星	火星	土星	天王星	海王星	太阳	水星	金星	地球
39	40	41	42	43	44	45	46	47	48	49	50	51
木星	火星	土星	天王星	海王星	太阳	水星	金星	地球	木星	火星	土星	天王星
52	53	54	55	56	57	58	59	60	61	62	63	64
海王星	太阳	水星	金星	地球	木星	火星	土星	天王星	海王星	太阳	水星	金星
65	66	67	68	69	70	71	72	73	74	75	76	77
地球	木星	火星	土星	天王星	海王星	太阳	水星	金星	地球	木星	火星	土星
78	79	80	81	82	83	84	85	86	87	88	89	90
天王星	海王星	太阳	水星	金星	地球	木星	火星	土星	天王星	海王星	太阳	水星
91	92	93	94	95	96	97	98	99				
金星	地球	木星	火星	土星	天王星	海王星	太阳	水星				

然后教师请这五位同学进行如下操作：

1. 任选一个小于100的自然数，将其个位与十位相加求和，然后用这个自然数减去所求的和. 例如：选99，9＋9＝18，99－18＝81.

2. 在包装纸上找到所得的差，比如例子中所得的81，将其对应的天体名称牢记心中.

3. 打开礼品盒，学生会发现，礼品盒中放着他刚刚记下名称的星空棒棒糖.

活动说明：同一张包装纸上9的倍数对应的名称是相同的（表1中9的倍数对应"地球"），不同包装纸上9的倍数对应的名称各不相同（另一张纸上9的倍数对应"水星"，见表2），就可以保证每个学生打开礼品盒之后看到的棒棒糖图案是不同的，从而增强魔术效果.

设计意图：以学生喜爱的读心魔术为问题背景，借助读心魔术揭秘的思考方式引入代数推理的思考方式，培养学生用数学思考问题的意识，渗透生活中处处有数学的理念.

活动二：小组讨论，探索原理

将班级分为五个小组，尝试利用数学知识解释上述魔术原理.

提示一：通过包装纸寻找线索，看看包装纸上的数字和天体名称有什么规律.

提示二：根据魔术规则，多选几个数字进行尝试，观察数字的特点.

预设回答1：从包装纸上可看出，除以9余数相同的数字对应的天体名称也相同.

预设回答2：无论想到的数字是什么，根据规则计算所得差值总是9的倍数.

预设回答3：9的倍数对应的天体即为礼品盒中棒棒糖的名称.

设计意图：引导学生从数和形两个角度进行思考，寻找规律，加强对数感的培养，同时渗透从特殊到一般的数学思想.

师生讨论

问题一：你认为这个读心魔术中，帮助老师预知天体名称的关键步骤是哪个？

预设回答：任选一个小于100的自然数，将其个位与十位相加求和，然后用这个自然数减去所求的和.

问题二：你能把它们翻译成数学语言吗？

预设回答：

文字描述	符号语言
任选一个小于100的自然数	设自然数为 $\overline{ab}$，其中 a，b 为0到9之中的任意一个自然数
将其个位与十位相加求和，然后自然数减去所求的和	$\overline{ab} - (a+b) = 10a + b - (a+b) = 9a$

问题三：你能推理证明魔术中的奥秘吗？

预设回答：任选一个小于 100 的自然数，用它减去各个数位上的数字之和的差一定是 9 的倍数．

问题四：在上面魔术揭秘的过程中，设两位数为 $\overline{ab}$ 的作用是什么？

预设回答：可以表示任意一个小于 100 的自然数．

问题五：回顾刚才探究魔术原理的过程，我们是通过怎样的过程，借助什么来解决问题的？

预设回答：用字母表示数，即代数的一般性，将实际问题抽象为数学问题中的代数问题，进而借助代数知识解决问题．这种解决问题的方法称为"代数推理"．

设计意图：培养学生发现问题的能力以及数学抽象的核心素养．

学以致用

活动三：温故知新，拓展延伸

例： 已知 $\overline{a_3a_2a_1}$ 是一个三位数．试证明：当 $a_3+a_2+a_1$ 是 3 的倍数时，这个数也是 3 的倍数．

问题一：如何用代数式表示这个三位数？

预设回答：$\overline{a_3a_2a_1}=a_3\times10^2+a_2\times10^1+a_1$

问题二：$\overline{a_3a_2a_1}$ 与 $a_3+a_2+a_1$ 有什么关系呢？

预设回答：$\overline{a_3a_2a_1}=a_3\times(10^2-1)+a_2\times(10^1-1)+(a_3+a_2+a_1)=99a_3+9a_2+(a_3+a_2+a_1)$

问题三：根据上述推理可以得到什么结论呢？

预设回答：因为 99 和 9 均为 3 的倍数，所以只要 $a_3+a_2+a_1$ 是 3 的倍数，那么 $\overline{a_3a_2a_1}$ 也是 3 的倍数，命题得证．

设计意图：让学生体会用字母表示数，运用代数推理，发现一般规律性的好处，培养学生提出问题、分析问题、解决问题的能力．

变式1：仿照刚才的证明过程，你能否证明一个四位的自然数，只要这个数的各数位上的数字之和是3的倍数，那么这个自然数也是3的倍数呢？

变式2：如果是一个五位的自然数呢？

······

变式3：仿照刚才的证明过程，你能否证明任意一个自然数，只要这个自然数的各个数位上的数字之和是3的倍数，那么这个自然数也是3的倍数？

预设回答：设自然数为 $\overline{a_n a_{n-1} \cdots a_2 a_1}$，各数位的数字之和为 $a_n + a_{n-1} + \cdots + a_2 + a_1$。

$$\overline{a_n a_{n-1} \cdots a_2 a_1} = a_n \times 10^{n-1} + a_{n-1} \times 10^{n-2} + \cdots + a_2 \times 10^1 + a_1$$

$$= \underbrace{99\cdots9}_{n-1\,\text{个}} a_n + \underbrace{99\cdots9}_{n-2\,\text{个}} a_{n-1} + \cdots + 9a_2 + (a_n + a_{n-1} + \cdots + a_2 + a_1)$$

命题得证.

因此，我们可以得到结论：任意一个自然数，只要这个自然数的各个数位上的数字之和是3的倍数，那么这个自然数也是3的倍数.

进而，我们还可以得到：任意两个自然数，只要这两个自然数各个数位上的数字之和相同，那么它们的差一定是9的倍数.

设计意图：引导学生发现3的倍数特征，积累从特殊到一般的推理活动经验，培养符号意识，发展类比思想.

巩固练习 //

活动五：魔术揭秘，发散创新

1.请利用代数推理，破解下面的读心魔术：

第一步：请一位同学随便写一个五位数；

第二步：用这个五位数的五个数位上的数字再随意组成另外一个五位数；

第三步：用这两个五位数相减（较大数减较小数）；

第四步：让同学记住得数中的某一个非零数字，将得数的其他数字告诉老师，老师可以直接说出同学记住的那个数字.

2. 请设计一个简单的读心魔术.

提示：比如将活动一的魔术，改为一个两位的自然数加上它的十位数与个位数的差.

> **设计意图**：引导学生尝试利用本节课所学知识揭秘一个新的数字读心魔术，发展学生的应用意识，提高解决问题的能力.

总结回顾

神奇的"读心魔术"通常是数学知识和障眼法的巧妙结合，可能仅仅需要一个算式就能破解其中的奥秘. 希望同学们通过学习，透过现象看到本质，不盲目相信他人，学会独立思考，秉持科学的态度去探索无限的奥秘.

> **设计意图**：培养学生养成勤于总结归纳、善于反思升华的思维品质.

活动效果

本活动通过丰富的教学道具，有趣的课堂情境，激发学生的好奇心和求知欲，使学生通过一个简单的读心魔术，了解代数推理的基本过程，学会 3 的数字特征的证明方法，进而在今后的学习和生活中学会用代数推理一些数与式的结论. 学生通过经历"实际问题—数学问题—实际问题"的探究过程，感受从特殊到一般的思考方式及类比思想的应用，发展符号意识. 同时，通过小组合作，培养学生的协作意识，让学生体会到数学的应用价值，感受数学学习的乐趣；并通过严谨的代数推理，让学生树立科学的研究精神.

（本活动由史潮女设计）

"眼见为实吗？"

设计理念

　　义务教育数学课程以习近平新时代中国特色社会主义思想为指导，落实立德树人根本任务，致力于实现义务教育阶段的培养目标，使得人人都能获得良好的数学教育，不同的人在数学上得到不同的发展，逐步形成适应终身发展需要的核心素养．学生的学习应是一个主动的过程，认真听讲、独立思考、动手实践、自主探索、合作交流等是学习数学的重要方式．教学活动应注重启发式，激发学生学习兴趣，引发学生积极思考，鼓励学生质疑问难，引导学生在真实情境中发现问题和提出问题，利用观察、猜测、实验、计算、推理、验证、数据分析、直观想象等方法分析问题和解决问题；促进学生理解和掌握数学的基础知识和基本技能，体会和运用数学的思想与方法，获得数学的基本活动经验；通过"做"数学实验，变"听"数学为"做"数学，变"被动接受"为"主动探究"，体会发现的乐趣，感受数学的真谛，发展数学思维和智慧．

　　本节课学生通过动手实验、观察、分析，发现我们仅凭直观去观察丰富多彩的图形世界，有时也会被骗——眼见未必为实．观察是做出判断的出发点，但直观看图容易产生错觉，测量也可能存在误差．要比较全面、深入地研究某个图形（或事物）的本质，发现新知识，还要根据定义、定理、基本事实进行推理论证，才能得出正确的结论．

活动目标

　　1.通过实验、观察、交流、思考等活动，逐步形成对平面图形和空间图形的认识，激发学生学习空间与图形的兴趣，发展学生的空间观念.

2.通过活动，让学生初步形成积极参与数学活动、主动与他人交流的意识及提高分析和解决问题的能力，学会一些科学的研究方法.

3.让学生体会现实生活中，处处有图形，处处有数学.感受数学的应用价值，通过学习学生能够辩证地看待事物.

活动准备

1.运用 PPT、视频，展示构造的图案，给学生多感官刺激.
2. A4 白纸和蓝色纸、玻璃杯、纯净水及自制的图片.

活动设计

图形的理解

图片欣赏：生活中经常会见到一些图片、照片及作品，美轮美奂，令人赏心悦目.

> **设计意图：**通过展示图片的形成过程，学生初步感知认识事物的方法；体会从不同方向看同一物体可能看到不同的结果.

提出疑问：常言道，耳听为虚，眼见为实.其实，你知道吗？我们的眼睛看到的并不一定是真实的.比如，在这幅画中，我们看到左右各有一个圆形，左边的圆形呈淡黄色，右边的呈橙黄色.

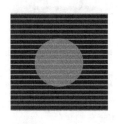
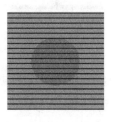

当我们去掉前景的平行线，再观察.左边的圆形呈橙黄色，右边的呈淡黄色.

当我们去掉背景的图片．其实，它们的颜色、大小都是一样的．

同样，再看下面这幅图，左边的圆形颜色要深一些，但其实它们的颜色也是一样的，只是明暗色的对比不同，给我们的感觉颜色有差异．这叫颜色错觉．

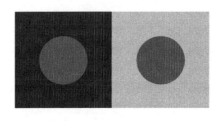

我们再看这幅图，感觉水平的线段比竖直的线段短．其实，它们长度相同．这叫垂直水平错觉．

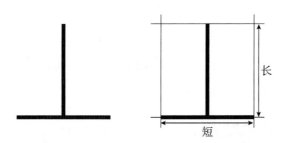

一个正方形，人们总感觉竖直的边长一些，就是这个道理．

类似的情况还有很多，我们的眼睛受周围环境的影响，就会产生视觉偏差，干扰我们对物体的准确判断．

下面两幅图片中，左边图片中这两条直线平行吗？右边图片中正中的两个圆大小相同吗？

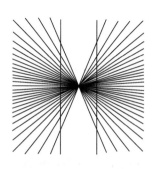 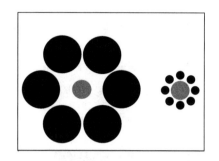

设计意图：让学生了解图形在传递与保存信息中的重要作用，并初步了解读图的机理，引导学生思考几何研究的方法．

错觉与幻觉

观察下面四幅图片：

1. 左侧两图片中两条橙色线段长度相同吗？两条绿色线段呢？

2. 右侧两图片中有直线吗？如果有，指出它们的位置关系．

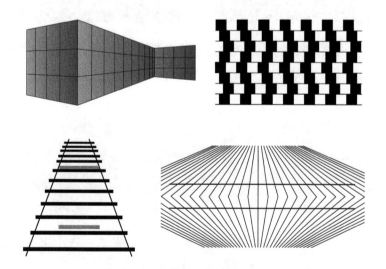

设计意图：让学生明白，看到的不一定是事实，初步知道观察、猜想、测量、得出结论的几何研究过程．

认识图形（事物）的方法 //

1. 动手验证——量一量、做一做、折一折、画一画

实验一：用准备好的彩纸剪出两个相同的扇环，放在黑色纸板上，并用投影展示在屏幕上．移动它们的位置，观察两个扇环的大小是否相同．

实验二：在 A4 纸上画出两条等长的平行线段，在线段上加不同的箭头，再观察两条线段的长度是否变化．

实验三：将画好箭头的白纸贴在竖直的墙面上，把透明空玻璃杯放在它前面，通过玻璃杯观察箭头，向杯里倒入纯净水，再观察箭头方向是否发生变化．

设计意图： 背景、环境对我们观察（认识）事物会产生影响，认清一件事不能只凭第一印象，还要多观察，动手操作一下．

2. 从不同角度观察图形（物体）

在桌上摆放一个飞机模型，投影出这个模型的五张图片，如图：

A   B   C

D   E

设计意图： 设置上述问题，旨在通过思考让学生感受到单一视图不能全面反映物体的形状大小，为了更全面准确地了解物体的形状、大小，通常应从三个方面来观察物体.

图形的二义性和不可能图形

1.图形的二义性指一个东西在一种环境下会出现两种以上（含两种）含义，导致难以弄清楚到底是何种意思.

2.通过欣赏电影《盗梦空间》中彭罗斯楼梯片段，介绍不可能图形.

设计意图： 通过观察具有二义性的图形，强调多角度观察问题更全面.通过观察不可能图形，培养学生的创新精神和欣赏水平.

归纳小结，交流感悟

谈一谈：通过本课的学习有哪些收获和体会？

1.图形的理解

通过讲解，学生了解了图形在传递与保存信息中的重要作用，并初步了解读图的机理.

2. 错觉与幻觉

通过活动，学生在分辨错觉的同时，了解几何研究的方法，并介绍有关三视图的初步知识.

3. 认识图形（事物）的方法

教师强调换个角度思考问题，并激发学生求知欲和学习几何的兴趣.

4. 归纳小结，交流感悟

在学生自主回顾总结的基础上，形成知识再现，构建完整的知识结构体系，最终实现"问题知识化"的目的.

设计意图：学生发表自己的看法，对本节课的学习有一个完整的、系统的认识，同时，培养学生的归纳、概括能力，提高学生的语言表达能力.

活动效果

本节课通过感受图形世界的丰富多彩，剖析一些图象的形成过程及原理，告诉学生观察是做出判断的出发点，但直观看图容易产生错觉，测量也可能存在误差. 要比较全面、深入地研究某个图形（或事物）的本质，发现新知识，还要根据定义、定理、基本事实进行推理论证，才能得出正确的结论. 课程内容呈现，注重数学知识与方法的层次性和多样性，适当考虑跨学科主题学习；在实际问题解决中，创设合理的信息化学习环境，提升学生的探究热情，开阔学生的视野，激发学生的想象力，提高学生的信息素养.

（本活动由王明宝设计）

纸牌魔术

✍ 设计理念

本次活动旨在通过利用数学原理进行的纸牌魔术激发学生学习的兴趣，让学生喜欢上数学，让学生通过应用数学知识解决问题，感受到数学应用的广泛性.

◈ 活动目标

1. 通过纸牌魔术，加深对整式相关知识的理解.

2. 经历创设情境、演示魔术、揭秘魔术、拓展延伸等过程，培养学生的逻辑推理能力，培养学生应用数学知识解决问题的能力.

3. 通过纸牌魔术，提高学生对魔术的正确认识，激发学生学习数学的兴趣，让学生感受数学应用的广泛性.

🎖 活动准备

一副扑克牌.

📖 活动设计

活动 1：创设情境

魔术，作为一门古老神秘却一直走在时尚前沿的艺术，其中的原理包罗万象：数学、化学、科技、物理……纸牌魔术是指利用数学原理而进行的魔术. 数学魔术始于 16 世纪，被当时的卜卦算命人士用来测算人们的年龄和姓氏，这是第一个数学魔术的由来. 随着时代的变迁，数学魔术也在进化，从简单的加减乘除，到复杂的方程计算都被应用到魔术当中，甚至面积计算也包含在内．其中的一些原理并不难．接下来，让我们来探寻纸牌魔术中的数学奥秘．

设计意图：介绍纸牌魔术的背景，扩大知识面，激发学生兴趣．

活动 2：魔术 1 演示

步骤 1：拿出一副普通的扑克牌让学生检查，也可以请几个学生洗洗牌，教师接过扑克牌翻看．

步骤 2：随机找一个学生，教师（表演者）写下这名学生接下来按照要求一定会拿出来的牌上的花色和数字；

步骤 3：将牌反面朝上，让这名学生在 10～20 之间随便说一个数（不包括 20），如 16；

步骤 4：教师（表演者）从上往下数出 16 张牌（注意不要改变牌的顺序）；

步骤 5：将数出的牌正面朝上交给学生；

步骤 6：让学生将自己所说的数的两个数位上的数字相加，如 $1+6=7$；

步骤 7：学生按照顺序从上往下数到第七张，这张牌显示的一定就是教师（表演者）在步骤 2 写下的花色和数字．

设计意图：通过实际操作，锻炼学生的逻辑思维，培养学生的学习兴趣．

活动 3：魔术 1 揭秘

教师：引导学生思考，为什么只能说 $10+n$（$0 \leqslant n < 10$）的一个数？这个数的十位数字加个位数字与这个数有什么关系？

学生：独立思考这个魔术背后的原理，自由发言．

数学原理：在步骤 2 时，教师（表演者）在纸上写下的其实是牌反面朝上时从上往下的第十张牌的花色和数字，学生说的是 10～20（不包括 20）中的任意一个数 $10+n$（$0 \leqslant n < 10$），十位与个位数字的和为 $1+n$，则反面朝上数的第十张牌其实也是正面朝上数的第 $1+n$ 张牌，这样，按刚才的步骤，不管学生说的数是几，都会拿到第十张牌．

活动 4：魔术 2 演示

步骤 1：随机找一名学生，让他从一副牌的 2～9 中随机抽取一张，对教师（表演者）保密．

步骤 2：让学生将牌中的点数乘以 2 再加 5，得到的值再乘以 5，记住结果；

步骤 3：让这名学生从牌堆中再随机抽出另外一张牌，同样对教师（表演者）保密．将这张牌的点数和步骤 2 中得到的结果相加求和，然后告诉教师（表演者）最终结果．

步骤 4：教师仅根据步骤 3 中的最终结果便可说出这名学生抽出的两张牌的点数．

设计意图：让学生经历魔术的过程，激发学生的探究欲望，引发学生思考．

活动 5：魔术 2 揭秘

教师：设第一张牌的点数为 a，第二张牌的点数为 b，计算魔术得到的最终结果．

学生：计算结果为

$$[(2a+5)\times 5]+b=10a+25+b$$

数学原理：只需用上述结果减去 25，就变为 $10a+b$，因为 a，b 均为不超过 9 的数字，所以最终得到的两位数，十位上的数字就是第一张牌的点数 a，个位上的数字就是第二张牌的点数 b．

设计意图：利用数学知识和逻辑推理解决实际问题，提高逻辑推理能力．

活动 6：魔改魔术

魔术 3：如果将魔术 1 改成从 20～30 中选择呢？怎样才能保证教师（表演者）在步骤 2 写下的花色和数字是对的？

提示：教师（表演者）写第 19 张牌的花色和数字，假设学生说的是 20～30（不包括 30）中的任意一个数 $20+n$（$0\leq n<10$），那么反面朝上的第

19 张实际上就是正面朝上的第 $2+n$ 张.

魔术 4：如果将魔术 1 改成从 10～30 中选择呢？

提示：分 10～20，20～30 两种情况讨论.

魔术 5：魔术 2 也可以改成取出第一张牌（点数为 a）先乘以 5 再加 2，得到的值再乘以 2. 记住最终的结果，再从牌堆中随机抽出另外一张牌，将这张牌的点数 b 和刚才得到的结果相加求和.

提示：关键是最后通过加减乘除能出现 $10a+b+m$ 或者 $10b+a+m$（m 是常数）的结果.

> **设计意图**：巩固所学，引导学生从数学的角度思考，渗透由特殊到一般及分类讨论的思想.

活动 7：活动总结

请同学们谈一谈活动的收获和体会.

> **设计意图**：通过小结，再次回顾两个魔术及其原理，增强学生总结与反思的意识，感受数学的应用价值.

活动效果

> 活动围绕纸牌魔术展开，学生亲自动手实践，充分体现数学与实际生活相联系. 在魔术的揭秘过程中，学生能够积极参与，乐于思考，大多数学生敢于提出问题，发表见解.
>
> 学生思维得到深层发展，提高学生应用知识和解决问题的意识和能力，将相对枯燥的数学知识延伸到有趣的事物中.
>
> 学生能各尽所能，展现出强烈的探究欲望，激发了学习兴趣，增强了学习数学的信心.

（本活动由柳龙姝设计）

七年级部分

商场中的秘密

设计理念

　　数学知识来源于生活，又应用于生活．数学实践活动是对这句话的最好验证．本设计让学生在"做"中学，通过实际操作获得亲身体验，让学生体会数学就在自己身边；发挥学生的积极性、主动性和创造性，让学生主动地投入活动；帮助学生感受数学与现实生活的密切联系，加深学生对生活中的数学知识的了解与运用，从而激发学生热爱生活、热爱数学的情感，唤起学生学习数学的积极性．

活动目标

　　1.理解进价、原价、售价、利润及利润率等概念，能利用一元一次方程知识，解决生活中的一些实际问题，运用方程解决生活中的盈亏问题，进一步体会方程是刻画现实世界的有效数学模型．

　　2.学生在经历实践活动的过程中，寻找思考问题的着眼点，找到研究问题的方法，领悟数学思想，通过两种不同优惠方式的对比，培养学生用数学原理和思想方法解决实际问题的能力，从而培养学生的数学思维能力．

　　3.把活动作为课堂教学的延伸，拓宽学生视野，使学生主动经历自主探索、合作交流的过程，增强学生的经济意识，锻炼学生合作交流、团结协作的能力．

活动准备

　　学生分组收集线上、线下商家的促销信息，了解促销的种类及方式．

📖 **活动设计**

活动1：引入新知

为帮助学生解读收集的信息，教师总结相关的知识、概念：

售价：指商品卖出去的价格；

进价：指的是商家从批发部或厂家批发来的价格，指商品的买入价，也称成本价；

标价：指商品在出售时标注的价格，不打折时为卖价，打折时乘以折扣后为卖价；

公式：（1）商品利润 = 商品售价 − 商品进价；

（2）$\dfrac{商品利润}{商品进价}$ = 商品利润率；

（3）打 x 折的售价 = 原售价 $\times \dfrac{x}{10}$.

设计意图： 通过介绍新知识，为后续知识的学习以及复杂问题的解决做好铺垫.

活动2：探究学习

教师：数学来源于生活，同时也应该为我们的生活服务，接下来我们以比赛的形式活动. 组织办法和比赛规则是：

（1）全班分三个队，每队选四人当攻擂手答题，其余为助擂手. 攻擂手答错后，助擂手可更正补充.

（2）竞赛题分抢答题和必答题及互相出题三种形式，必答题答错不扣分；抢答题攻擂手答错，若助擂手及时更正则不扣分，否则扣分.

第一组问题（必答题由攻擂手抽签回答，每题10分，限时30秒）.

1. 商品原价100元，按九折出售，卖价是_____元；

2. 某商品原零售价是 a 元，现在每件降价10%，降价后零售价是_____元；

3. 某商品的进价是50元，利润率为20%，商品的利润是_____元.

设计意图： 从基础题目入手，增强学生信心，不仅可以加深学生对知识的理解，又可以在无形中帮助学生灵活使用公式，并为后续学习做准备．

第二组问题（抢答题部分）

第一轮由攻擂手抢答，同组选手可以互相探讨，限时 8 分钟，此题 20 分．

某商店在某一时间以每件 60 元的价格卖出两件衣服，其中一件盈利 25%，另一件亏损 25%，卖这两件衣服总的是盈利还是亏损？或是不盈不亏？

设计意图： 问题迷惑性较大，在解决问题过程中，让学生更好地理解"单位 1"的变化，提升学生能力．

学生抢答后教师可以稍做提示，再做讲解点评：应先大体估算盈亏，再通过准确计算来检验你的判断．

教师引导学生分析：卖这两件衣服总的是盈利还是亏损，取决于这两件衣服售价多少，进价多少．若售价之和大于进价之和，就盈利；反之就亏损．现已知这两件衣服总售价为 $60 \times 2 = 120$（元），只需要求出这两件衣服的各自进价．

这里盈利 $25\% = \dfrac{利润}{进价}$，亏损 25% 就可以理解为盈利 -25%．

本问题中，设盈利 25% 的那件衣服的进价是 x 元，它的商品利润就是 $0.25x$ 元．根据进价 + 利润 = 售价，列方程得：

$x + 0.25x = 60.$

解得 $x = 48$．

类似地，可以设另一件衣服的进价为 y 元，它的利润是 $-0.25y$ 元；根据相等关系可列方程：

$y - 0.25y = 60.$

解得 $y = 80$．

由此可知，两件衣服共进价 128 元，而两件衣服的售价和为 120 元，进价大于售价，由此可知卖这两件衣服总的盈亏情况是亏损 8 元．

教师深入分析：不要认为一件盈利 25%，一件亏损 25%，结果不盈不亏，因为盈亏要看这两件的进价. 例如盈利 25% 的一件进价为 40 元，那么这一件盈利 $40 \times 25\% = 10$（元），亏损 25% 的一件进价为 80 元，那么这一件亏损了 $80 \times 25\% = 20$（元），总的还是亏损 10 元. 这就是说，亏损 25% 的一件进价如果比盈利 25% 的一件进价高，那么总的是亏损，反之才盈利.

教师提问：如何知道这两件衣服哪一件进价高？

教师引导学生分析总结：一件是盈利 25% 后，才卖 60 元，那么这件衣服进价一定比 60 元低. 另一件亏损 25% 后，还卖 60 元，说明这件衣服进价一定比 60 元高，由此可知亏损 25% 的这件进价高，所以卖这两件衣服总的还是亏损.

第二轮由助擂手抢答，同组选手可以探讨，限时 6 分钟，此题 10 分.

一家商店将服装按成本价提高 40% 后标价，又以八折（即按标价的 80%）优惠卖出，结果每件仍获利 15 元，这种服装每件的成本是多少元？

> **设计意图：** 加深学生对于折扣的理解.

解： 设这种服装的成本为 x 元，依题意，得：

$1.4x \times 80\% - x = 15$.

解得 $x = 125$.

答： 这种服装的成本为 125 元.

第三轮由助擂手辅助攻擂手一起探讨后抢答，限时 10 分钟，此题有三次抢答机会，每答对一次得 20 分.

抢答题 1：据市场调查，个体服装商店做生意，只要销售价高出进货价的 20% 便可盈利. 假如你准备买一件标价为 200 元的服装：

（1）个体服装商店若以高出进价的 50% 标价，你知道最低价为多少吗？

（2）个体服装商店若以高出进价的 100% 标价，你知道最低价为多少吗？

（3）个体服装商店若以高出进价的 50%～100% 要价，你应在什么范围内还价？

> **设计意图：** 本题的设计可以让学生进一步体会到数学就在身边，让学生合作解决较复杂的问题，培养学生的团队合作意识.

学生抢答后教师示范解答：

（1）解：设该服装的进价为 x 元，则标价为 $(1+50\%)x$ 元，销售价为 $1.5x$ 元；由题意，列出方程：$1.5x=200$.

解方程，得 $x=\dfrac{400}{3}$.

从而，最低价为：$\dfrac{400}{3}\times(1+20\%)=160$（元）.

（2）解：设该服装的进价为 y 元，则标价为 $(1+100\%)y$ 元，销售价为 $2y$ 元；由题意，列出方程：$2y=200$.

解方程，得 $y=100$.

从而，最低价为：$100\times(1+20\%)=120$（元）.

（3）解：由（1）、（2）可知：

买 200 元的服装一般应在 120 元～160 元之间还价.

抢答题 2：某品牌的衣服搞促销活动，在 A 商场打五折销售，在 B 商场按"满 100 元减 50 元"的方式销售. 妈妈要买一条标价为 230 元的这种品牌的裙子，在 A、B 两个商场买，哪个商场更省钱？

设计意图： 本题学生在生活中经常见到，培养学生的应用意识.

解： A 商场打五折销售，即：$230\times50\%=115$（元）；

B 商场是"满 100 元减 50 元"，即：$230-50\times2=130$（元）.

因为 $115<130$，

所以在 A 商场买这条裙子更省钱.

活动 3：小结与作业

首先，教师引导学生从知识上、方法上总结，能把生活中的问题转化为数学模型，灵活运用所学的知识为生活服务. 其次，学生畅谈活动感受和体会.

作业：

1. 某商品的进价是 1000 元，标价是 1500 元，由于销售情况不好，商店决定降价出售，但又要保证利润率不低于 5%，那么商店最多可打几折出售此商品？

2. 根据自己课前的调查，利用所学知识设计一个购物方案，并做成一张小报.

☆ 活动效果

活动课不仅是课堂教学的延伸，也是学以致用的重要途径，本活动在数学课堂上引入比赛形式，学生兴趣增强，注意力集中，而且参与率极高，活动效果很好. 学生将课内知识和现实生活中其他形式的促销活动结合起来，不仅牢固掌握了课内知识，而且学会了灵活应用这些知识解决问题，应用性很强；学生真切地感受到了数学就在身边，并且服务于生活，提高了应用数学解决生活中实际问题的能力，有获得感和成就感. 通过互助合作，学生在活动中学会如何与他人合作，增强了集体的凝聚力.

🖼 学生作品展示

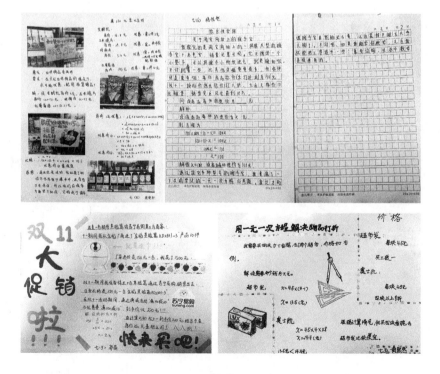

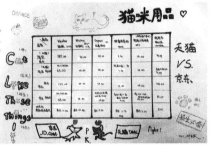

（本活动由杨安宇设计）

绘制校园地图

设计理念

　　《义务教育数学课程标准（2022 年版）》中，"图形与几何"领域要求"在实际问题中，能建立适当的平面直角坐标系，描述物体的位置"，"了解比例的基本性质、线段的比、成比例的线段".

　　本课是在学习了平面直角坐标系和方向角概念后的实践活动课，学生在地理课上也学习了"地图的三要素"等相关知识. 本设计旨在结合实际情境，解决贴近学生实际生活的绘制校园地图问题. 学生先设计解决问题的方案，再加以实施，体验解决问题的过程，积累数学活动经验. 同时在此过程中，引导学生尝试发现问题和提出问题，进一步理解平面直角坐标系的知识，体会数学的价值，发展应用意识和创新意识.

活动目标

　　1.经历用坐标表示地理位置的过程，发展学生的空间观念，进一步理解平面直角坐标系的知识，了解数学知识与其他学科之间的关联，发展应用意识和能力.

　　2.了解数学在实际生活中的作用，体会数学的价值，激发学习兴趣，培养学生解决问题的能力，获得数学活动经验.

　　3.通过活动，培养学生认真、严谨的做事习惯，培养学生与他人合作的意识.

活动准备

1. 学生自愿分成 4～5 个小组.

2. 查找资料，了解测量长度的办法.

3. 准备测量工具，如卷尺、量角器等.

活动设计

环节一：讨论方案

1. 利用平面直角坐标系，绘制区域内一些地点分布情况的平面图.

教师：建立坐标系.

学生：选择一个适当的参照点为原点，确定 x 轴、y 轴的正方向.

教师：根据具体问题确定适当的比例尺.

学生：在 x 轴和 y 轴上标出单位长度.

教师：在所建立的坐标平面内画出点.

学生：写出各点的坐标和各个地点的名称.

> 设计意图：复习相关知识，为新课讨论内容起到启发思路的作用.

问题 1： 地理课上，我们学习了哪些关于地图的知识？

教师介绍我们生活中常见的地图，如百度地图、高德地图.

> 设计意图：重视学生已有的经验，让学生知道数学和其他自然学科是紧密联系的，从中感受数学的价值，对数学有好奇心和求知欲.

问题 2： 如何绘制一幅类似于百度地图的校园地图？

学生分小组交流讨论并发言.

教师引导学生总结如下步骤：

1. 对校园及周边进行实地观察，确定校园建筑物及周边建筑物所在的方向和大致距离，在绘制精确的地图之前，先绘制草图，选定原点，测量各建筑物相对于原点的距离；

2. 记录测量数据；

3. 确定校园平面图的比例尺；

4. 依据实测的距离和比例尺，换算平面图上的数据；

5. 在图上画出不同建筑的标志点，可用不同颜色加以突出或区别.

设计意图：

（1）题目选择贴近学生实际，有利于学生体验与理解、思考与探索；

（2）通过与他人的交流，选择合适的策略，丰富学生数学活动的经验，提高思维水平.

问题3：如何测量建筑物之间的距离？

教师引导学生讨论具体测量方法.

学生分组讨论，教师引导学生总结出以下方法：

1. 用卷尺测量，优点是精确，学生需要借测量工具；

2. 测量平均步长，再测量两地之间的步数，优点是易于操作，缺点是误差较大；

3. 用 GPS 定位，通过经纬度来测量，此方法适用于距离较远的两地，误差可能较大，实际操作性不强；

4. 用测距轮，测距轮是利用轮子转动的圈数来计算距离，仪器上有圈数计数器. 教师补充：据说埃及的金字塔塔底周长除以 2 倍的塔高，即等于圆周率，有人提出原因可能是古代埃及人建筑金字塔时测量长度用的是类似测距轮的方法.

在没有测距轮的情况下，可以考虑用自行车轮代替，在车轮上用粉笔画好标记，测量时，一人推车，一人负责观察车轮转数.

测距轮　　　　　激光测距仪

5. 用激光测距仪. 激光测距仪是利用调制激光的某个参数对目标的距离进行准确测定的仪器. 脉冲式激光测距仪是在工作时向目标射出一束或一序列短暂的脉冲激光束, 由光电元件接收目标反射的激光束, 计时器测定激光束从发射到接收的时间, 计算出从测距仪到目标的距离. 生活中, 设计师在装修设计时经常用它来测量房屋面积.

设计意图: 初步学会综合运用数学知识解决简单的实际问题, 增强应用意识, 提高实践能力. 通过交流获得分析问题和解决问题的一些基本方法, 体验解决问题方法的多样性, 发展学生的创新意识.

问题 4: 对于不能通过直接测量长度确定位置的建筑物, 如何解决?

教师引导学生总结: 先确定两个距离较远的已知点, 分别测量出这个点相对于已知两点的方位角, 在地图上, 同时满足两个方位角射线的交点即我们要表示的点.

设计意图: 复习方位角的知识在实际生活中的应用.

环节二: 分组绘制地图

师生共同总结活动要求:

1. 组内明确分工: 如专人负责绘制草图、测量数据、记录数据、换算数据、绘制成图, 专人负责拍照展示过程. 明确纪律, 要求有团队精神和科学态度.

2. 明确图幅大小: 要求用标准纸张, 如 16 开纸或 A4 纸.

3. 明确绘图范围: 要求在校园内, 可以绘出学校周边紧邻的建筑物.

4. 要求绘制学校标志性装饰建筑物的位置, 可以用一个点表示.

5. 绘制校园的围墙, 思考: 围墙是否与正南北方向或东西方向平行.

学生根据活动要求, 分组活动绘制校园地图.

设计意图: 养成认真勤奋、合作交流等学习习惯, 形成实事求是的科学态度; "攀峰"精神是景山学校倡导的精神, 学校的攀峰石是学校内的标志性建筑, 绘制它也是对学生进行"敢于创新, 迎难而上"的信念教育; 适当设置多层次的问题，题目难易适当，尽可能地让所有学生都能主动参与，大胆提出解决问题的策略，让不同层次的学生在数学上都有不同的发展.

环节三：分组展示

学生分组展示地图，用 PPT 展示学生的地图，也可以展示测量时的照片，说明测量的方法.

设计意图：及时展示成果，有利于在数学学习过程中，体验获得成功的乐趣，锻炼克服困难的意志，建立自信心；促进学生间互相交流.

学生自由讨论后投票选出两个优秀组.

设计意图：使学生初步形成评价与反思的意识.

活动效果

学生在课堂讨论、测量、展示、评选等环节热情高涨，兴趣浓厚. 多数同学都展示出了超越平时的潜力，能积极提出自己的看法，具有领导力、组织力等. 学生在测量环节用不同的方法，在绘制环节也充分发挥出了创造力. 在活动中，学生体会到了数学是科学知识的基础，数学来源于生活，并能应用于生活，锻炼了解决实际问题的能力，提高了数学学习的积极性.

（本活动由戴锦华设计）

家庭用电小调查

设计理念

《义务教育数学课程标准（2022年版）》中指出"要进一步加强综合与实践""综合与实践领域的教学活动，以解决实际问题为重点，以跨学科主题学习为主，以真实问题为载体，适当采取主题活动或项目学习的方式呈现，通过综合运用数学和其他学科的知识与方法解决真实问题，着力培养学生的创新意识、实践能力、社会担当等综合品质".

本活动主题是与学生生活密切相关的用电问题，利用"网上国网"APP可以得到丰富的数据. 让学生经历抽样调查、数据的整理和描述、数据的分析的完整过程，感受到统计知识可以帮助我们了解生活常识，增强生活技能，为决策提供依据.

活动目标

1. 学会从实际生活中收集数据、整理数据和分析数据，能灵活运用几种常见的统计图表描述数据.

2. 了解同样的数据有多种不同的分析方法，初步理解数据挖掘的意义.

3. 让学生养成用数学的眼光观察世界，用数学知识思考问题、解决问题的习惯，对数学有好奇心和求知欲，学生积极参与数学活动，学会与他人合作交流，增强团队合作意识.

活动准备

1. 学生随机分组.

2. 分组课前调查.

3. 多媒体演示软件.

📖 活动设计

环节一：分组调查

学生随机分组，布置小组任务，课下调查以下内容：

任务 1：每组组员调查家庭一年内各个月的用电量，累计年用电量，找出全组各月中平均用电量最高的三个月，用适当的图表表示，并分析其原因.

表格示例：

	1月	2月	3月	4月	5月	6月	7月	8月	9月	10月	11月	12月	全年
学生 1													
学生 2													
学生 3													
学生 4													
学生 5													
学生 6													
平均值													

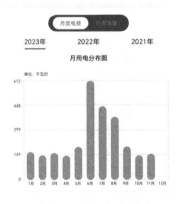

设计意图： 让学生在实际操作中感受随机现象的特点，发展与他人合作交流的能力，鼓励学生创造性思维，让不同的人在数学上有不同的发展.

任务2：每组组员调查自己家一周中的日用电量，找出一周中用电量最多的两天.

表格示例：

	12月1日	12月2日	12月3日	12月4日	12月5日	12月6日	12月7日
学生1							
学生2							
学生3							
学生4							
学生5							
学生6							
平均值							

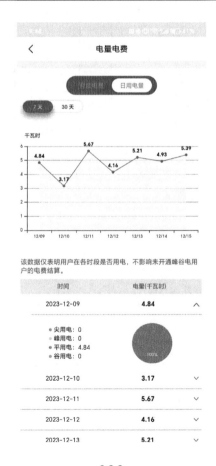

设计意图：

1. 让学生学会处理数据，理解数据的代表意义，能从数据中提取信息并进行简单的推断；

2. 引导学生选择合适的图表描述数据，使学生进一步熟悉统计图的画法；

3. 让学生经历从网络资料中获取数据信息的过程，了解生活常识，积累社会经验；

4. 让学生学会如何收集数据、整理数据、分析数据，增强数据分析观念.

环节二：汇报结果，引发思考

1. 各组汇报调查结果；

2. 教师提出问题，学生小组讨论，查找资料，整理汇报.

设计意图： 通过数据的收集、整理和分析，体会数据的随机性和规律性；在与他人合作和交流过程中，积累获得数学活动经验.

教师在学生调查的基础上追问：

（1）能否估算出"空调的月用电量"？能否估算出"冰箱的月用电量"？如果可以，具体方法是怎样的？

（2）空调的用电量和住房面积相关性强还是和常住人口数相关性强？

（3）调查目前北京的电价制度，你有什么建议？

（4）为什么要节约用电？收集用电小常识或是窍门.

（5）阅读下面资料，考虑资料中的数据对于国家有哪些意义.

2022年1月19日，中国电力企业联合会发布2021年1—12月电力消费情况. 数据显示，2021年1—12月，全社会用电量同比较快增长，全国各省份用电量均实现正增长，其中18个省份用电增速超过全国平均水平；工业和制造业用电保持平稳增长；

制造业中，高技术及装备制造业用电增速保持领先.

设计意图：培养学生的应用意识. 一方面能有意识利用数学的概念、原理和方法解释现实世界中的现象，解决现实世界中的问题；另一方面，能认识到现实生活中蕴含着大量与数量和图形有关的问题，这些问题可以抽象成数学问题，用数学的方法予以解决.

环节三：汇报结果

教师提问：（1）能否估算出"空调的月用电量"？能否估算出"冰箱的月用电量"？如果可以，具体方法是怎样的？

学生：用每月的电费估算每月的用电量；使用空调的月平均用电量减去不用空调的月平均用电量，即是空调的月平均用电量；冰箱的月平均用电量现有数据不方便估算.

教师提问：（2）空调的用电量和住房面积相关性强还是和常住人口数相关性强？

学生：将空调的月平均用电量除以常住的人口数，计算人均用电量，组间比较，若数据相差不大，则与常住人口相关，反之无关. 是否与住房面积相关的判断方法与之类似.

表 1　北京市居民生活用电电价表

用户	类别	分档电量 （千瓦时/户·月）	电压等级	电价标准 （元/千瓦时）
试行阶梯电价用户	一档	1～240（含）	不满 1 千伏	0.4883
			1 千伏及以上	0.4783
	二档	241～400（含）	不满 1 千伏	0.5383
			1 千伏及以上	0.5283
	三档	400 以上	不满 1 千伏	0.7883
			1 千伏及以上	0.7783
合表用户	城镇合表用户		不满 1 千伏	0.4733
			1 千伏及以上	0.4633

（续表）

用户	类别	分档电量 （千瓦时/户·月）	电压等级	电价标准 （元/千瓦时）
合表用户	农村合表用户		不满1千伏	0.4433
			1千伏及以上	0.4333
执行居民价格的非居民用户			不满1千伏	0.5103
			1千伏及以上	0.5003

注：1. 表中合表用户的电价标准均为国网北京市电力公司与合表用户的总表结算价.

2. 未实行"一户一表"的合表终端居民用户，电压等级不满1千伏的，到户结算价按照 0.5103 元/千瓦时执行；电压等级 1 千伏及以上的，到户结算价按照 0.5003 元/千瓦时执行.

表2　北京市城区非居民销售电价表　（单位：元/千瓦时）

用电分类	电压等级	电度电价				基本电价	
		尖峰	高峰	平段	低谷	最大需量 （元/千瓦·月）	变压器容量 （元/千伏安·月）
一、一般工商业	不满1千伏	1.4223	1.2930	0.7673	0.2939		
	1～10千伏	1.3993	1.2710	0.7523	0.2849		
	20千伏	1.3923	1.2640	0.7453	0.2779		
	35千伏	1.3843	1.2560	0.7373	0.2699		
	110千伏	1.3693	1.2410	0.7223	0.2549		
	220千伏及以上	1.3543	1.2260	0.7073	0.2399		
二、大工业	1～10千伏	1.0337	0.9440	0.6346	0.3342	48	32
	20千伏	1.0187	0.9300	0.6246	0.3282	48	32
	35千伏	1.0027	0.9160	0.6146	0.3222	48	32
	110千伏	0.9757	0.8910	0.5946	0.3072	48	32
	220千伏及以上	0.9527	0.8680	0.5746	0.2892	48	32
三、农业生产	不满1千伏		0.9292	0.6255	0.3378		
	1～10千伏		0.9142	0.6105	0.3218		
	20千伏		0.9062	0.6035	0.3158		
	35千伏及以上		0.8982	0.5955	0.3088		

注：表中城区指东城区、西城区、朝阳区、海淀区、丰台区、石景山区.

表3　北京市郊区非居民销售电价表　　（单位：元／千瓦时）

用电分类	电压等级	电度电价				基本电价	
		尖峰	高峰	平段	低谷	最大需量（元／千瓦·月）	变压器容量（元／千伏安·月）
一、一般工商业	不满1千伏	1.3781	1.2488	0.7231	0.2497		
	1～10千伏	1.3551	1.2268	0.7081	0.2407		
	20千伏	1.3481	1.2198	0.7011	0.2337		
	35千伏	1.3401	1.2118	0.6931	0.2257		
	110千伏	1.3251	1.1968	0.6781	0.2107		
	220千伏及以上	1.3101	1.1818	0.6631	0.1957		
二、大工业	1～10千伏	1.0237	0.9340	0.6246	0.3242	48	32
	20千伏	1.0087	0.9200	0.6146	0.3182	48	32
	35千伏	0.9927	0.9060	0.6046	0.3122	48	32
	110千伏	0.9657	0.8810	0.5846	0.2972	48	32
	220千伏及以上	0.9427	0.8580	0.5646	0.2792	48	32
三、农业生产	不满1千伏		0.9192	0.6155	0.3278		
	1～10千伏		0.9042	0.6005	0.3118		
	20千伏		0.8962	0.5935	0.3058		
	35千伏及以上		0.8882	0.5855	0.2988		

注：表中郊区指门头沟区、房山区、通州区、顺义区、大兴区、昌平区、平谷区、怀柔区、密云区、延庆区.

表4　北京经济技术开发区销售电价表　　（单位：元／千瓦时）

用电分类	电压等级	两部制电价						单一制电价
		电度电价				基本电价		电度电价
		尖峰	高峰	平段	低谷	最大需量（元／千瓦·月）	变压器容量（元／千伏安·月）	
一、一般工商业	不满1千伏	0.7987	0.7220	0.4536	0.2195	48	32	0.8861
	1～10千伏	0.7787	0.7030	0.4386	0.2085	48	32	0.8711
	20千伏	0.7747	0.6990	0.4336	0.2025	48	32	0.8631
	110千伏	0.7487	0.6730	0.4086	0.1785	48	32	0.8411

（续表）

用电分类		电压等级	两部制电价						单一制电价
			电度电价				基本电价		电度电价
			尖峰	高峰	平段	低谷	最大需量（元/千瓦·月）	变压器容量（元/千伏安·月）	
二、工业	100千瓦及以上	1～10千伏	0.9007	0.8230	0.5556	0.2952	48	32	
		20千伏	0.8877	0.8110	0.5466	0.2892	48	32	
		110千伏	0.8377	0.7630	0.5056	0.2552	48	32	
	100千瓦以下	1～10千伏	1.1587	1.0570	0.7086	0.3702	48	32	
		20千伏	1.1417	1.0410	0.6976	0.3632	48	32	

注：1. 表1～4所列价格，均含国家重大水利工程建设基金0.196875分；除农业生产用电外，均含大中型水库移民后期扶持资金0.62分；除农业生产用电外，居民生活用电含可再生能源电价附加0.1分，一般工商业及大工业用电含可再生能源电价附加1.9分.

2. 对农业排灌用电、抗灾救灾用电，按表所列分类电价降低2分执行.

3. 峰谷电价时段划分为：高峰时段（10:00—15:00；18:00—21:00），平段（7:00—10:00；15:00—18:00；21:00—23:00），低谷时段（23:00—7:00），夏季尖峰时段（7—8月11:00—13:00和16:00—17:00）.

4. 根据国家有关要求向电网经营企业直接报装接电的经营性集中式充换电设施用电，执行大工业用电价格（北京经济技术开发区执行工业用电100千瓦及以上电价）；电压等级不满1千伏的，按照1～10千伏价格执行.

教师提问：（3）目前北京的电价制度，你有什么建议？

学生总结：分析搜集到的数据可以看出，北京市电价包括居民用电和其他用电，例如经济技术开发区、一般工商业、大工业、农业生产等. 居民用电是阶梯电价，从APP上可以看出每年的具体档位的用电量是用不同颜色区分的. 经济技术开发区的电价是分时段的，国家鼓励工厂在谷时用电.

预计学生可以提出：倡导节约用电或者建议居民用电也可以按峰谷收费.

教师提问：（4）为什么要节约用电？收集用电小常识或是窍门.

学生查找资料，总结原因较多：如现在电的重要来源还是煤电，而煤电资源有限，需要节约，同时煤电非绿色能源，对环境有污染，也应该尽量减少使用．

用电小常识或小窍门：

1.夏天空调调高1摄氏度可以节省多少电？

夏天空调温度过低，不但浪费能源，还削弱了人体自动调节体温的能力．只要把空调调高1摄氏度，全国每年可节电约33亿度．

2.电饭锅煮饭技巧

煮饭之前可以先把米浸泡10分钟以上再淘米，这样可以提高煮饭的效率，而且煮出来的饭也会更加松软．

3.盛夏时出门前怎么做可以省电？

外出前30分钟关闭空调，既不影响制冷效果，又可以保证高效节能．

教师提问：（5）资料中的数据对于国家有哪些意义？

学生阅读该资料分析得出：统计这些数据对于国家下一年的计划有重大意义．学生查到以下资料：2023年12月19日，根据国家统计局数据，1—11月，全社会用电量累计83678亿千瓦时，同比增长6.3%，高于2022年全年的3.9%，且除1月外，2023年逐月均保持稳定的高同比增幅．12月19日，国家发展和改革委员会召开12月份新闻发布会，国家发展和改革委员会政策研究室副主任、新闻发言人表示，目前全国用电需求处于历史高位．国家在积极推动煤电转型升级，鼓励煤电企业进行技术升级和改造，提高能源利用效率，减少污染排放，推动煤电行业的可持续发展。例如国家发展改革委、国家能源局于2023年12月印发了《关于建立煤电容量电价机制的通知》，该通知决定自2024年1月1日起建立煤电容量电价机制，对煤电实行两部制电价政策．

教师总结：我们个人在家庭生活中，也可以主动收集数据，做好分析总结，以便做好计划，养成节约意识，也是为国家做贡献．"网上国网"APP上也有"用能分析"，我们可以关注上面的数据．

活动效果

  1. 学生积累了综合运用数学知识、技能和方法等解决简单问题的数学活动经验.

  2. 学生体会到了数学与生活之间的紧密联系，了解到了数学的价值，提高了学习数学的兴趣，对数学有好奇心和求知欲，后续能积极参与到数学活动中去.

  3. 学生获得了分析问题和解决问题的一些基本方法，体验到解决问题方法的多样性，发展了创新意识.

  4. 学生学会了与他人合作交流.

  5. 学生在数学学习过程中，体验到了获得成功的乐趣，增强了克服困难的意志，树立了自信.

（本活动由戴锦华设计）

生活中的无理数

📝 设计理念

《义务教育数学课程标准（2022年版）》指出，"数学教学应根据具体的教学内容，从学生实际出发，创设有助于学生自主学习的问题情境，引导学生通过实践、思考、探索、交流等，获得数学的基础知识、基本技能、基本思想、基本活动经验，促使学生主动地、富有个性地学习，不断提高发现问题和提出问题的能力，分析问题和解决问题的能力".

中学数学实验活动是根据数学教学的需要，在一定的数学原理的指导下，让学生借助一定的工具、仪器和技术手段，对具有一定数学意义的实物、模型、时间以及数字、图形、式子、题目等，进行观察、测试、度量、计算、归纳、类比、猜想、判断、推广、抽样、检验、逼近、模拟等数学化的操作，经历"再发现"的过程. 其目的是让学生在"做数学"中"学数学""用数学".

本设计旨在让学生感知生活中确实存在不同于有理数的数——无理数，通过一系列的活动，学生感受到数学的活力. 学生初步认识无理数后，对于无理数的概念和表现形式仍比较模糊，对于生活中的无理数，学生了解不多. 本设计中，学生将以打印纸为载体，"触摸"无理数，感受无理数. 让学生在活动过程中加深对无理数的理解，丰富学生的数学知识，积累数学活动经验，提高数学学习兴趣.

活动目标

1. 经历探索 A4 打印纸长宽比值的过程，感受无理数的存在性，加深对无理数的理解与认识.

2.通过本活动，学生积累活动经验，提高学习兴趣.

3.让学生感受到数学就在身边，数学来源于生活.

活动准备

A4 打印纸两张、尺子等.

活动设计

活动 1：探究 A4 打印纸长与宽的比值

活动步骤：

（1）度量 A4 打印纸的长与宽；

（2）计算 A4 打印纸的长与宽的比值；

（3）得到猜想.

	长（单位：mm）	宽（单位：mm）	长与宽的比值
第一位同学			
第二位同学			
第三位同学			
第四位同学			
……			

教师引导学生按上述步骤经历活动过程，得出猜想.

设计意图： 本实验围绕"长方形纸片的长与宽之比"展开研究，直接切入主题，学生通过度量、计算等活动，发现得到的 A4 打印纸长与宽的比值都集中在一个熟悉的数 1.414 附近，从而得到猜想：A4 打印纸长与宽的比值为 $\sqrt{2}$. 经历实验得到猜想的过程.

活动 2：折纸，验证猜想

活动步骤：

（1）通过折纸验证 A4 打印纸长与宽的比值为 $\sqrt{2}$ 这一猜想；

（2）学生分小组讨论，汇报研究结果.

教师提示：此前我们学习了如何利用两个面积为 1 的正方形通过剪裁和拼接得到面积为 2 的正方形，并得到了面积为 1 的正方形的对角线长为 $\sqrt{2}$ 的结论.

学生联想到构造等腰直角三角形可以产生无理数 $\sqrt{2}$.

教师引导学生发现将 A4 打印纸按照图 1 所示方式折叠，得到的 $\triangle ABE$ 是等腰直角三角形，且 $BE = \sqrt{2} AB$. 接下来只需要证明 A4 打印纸的长 BC 等于 BE 即可. 将 A4 打印纸再按照图 2 所示的方式折叠，发现 BE 恰好与 BC 重合，从而验证了 $BC = \sqrt{2} AB$.

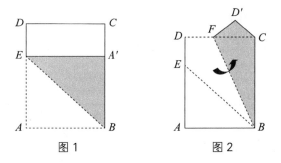

图 1   图 2

设计意图：分析和解决问题是培养学生用数学的思维思考世界的主要途径. 学生经历了度量计算—形成猜想—折纸验证的完整的数学活动和知识构建的过程，积累了研究解决问题的经验. 活动过程体现了数与形的结合，学生思维得到了发展. 发现并验证数学问题的过程，能使学生切实参与到数学知识的生成和构建当中，能有效促进学生掌握知识，发展思维，提升学习兴趣.

活动 3：探究 A5 打印纸长与宽的比值

活动步骤：

（1）将 A4 打印纸沿长边的中垂线对折，得到一个新的长方形即 A5 打印纸；

（2）将 A5 打印纸的长与宽和 A4 打印纸的长与宽进行大小比较；

（3）求出 A5 打印纸长与宽的比值.

教师提示：学生可以借鉴之前的活动经验. 从度量长和宽着手，再按照刚才的折叠方法解决问题，也可以利用 A5 打印纸的长与宽和 A4 打印纸的长与宽的大小关系入手.

教师引导学生总结：设 A5 打印纸的长和宽分别为 a，b，则 A4 打印纸的长与宽分别为 $2b$，a. 因为 A4 打印纸的长与宽的比值为 $\sqrt{2}$，所以得到 $a = \sqrt{2}\,b$.

> **设计意图：**继续运用之前活动积累的经验，解决与之关联或相近的问题，加深对知识的理解，并进一步积累活动经验.

活动 4：探究 A 型打印纸的设计

活动步骤：

（1）思考 A4 型打印会否设计成相同的长宽比值；

（2）根据这一规律，还能得到哪些 A 型打印纸？

教师提示：这种设计可以保证在生产时最大限度地节约耗材，只要在 A0 纸（面积为 1 平方米）的基础上进行相应次数的对裁，就可以得到不同型号的 A 型打印纸，不会有任何浪费.

> **设计意图：**激发学生兴趣，学生体会到数学在工业标准化中发挥的作用，认识到数学在现实生活中发挥的重要作用.

🔖 活动效果

无理数的产生源于生活的实际需要，无理数的发现是人类理性思维和科学精神的伟大飞跃，无理数的发展说明了人类对新事物的认识往往都是曲折往复而上的. 本设计中，师生共同经历了探究生活中无理数的过程，学生提高了学习兴趣，加深了对无理数的认识与理解，体会到无理数在生活中的应用. 在活动中，不同水平的学生在数学上都能有所收获. 数学实验是学生动手动脑，以其为支架的数学教与学的活动方式，是在教师的引导下，学生运用有关工具，通过具体操作，在认知和非认知因素的参与下，进行的一种发现数学结论、理解数学知识、验证数学结论的数学活动. 数学实验能够让学生在掌握知识技能的同时，帮助学生直观地理解数学知识本质，感悟知识所蕴含的数学基本思想，积累数学思维和实践的基本经验.

（本活动由石来京设计）

轴对称和轴对称图形

设计理念

教师要引导学生独立思考、主动探索、合作交流，使学生理解和掌握基本的数学知识与技能、数学思想和方法，获得基本的数学活动经验，形成良好的数学思维品质．本设计尤为注重数学与实际生活及其他学科之间的联系，激发学生学习数学的兴趣，加深对所学数学内容的理解，使学生真切感知到学习数学的价值．本活动充分激发学生的学习热情，培养学生的协作观念与团队意识．

活动目标

1. 理解巩固课堂上所学知识，能灵活运用知识解决问题．

2. 经历实践活动的过程，学会寻找思考问题的着眼点，掌握研究问题的方法，领悟数学思想，培养学生用数学原理和思想方法解决实际问题的能力．

3. 把活动作为课堂教学的延伸，使学生主动经历自主探索、合作交流的过程，锻炼学生团结同学、与外界交往的能力，通过对丰富的轴对称现象的认识，渗透中华民族的传统文化，进一步培养学生的爱国主义情感，增强民族自豪感，提高审美能力．

活动准备

1. 学生根据自己的喜好及专长选择自己的方向，形成小组．

2. 小组分工，选好组长，设计组员分工，确定资料收集、设计、绘画负责人．

活动设计

环节一：动员和培训

（一）学生活动：

1. 了解本次活动的学习目的和意义；

2. 课上讨论确定目标和初步设计方案；

3. 了解本次活动学习的步骤、方法、要求，形成小组实施方案．

（二）教师活动：

1. 帮助学生在课上回忆所学的有关知识；

2. 结合教材内容进行讲解，并呈现典型实例，以激发学生的学习兴趣；

3. 介绍本次活动的步骤方法及注意事项．

环节二：创设情境，激发兴趣

教师：对称现象无处不在，从自然景观到艺术作品，从建筑物到交通标志，甚至日常生活用品，都可以找到对称的例子，对称给我们带来美的感受！

设计意图：体会对称文化在建筑、民间剪纸艺术、京剧脸谱、风筝以及民族服饰中的运用，激发学生对祖国传统文化的热爱，培养审美情趣，体会数学就在身边，激发学生学习数学的兴趣．

教师引入课题：

你能说明这些图形有什么共同的特征？

学生讨论总结，得出结论：它们沿着某条直线折叠后，直线两旁的部分能完全重合．

环节三：探索新知

教师：我国的传统剪纸艺术源远流长，它的做法是把一张纸对折，剪出一个图案（折痕处不要完全剪断），再打开这张对折的纸，就得到了美丽的剪纸作品．观察得到的图案，你能发现它们有什么共同的特点吗？

设计意图：让学生感知轴对称图形，同时加强对我国传统剪纸文化的喜爱．

学生总结共同特点：

（1）它们都是对称的；

（2）它们沿着某条直线折叠后，直线两旁的部分能完全重合．

环节四：动手实践，感受新知

活动内容：

（1）取一张长方形纸；

（2）将纸对折，中间夹上复写纸；

（3）在纸上沿折叠线画出半个笑脸；

（4）把纸展开．

师：你发现了什么？

生：打开后图形关于折线对称．

师：如果一个图形沿一条直线折叠后，直线两旁的部分能够互相重合，那么这个图形叫做轴对称图形，这条直线叫做对称轴．注意：两旁的部分都是同一个图形，不是两个图形．

设计意图：在观察和操作的基础上，给出轴对称图形的直观描述，学生能自然接受．

环节五：归纳小结，形成概念

教师指出活动内容：

请每位同学：（1）再取一张长方形纸；（2）将纸对折；（3）在纸上远离折叠线画出一朵自己喜欢的花；（4）把纸和旁边同学交换，请你想办法在你交换后的纸上，画出以折痕所在直线为对称轴的另一朵花．

学生画图，教师关注：

（1）学生如何画出图形的对称部分；

（2）折痕所在直线是否是所画图形的对称轴；

（3）引导学生找出一对对应点并连接，观察它与折痕的关系；

（4）引导学生思考这些图案是怎样形成的，折痕两旁的部分是什么关系。

教师引导学生共同归纳总结：一个轴对称图形可以看作以它的一部分为基础，按轴对称原理作图而得到．成轴对称的两个图形也可以以其中的任何一个图形为基础，按轴对称原理作图而得到另一个图形．像这样，把一个图形沿着某一条直线折叠，如果它能与另一个图形重合，那么就说这两个图形关于这条直线对称，这条直线叫做对称轴，折叠后重合的点是对应点，叫做对称点．

设计意图：学生通过操作再次体会轴对称图形的特征．培养学生的动手能力，加深学生对轴对称图形的体验和理解．鼓励每一位学生都亲自实践，并体会出题当小老师的乐趣，能进一步帮助学生理解轴对称的特征，培养学生独立思考问题、解决问题的能力．

环节六：拓展延伸，强化对比

教师：想一想成轴对称的两个图形全等吗？如果把一个轴对称图形沿对称轴分成两个图形，那么这两个图形全等吗？这两个图形对称吗？

学生分小组讨论，组内交流后并在全班进行交流．

	轴对称图形	两个图形成轴对称
不同点	一个具有特殊形状的图形	两个具有特殊位置关系的图形
相同点	1. 都经沿一直线对折重合，这条直线是对称轴． 2. 如果把一个轴对称图形沿对称轴分成两个图形，那么这两个图形关于这条直线对称；如果把两个成轴对称的图形看成一个图形，那么这个图形就是轴对称图形．	

环节七：设计与创新

学生分组设计轴对称图形. 经教师启发可以为地铁站设计 logo, 也可以设计自己喜欢的民族服饰, 等等.

设计意图：开放性的作业既能巩固知识, 又能培养学生的创新意识, 体会数学应用于生活.

实施：

（一）各小组提出方案

同学按组讨论、交流, 确定选择对象.

（二）各小组根据自己确定的方向, 展开实地调查和网上资料搜集

活动过程中一定注意相互配合、合理安排, 做到高效、有序.

（三）课上总结活动交流

1. 根据搜集的资料, 介绍自己组的活动过程；

2. 在班内展示交流自己组的成果；

3. 反思活动过程及交流各组的优缺点, 分享活动感受.

活动效果

　　本节课在重视活动的同时, 又重视知识的获取, 因为动手操作本身就在于更直观地发现新知识. 本次调查中, 地铁 logo 设计组学生深入了解了自己选择的站点的发展以及特色, 既能感知到北京的变化之快, 深刻体会到祖国的飞速发展, 又增强了爱国爱家乡的教育. 民族服饰设计组学生上网搜集资料, 参观博物馆, 可以在无形中加深对民族文化的了解, 在潜移默化中加强对传统文化的认知. 本次实践活动部分学生把数学与语文的项目学习合二为一, 达到了学科之间的融合.

　　在教学中变被动地学习为主动地学习, 面向全体学生, 让不同程度的学生都有收获, 真正因材施教. 同时教师随时了解学生情况, 及时给予鼓励与帮助, 让学生感受到数学既有用又好玩, 同时又获得成就感.

本课的价值在于应用数学服务生活的同时，学生能感受到数学的实际应用和魅力，乐于探究，乐于应用数学解决实际问题，从而更好地巩固所学的知识，在实践活动中培养创新意识，进而提高综合素质．通过本节活动课的教学转变学生的学习方式，学生从动手操作中感悟数学思维与数学道理，这样通过自身活动所获得的知识与能力，远比别人强加的要理解得更透彻、掌握得更好，也更具有实用性．

附：部分学生作品

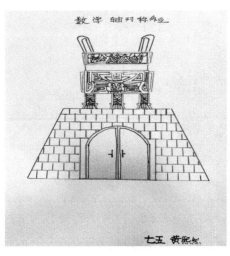

安定门地铁站

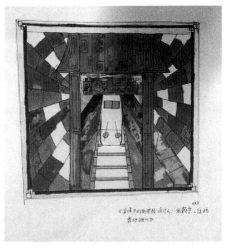

南锣鼓巷

东直门地铁站（图中请忽视表示方向的箭头）

雍和宫地铁站

（本活动由杨安宇设计）

用坐标表示轴对称

　　数学知识来源于生活，又应用于生活．数学实践活动是对这句话的最好验证．本设计从学生熟悉的生活实际入手，让学生在"玩"中学，通过游戏让学生探索轴对称的坐标变化规律，获得亲身体验，积累活动经验，树立学生在学习过程中的主体地位，发挥学生的积极性、主动性和创造性，使学生主动地投入游戏；感受数学与现实生活的密切联系，加深学生对生活中数学知识的了解与运用，从而激发学生热爱生活、热爱数学的情感，唤起学生学习数学的积极性．

活动目标

　　1. 理解与掌握图形轴对称变换的坐标变化规律，关于 x 轴、y 轴、原点对称点的坐标特征，关于第一、第三象限及第二、第四象限角平分线对称点的坐标特征．

　　2. 经历活动过程，学会寻找思考问题的着眼点，掌握研究问题的方法，领悟其中的数学思想，培养学生的观察、归纳能力．

　　3. 通过主动探究、合作交流，培养学生的合作意识，获得数形结合的审美享受，激发学生学习数学的兴趣．

活动准备

　　1. 10～15 张 A4 白纸．

　　2. 网络教室座位整齐．

3.实物展台，电脑，磁贴若干.

活动设计

环节一：复习回顾

教师引导学生复习：

1.平面直角坐标系内，各象限内和坐标轴上点的坐标特征；

2.轴对称的定义；

3.对称点或对称图形的作图方法.

教师：本节课我们继续在平面直角坐标系中探究轴对称的坐标变化规律.

> **设计意图：**让学生了解知识背景，巩固所学知识，确保活动的顺利开展.

环节二：探究关于 x 轴对称点的坐标特征

教师提出活动要求：

（1）在一张 A4 纸上写出要求的点的坐标；

（2）点的坐标书写工整，字迹清晰且尽量大，使全班学生都能看清楚；

（3）写好后，起立，将答案纸举起，让班级同学看清楚答案；

（4）其他同学检查该同学书写的答案是否正确.

教师依据教室内座位位置，随机指定某一个位置为平面直角坐标系的原点，并指明正方向和单位长度，并请位于 x 轴上的学生起立.

教师提出指令，学生根据指令操作，在 A4 纸上写出要求的点的坐标.

指令 1：教师随机说出两对点坐标，如（2，1），（2，−1）或（−3，2），（−3，−2），请对应位置的学生起立，并请全班同学观察这两点的位置特点及坐标特征；

指令 2：教师说出两个点坐标，如 A（−3，1），B（4，−2），请对应位置的学生起立，并请其他学生寻找 A，B 两点关于 x 轴的对称点的对应学生，并请对应学生起立，全班同学一起总结归纳对应两点的坐标特征；

指令 3：教师随机请两位学生任意给出两坐标轴上不同的两点坐标，请这两位学生分别寻找这两点关于 x 轴对称两个点的对应学生，请对应学生起立并总结两对称点的坐标特征；

指令4：请学生总结关于 x 轴对称的点的坐标特征.

学生总结结论：点 $A(x, y)$ 关于 x 轴对称的点的坐标为 $A'(x, -y)$.

设计意图： 通过观察已知两点的位置和坐标特点，总结出关于 x 轴对称的点的坐标特征，引导学生探究点的轴对称引起的点的坐标变化规律，再结合从一般到特殊的数学思想，探究特殊位置（坐标轴）上的点关于 x 轴对称点的坐标特征. 让学生尽可能多地参与活动，在活动中体验到成功，提高学生的学习兴趣.

环节三：探究关于 y 轴对称点的坐标特征

教师依据教室内座位位置，随机指定某一个位置为平面直角坐标系的原点，并指明正方向和单位长度，教师提出指令，学生执行.

指令1：在以上坐标系的四个象限内各找一个点及其对应的学生，模仿活动一的探究方法，找出自己关于 y 轴对称点的坐标；

指令2：在各坐标轴上随机找四位学生，模仿活动一的探究方法，找出自己关于 y 轴对称点的坐标；

指令3：请学生一起总结关于 y 轴对称的点的坐标特征.

学生总结结论：点 $A(x, y)$ 关于 y 轴对称的点的坐标为 $A'(-x, y)$.

教师引导学生继续拓展游戏活动. 如：在平面直角坐标系中，除了关于 x 轴对称、关于 y 轴对称，对于两个点而言，还有什么样的特殊位置关系呢？学生可以根据教师指定的坐标系，尝试探究.

设计意图： 通过观察四个象限内每个点及关于 y 轴对称点的坐标，探究关于 y 轴对称的点的坐标变化规律，引导学生探究坐标轴上的点关于 y 轴的对称点的坐标变化规律，学生积累活动经验，类比学会探究方法.

环节四："青蛙蹲"游戏

探究关于原点对称点的坐标特征和关于第一、第三象限角平分线，第二、第四象限角平分线对称点的坐标特征.

教师依据教室内座位位置，随机指定某一位置为平面直角坐标系的原点，并指明正方向和单位长度，教师提出指令，学生执行．

指令1：随机选出五位学生，请这五位学生在A4纸上写出自己的坐标．给出五位学生进行"青蛙蹲"后要指出的下一个坐标（关于原点对称），并将对应坐标写在纸上．

如：张三（3，−2）对应李四（−3，2），学生张三可以这样描述："（3，−2）蹲，（3，−2）蹲，（3，−2）蹲完（−3，2）蹲"．

指令2：请学生总结坐标位置及其特征．

指令3：总结关于原点对称的点的坐标特征．

学生总结：点 $A(x, y)$ 关于原点对称的点的坐标为 $A'(-x, -y)$．

类似地，教师给出探究点关于第一、第三象限角平分线，第二、第四象限角平分线对称点的坐标的指令，学生执行．

学生总结：点 $A(x, y)$ 关于第一、第三象限角平分线（直线 $y=x$）对称点的坐标为 $A'(y, x)$；点 $A(x, y)$ 关于第二、第四象限角平分线（直线 $y=-x$）对称点的坐标为 $A'(-y, -x)$．

设计意图：学生通过活动，探究并总结关于原点对称，关于第一、第三象限角平分线（直线 $y=x$）对称或关于第二、第四象限角平分线（直线 $y=-x$）对称的点的坐标特征，在活动中感受成功的喜悦，提高学习兴趣，积累活动经验．

环节五："繁星满天"活动

教师依据教室内座位位置，随机指定某一个位置为平面直角坐标系的原点，并指明正方向和单位长度．教师指导全班学生继续"青蛙蹲"活动，巩固之前探究的所有对称的坐标特征．

如：（3，2）蹲，（3，2）蹲，（3，2）蹲完"关于 x 轴对称点"蹲……

（3，−2）蹲，（3，−2）蹲，（3，−2）蹲完"关于第一、第三象限角平分线对称点"蹲……

（−2，3）蹲，（−2，3）蹲，（−2，3）蹲完"关于 y 轴对称点"蹲……

设计意图：全面落实与巩固之前所学，将活动推向高潮.

 活动效果

　　整节活动课体现了认知的由浅入深、由易到难的过程. 学生从未知到懵懂，再到明朗，最后冲上顶峰，在活动过程中学习了知识，最后再通过"繁星满天"的活动，进行知识的落实重温. 让学生在真正的活动中，从问题或者经验中连接知识，更深刻地理解知识.

（本活动由韩莉梅设计）

利用轴对称求最短距离问题

设计理念

　　数学是研究数量关系和空间形式的科学．数学源于对现实世界的抽象，通过对数量和数量关系、图形和图形关系的抽象，得到数学的研究对象及其关系；基于抽象结构，通过对研究对象的符号运算、形式推理、模型构建等，形成数学的结论和方法，帮助人们认识、理解和表达现实世界的本质、关系和规律．有效的教学活动是学生学和教师教的统一，学生是学习的主体，教师是学习的组织者、引导者与合作者．学生的学习应是一个主动的过程，认真听讲、独立思考、动手实践、自主探索、合作交流等是学习数学的重要方式．教学活动应注重启发式，激发学生学习兴趣，引发学生积极思考，鼓励学生质疑问难，引导学生在真实情境中发现问题和提出问题，利用观察、猜测、实验、计算、推理、验证、数据分析、直观想象等方法分析问题和解决问题．

活动目标

　　1.利用轴对称解决简单的最短路径问题．

　　2.体会图形变换在解决最值问题中的作用．

　　3.引导学生从现实生活的经历与体验出发，激发学生对数学的兴趣，形成主动学习的态度．通过理论联系实际的方式，学会利用数学知识解决问题．

活动准备

　　多媒体课件、几何画板、iPad、学生分组．

📖 **活动设计**

环节一：问题情境，导入新课

教师提出问题：相传，古希腊亚历山大里亚城里有一位久负盛名的学者，名叫海伦．有一天，一位将军专程拜访海伦，求教一个令其百思不得其解的问题：我牵马从马厩出发，到一条笔直的河边饮马，然后去军营．到河边什么地方饮马所走的路程最短？

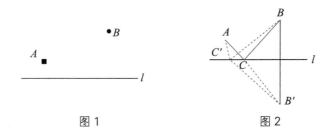

图1　　　　　　　　　　　图2

这就是著名的将军饮马问题．首先要通过建模把它抽象为数学问题，教师引导学生把马厩和军营抽象为几何中的点，把河流抽象为几何中的直线．再画出几何图形，如图1所示．进而问题转化为在直线 l 上求一点 C，使得 $CA+CB$ 的值最小．

教师引导学生总结作法：如图2，过点 B 作关于直线 l 的对称点 B'，连接 AB' 交直线 l 于点 C，连接 BC．则点 C 为所求．

其理论依据是：中垂线性质定理，两点之间线段最短．

> **设计意图**：让学生将实际问题抽象为数学问题，即将最短路径问题抽象为"线段和最小问题"；通过证明，让学生进一步体会轴对称的桥梁作用，提高逻辑思维能力；让学生在反思过程中，体会轴对称的桥梁作用，感悟转化思想．

环节二：互动探讨，小组活动

问题1：将军从马厩出发，先到河边饮马，再去草地上喂马，最后回到马厩．那么到河边什么地方饮马，又在草地什么位置喂马，所走的路程最短？画图并说明理由.

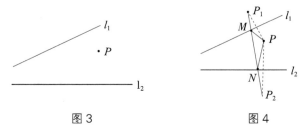

图3   图4

教师引导学生分析、总结，把实际问题抽象成数学问题.

已知：如图 3 所示，点 P 表示马厩，直线 l_1，l_2 表示草地和河边.

求作：在直线 l_1 上找一点 M，直线 l_2 上找一点 N，使 $PM+MN+PN$ 最小.

作法：如图 4，作点 P 关于直线 l_1 的对称点 P_1，作点 P 关于直线 l_2 的对称点 P_2，连接 P_1P_2，分别交 l_1，l_2 于点 M，N，连接 PM，PN.

所经过路线如图：P—M—N—P，所走的最短路程为线段 P_1P_2 的长．即 $(PM+PN+MN)_{\min}=P_1P_2$．

> **设计意图：**让学生进一步巩固利用轴对称将最短路径问题转化为"两点之间，线段最短"问题.

变式问题：将军从马厩出发，先到河边饮马，然后打算留在草地上露营．那么到河边什么地方饮马，又在草地什么位置露营，所走的路程最短？画图并说明理由.

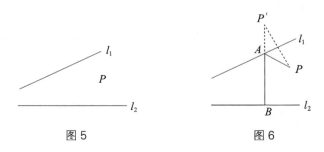

图5   图6

已知：如图 5，点 P 表示马厩，直线 l_1，l_2 表示河边和草地.

求作：在直线 l_1 上找一点 A，直线 l_2 上找一点 B，使 $PA+AB$ 最小.

作法：如图 6，作点 P 关于直线 l_1 的对称点 P'，再作 $P'B \perp l_2$，垂足

为 B，交 l_1 于点 A，连接 AP．则线段 $P'B$ 的长即为所走的最短路程．即 $(PA+AB)_{\min}=P'B$．

依据：中垂线性质定理，垂线段最短．

> **设计意图：** 让学生进一步巩固利用轴对称将最短路径问题转化为"垂线段最短"问题．

问题 2： 如图 7，在等边 $\triangle ABC$ 中，$AD \perp BC$ 于点 D，若 $AB=4$，E 是 AB 中点，P 是 AD 上一点，则 $PE+PB$ 的最小值为＿＿＿＿＿＿＿＿．

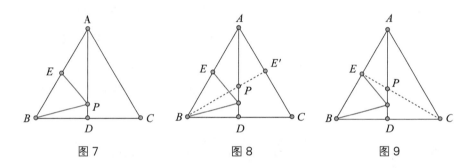

图 7　　　　　　图 8　　　　　　图 9

预设：如果学生没学勾股定理，可以直接给出 $AD=2\sqrt{3}$．学生可以作点 E 关于 AD 的对称点 E'，然后连 BE' 交 AD 于点 P（图 8）；也可以作点 B 关于 AD 的对称点 C，然后连 CE 交 AD 于点 P（图 9）．教师引导学生挖掘题目条件．

问题 3： 如图 10，在等边 $\triangle ABC$ 中，$AB=6$，$AD \perp BC$，E 是 AC 上的一动点，M 是 AD 上的一动点，求 $EM+MC$ 的最小值．

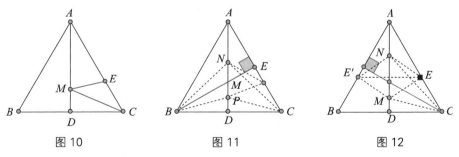

图 10　　　　　　图 11　　　　　　图 12

教师引导学生发现与问题 2 的条件的差异，进而找到对应的几何模型是解答本题的关键．

学生总结作法一：如图 11，由于点 B 和点 C 关于 AD 对称，作 $BE \perp AC$ 于点 E，交 AD 于点 M，此时 $EM + MC$ 的值最小，等于线段 BE 的长．在等边 $\triangle ABC$ 中，$AD = BE = 3\sqrt{3}$．

作法二：如图 12，学生可以作点 E 关于 AD 的对称点 E'，然后连 CE' 交 AD 于点 M，但由于点 E 是 AC 上的动点，于是点 E' 也在动，从而 CE' 的长就不断变化．

由于点 C 和线段 AB 的位置都是确定的，故作 $CE' \perp AB$ 于点 E'，交 AD 于点 M．此时 $(EM + MC)_{\min} = CE'$．

设计意图： 让学生进一步巩固解决最短路径问题的基本策略和基本方法，进一步体会利用轴对称可以变"折线为直线"的转化思想，能够正确选择模型解题．

问题 4：如图 13，四边形 $ABCD$ 中，$\angle BAD = 120°$，$\angle B = \angle D = 90°$，在 BC，CD 分别找一点 M，N，使 $\triangle AMN$ 的周长最小．

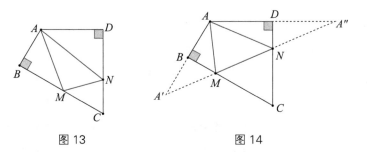

图 13　　　　　　　　　　图 14

作法：分别作点 A 关于直线 BC，CD 的对称点 A'，A''，连接 $A'A''$ 分别交 BC，DC 于点 M，N．连接 AM，AN，此时 $\triangle AMN$ 周长最小，$\triangle AMN$ 周长为 $A'A''$ 的长．

设计意图： 让学生进一步巩固解决最短路径问题的基本策略和基本方法，利用轴对称和"两点之间，线段最短"解决问题．

环节三：小节提升

教师引导学生梳理模型，总结方法．

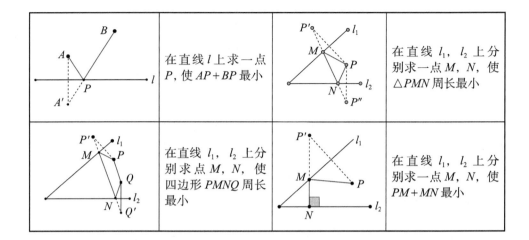

	在直线 l 上求一点 P，使 $AP+BP$ 最小		在直线 l_1，l_2 上分别求一点 M，N，使 $\triangle PMN$ 周长最小
	在直线 l_1，l_2 上分别求点 M，N，使四边形 $PMNQ$ 周长最小		在直线 l_1，l_2 上分别求一点 M，N，使 $PM+MN$ 最小

设计意图：梳理本课所学知识，形成技能．知道每个模型的条件及所得结论的依据．

活动效果

　　合理利用现代信息技术，提供丰富的学习资源，设计生动的教学活动．本设计引导学生在熟练掌握书本例题、习题的基础上，进行科学的变式训练，对巩固基础、提高能力有着至关重要的作用．引导学生在真实情境中发现问题和提出问题，利用观察、猜测、实验、计算、推理、验证、数据分析、直观想象等方法分析问题和解决问题；促进学生理解和掌握数学的基础知识和基本技能，体会和运用数学的思想与方法，获得数学的基本活动经验；培养学生良好的学习习惯，形成积极的情感、态度和价值观，逐步形成核心素养．更重要的是，变式训练能培养和发展学生的求异思维、发散思维、逆向思维，进而培养学生全方位、多角度思考问题的能力，有助于提高学生分析问题、解决问题的能力．在本设计中，采用分组的方式，注重培养学生合作学习、探究式学习的能力．

（本活动由王明宝设计）

探索勾股定理

✎ 设计理念

勾股定理是直角三角形的一条非常重要的性质，是几何学最重要的定理之一，在生活中应用广泛．

本设计中，学生经历从实际问题观察、发现、抽象出数学问题，猜想并验证直角三角形三条边之间满足的数量关系，到综合应用已学知识联想、证明的全过程，加深了对相关知识的理解，提高了思维能力．活动渗透了数形结合、从特殊到一般和方程思想等重要数学思想，同时为勾股定理逆定理和后续解直角三角形的学习奠定了基础，也为高中学习的一般三角形中余弦定理和平面解析几何的部分知识做铺垫．

本设计意在恰当发展学生的几何直观、推理能力和模型思想的数学核心观念与数学能力，同时注重发展学生的创新意识．

📚 活动目标

1. 经历勾股定理的探索过程，理解并掌握勾股定理，并能尝试从不同角度证明勾股定理，让学生切实经历"观察—猜想—验证—证明"的探索过程，发展合情推理能力．

2. 分析勾股定理的证明思路，在这一过程中体会数形结合、从特殊到一般、化归和方程思想方法，通过拼图活动，体验等积法和割补法的应用，在探索证明中，体验解决问题方法的多样性，同时反思证明的方法和方向，学会从数学角度发现问题和提出问题．

3. 在具体情境中，通过对科学家探究历程的了解，感受数学之美，探究

127

之趣；在数学活动中，通过动手拼图，培养学生的交流、合作意识，同时，了解史实，感受数学文化，突出介绍中国古代勾股方面的成就，激发学生的民族自豪感和对数学的热爱.

活动准备

多媒体 PPT 课件，几何画板工具，三角板，彩色粉笔，直角三角形纸板模具，学生课前制作四个全等的直角三角形，学生分组.

活动设计

环节一：实验观察

教师做实验，转动沙漏，学生认真观察.

问题 1：通过刚才的实验，你观察到了什么？

学生在观察实验的过程中，初步感受到两个小沙漏的体积之和等于下面大沙漏的体积，得出两个小正方形的面积之和等于大正方形面积. 教师引导学生将其转化为中间直角三角形两直角边的平方和等于斜边的平方.

问题 2：是否所有的直角三角形都满足这样的关系？

设计意图：用实验引入，吸引学生，激起学生的兴趣，生生互评，对实验现象认识得更清楚，引导学生进一步思考，从特殊的现象中提出问题.

环节二：定理探究

教师介绍，在数学上，我们通常可以从特殊到一般地来研究问题. 据说，毕达哥拉斯到朋友家做客的时候，就是因为偶然地发现了地板砖上的特殊图案，从而总结出了勾股定理. 同学们可以看一下，这就是当时毕达哥拉斯发现的特殊图案. 我们今天也从特殊到一般来研究勾股定理.

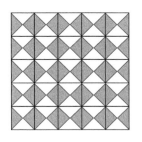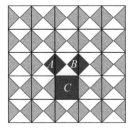

问题1：三个正方形A，B，C的面积有什么关系？

学生独立观察图形，分析、思考其中隐含的规律．通过直接数等腰直角三角形的个数，或者用割补的方法将小正方形A，B中的等腰直角三角形补成一个大正方形，得出结论：小正方形A，B的面积之和等于大正方形C的面积，每个正方形的面积都是中间围成的直角三角形一边的平方．

> **设计意图**：从最特殊的等腰直角三角形入手，通过观察正方形面积关系得到三边关系，并进行初步的一般化（等腰三角形边长的一般化）．

问题2：在网格中的一般的直角三角形，以它的三边为边长的三个正方形A，B，C是否也有类似的面积关系？

教师请学生任意画一个直角三角形进行验证．

学生独立作图，大部分同学取的两条直角边为整数，个别同学三边取的是分数；在验证关系时，只有少部分同学得到两直角边的平方和等于斜边的平方，大部分学生并没有得到同样的结论．

教师追问1：很多同学发现了矛盾，矛盾究竟出在哪里？这个结论是否对任意的直角三角形都成立？有没有严谨的方法可以说明？请同学们围绕这些疑惑交流讨论．

师生活动发现，尺规作图存在一定的误差，无法获得准确的判断．

老师追问2：能否找到避免测量误差的办法？

师生活动：学生通过几何画板，演示构造直角三角形，通过测量三边的长度以及计算两直角边的平方和与斜边的关系，验证确实直角三角形两直角边的平方和等于斜边的平方．

问题3： 观察图1、图2，并填写下表：

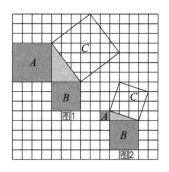

	A 的面积（单位面积）	B 的面积（单位面积）	C 的面积（单位面积）
图 1			
图 2			

> **设计意图：** 利用网格，让学生更直观地感受三个正方形的面积关系，进一步体会特殊化的思想与面积割补法.

小组活动：学生四人一小组，两人探究图1，两人探究图2，展示 C 面积的算法.

方法总结：

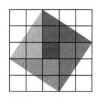 

方法一（割）：分割为四个直角三角形和一个小正方形.

方法二（补）：补成大正方形，用大正方形的面积减去四个直角三角形的面积.

> **设计意图：** 在网格背景下通过观察和分析得出等腰直角三角形和一般的直角三角形的三边关系，为形成猜想提供了典型特例，通过归纳，猜想变得水到渠成.

教师追问：如果把方格纸去掉，会对证明有影响吗？请学生拿出 A4 纸，在空白处任意画一个直角三角形，用刚才两种方法，尝试证明结论.

教师引导学生独立作图，尝试用字母表示数，将直角三角形的三边分别用 a，b，c 来表示. 在验证三边平方关系时，因为有方格纸中割补法的启发，学生能较快完成作图，并用面积法进行验证. 在证明 $a^2+b^2=c^2$ 时，绝大部分学生都将以 c 为边的大正方形用两种不同的方法表示，通过化简，得到 $a^2+b^2=c^2$. 从而验证结论的一般性.

法 1 将以 c 为边的正方形割成四个全等的直角三角形和一个边为 $(b-a)$ 的正方形.

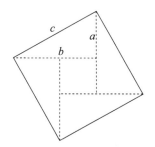

$$\because S=c^2$$
$$又\ S=(b-a)^2+4\times\frac{1}{2}ab$$
$$\therefore c^2=(b-a)^2+2ab.$$
$$\therefore a^2+b^2=c^2$$

法 2 将以 c 为边的正方形补成更大的正方形.

$$\because S=(a+b)^2=a^2+b^2+2ab$$
$$又\ S=c^2+4\times\frac{1}{2}ab=c^2+2ab$$
$$\therefore a^2+b^2+2ab=c^2+2ab \quad \therefore a^2+b^2=c^2.$$

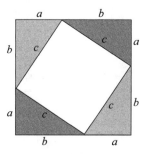

课上学生亲手实践的两种证法都是面积证法. 依据是图形在经过适当切割后再另拼接成一个新图形，切割拼接前后图形的各部分的面积之和不变，即利用面积不变的关系和对图形面积的不同算法得到等量关系.

设计意图：通过拼图活动，调动学生思维的积极性，为学生提供参与数学活动的机会，发展学生的形象思维，使学生对定理的理解更加深刻，体会数学中数形结合的思想.

环节三：方法提升

教师：其实，在众多的证明方法中，中国历史上关于勾股定理的证明有两颗璀璨明珠. 接下来, 我们一起分享这两颗璀璨的明珠.

教师直接展示赵爽弦图的证明思路, 这个方法被哈佛大学教授库里奇称为"最省力的证明".

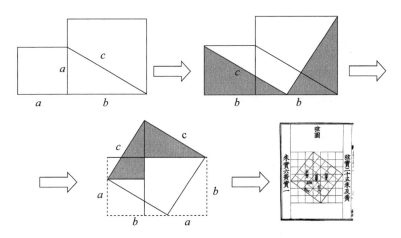

展示完赵爽弦图的证明方法, 教师进一步介绍东汉数学家刘徽的"青朱出入图", 以及"青朱出入图"的证明方法.

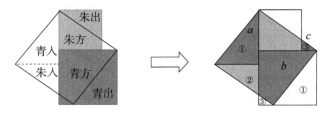

设计意图:

(1) 通过赵爽弦图和青朱出入图的介绍, 再次感受数学文化, 了解我国古代数学家对勾股定理的发现及证明作出的贡献, 感悟古人的智慧, 增强民族自豪感.

(2) 在观察两种证明思路的同时, 调动学生思维的积极性, 启发学生对接下来的问题做进一步思考.

环节四: 提炼总结

教师: 通过今天对勾股定理的探索, 你有什么感受?

学生从知识上、方法上以及勾股定理的历史文化方面分别谈自己的感想.

设计意图：让学生从不同角度回顾本节课所学习的内容，反思其中的数学思想方法，引发学生更深层次的思考，促进学生认知结构的深化与思维品质的提升．

活动效果

本活动创设情境，以实验为背景，充分调动了学生的积极性．独立探究、师生交流、生生交流使思维碰撞出火花，生成了一些新的思路，学生的表现超出了预期．教师在评价时，关注学生的参与程度和思维水平，关注学生对方法的掌握情况和灵活运用能力．教师在教学过程中尊重学生的个体差异，对于学生的不同思维方式，只要合理都给予鼓励和肯定，充分发挥教学评价的价值，同时为学生提供评价的平台，让学生学会质疑，学会欣赏，互相学习和借鉴．

（本活动由王宁设计）

蚂蚁怎么走最近

设计理念

在课堂教学中学生是学习的主体，教师是组织者、引导者、合作者. 本设计通过设置动手操作、合作探究、交流展示等活动，突出了学生的主体地位.

本活动的主要内容是勾股定理的应用，力求既要加深学生对勾股定理的理解，又要让学生体会到勾股定理的应用价值，学会把立体图形问题转化为平面图形问题进行研究的方法，为高中进一步学习立体几何奠定基础. 在活动中，学生体会到数学的转化思想，发展数学建模能力. 同时，通过立体图形展开与折叠的过程，进一步发展学生的空间观念.

活动目标

1. 学会运用勾股定理计算解决圆柱、长方体等常见几何体上的最短路径问题.

2. 通过对圆柱体侧面、长方体表面的展开与折叠，发展学生的空间观念，体会数学的转化思想.

3. 在运用勾股定理解决实际问题的过程中，体会勾股定理的应用价值，培养数学建模能力.

活动准备

多媒体课件、实物投影仪、圆柱体、长方体、直尺、剪刀等，学生分组.

活动设计

环节一：情境引入

教师介绍：科学家证实，在生物界中蚂蚁有一种神奇的天性——总能选择最短路线去获取食物，似乎很擅长数学中的几何学．

以蚂蚁在觅食过程中发现路径的行为为灵感，科学家创造出了一种新的全局优化仿生算法——蚁群算法．拥有蚁群算法的机器人，已经开始在交通、电信、路桥等方面进行应用．

设计意图：激发学生对课题的好奇心，让学生充满探究的欲望．

环节二：温故知新

教师：如图所示，在一个长为 40 cm、宽为 30 cm 的长方体蛋糕盒顶部，顶点 A 处有一只蚂蚁，它想吃到相对顶点 B 处的蛋糕，如何爬行路径最短？最短路程是多少厘米？

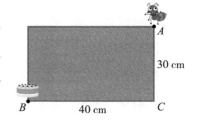

设计意图：让学生体会知识点间的联系，同时也为在立体图形上探究最短路径做好铺垫．

环节三：合作探究

探究（一）圆柱体侧面最短路径问题

教师：如图，有一个圆柱形蛋糕盒，它的高等于 12 cm，底面半径等于 3 cm．在圆柱的底面 A 点有一只蚂蚁，它想吃到上底面上与 A 点相对的 B 点处的蛋糕，沿圆柱侧面爬行的最短路程是多少？（π 的值取 3）

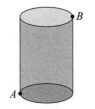

（1）老师提出问题，学生独立思考，尝试探究．

问题 1：当 A，B 两点在一条母线上时，怎么走最近？

问题 2：当 B 点移动到上底面上与 A 点相对应处时，蚂蚁怎么走最近？

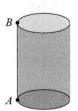

设计意图：学生在思考中产生认知冲突，意识到对于问题2，已有的经验现无法解决，需要寻找新的方法．这自然引发学生的探究欲望．

（2）小组合作，交流展示，形成方法．

教师深入小组，参与学生交流，关注学生的参与程度、动手能力和合作意识，以及在探究过程中表现出的思维水平．

在各组展示后，教师引导性提问，学生回答：

①我们要找的仍然是两点间的最短路线，已有经验是两点之间线段最短，你能在侧面上找到连接这两点的一条线段吗？学生：不能．

②此时不能在侧面连成线段的原因是什么？学生：因为路径不在同一平面内．

③你能不能想个办法把连接 AB 两点的路径"放到"一个平面上？学生：可以借助学过的立体图形表面展开的知识解决问题．

预设多数学生能凭感觉画出路径，但说不出依据．此时，教师以问题串的形式引导学生思考形成方法．

设计意图：培养学生的动手操作能力，让学生经历探究过程．

（3）深入探究，解决问题，总结方法．

①教师深入小组指导．

a. 对于学生不同的展开方式，只要正确都予以肯定评价，同时引导学生发现更优的展开方式．

b. 预设部分学生会找错展开图中 B 点的位置，教师引导他们发现并自我修正．

②教师动画演示侧面展开过程．

③将展开图还原为圆柱．

（4）师生总结：利用展开图，把立体图形转化为平面图形是解决这一类立体图形上最短距离问题的主要方法．

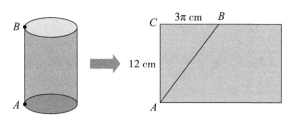

在 Rt △ *ABC* 中，由勾股定理得：

$$AB^2 = AC^2 + BC^2 = 12^2 + (3\pi)^2 \approx 225.$$

∴ *AB* = 15 cm.

因此，蚂蚁沿圆柱侧面爬行的最短路程是 15 cm.

设计意图：

①学生通过动手操作，明确方法，通过师生互动、生生交流，完善方案，解决问题；

②通过动画演示强化思路，加深对方法的认识和理解；

③"还原"的过程验证了最短路径在空间的存在性，同时有助于发展学生的空间观念.

探究（二）长方体表面最短路径问题

教师：如图所示，有一个长方体，它的长、宽、高分别为 5 cm，3 cm，4 cm. 在顶点 *A* 处有一只蚂蚁，它想吃到与顶点 *A* 相对的顶点 *B* 的食物. 已知蚂蚁沿长方体表面爬行的速度是 0.8 cm/s，蚂蚁能否在 11 秒内获取到食物？

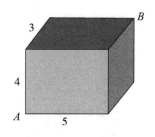

（1）教师引导学生，探究所有可能路径.

①解读问题，统一探究方向.

教师提问：决定蚂蚁能否在 11 秒内获取到食物的关键是什么？

②小组探究，明确六种可能.

教师：怎样才能找到最短路径？

教师进一步提出有几种不同的展开方式可以得到可能的最短路径 *AB*，引发学生小组合作交流.

全班汇总方案，教师一一点评，优化列举法.

设计意图：从初步感知多种可能，到互相补充找全方案，再到优化列举方法，逐步培养学生思维的严密性.

③优化方案，确定三条路线.

教师提出问题：要知道哪条路径最短，是否需要把这六条 AB 的长度都算出来进行比较？还有没有优化的空间？

教师利用多媒体动画演示展开过程：

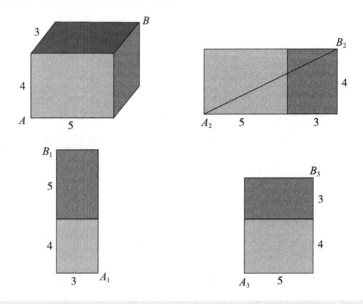

设计意图：利用动画演示展开过程，让学生明确本质不同的三种方案，使思路更清晰.

（2）确定最短路径.

教师板演计算，得出最短路径. 教师在书写格式上刻意留下了让学生发现规律的空间，板书如下：

$$A_1B_1^2 = 3^2 + (4+5)^2 = 90;$$
$$A_2B_2^2 = 4^2 + (3+5)^2 = 80;$$
$$A_3B_3^2 = 5^2 + (3+4)^2 = 74.$$

因此，最短路径为 A_3B_3.

∵ $0.8 \times 11 = 8.8$，$8.8^2 = 77.44 > 74$，

∴蚂蚁能在 11 秒内获取到食物.

教师还原立体图形，让学生感受最短路径.

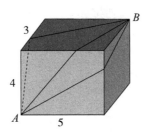

设计意图： 在空间验证最短路径的存在，发展学生的空间观念.

学生观察计算过程，发现规律.

设计意图： 为推广到一般情况做铺垫.

拓展应用

教师：若长方体长、宽、高分别为 a，b，c，且 $a > b > c$，找出沿长方体表面从点 A 到点 B 的最短路径，并说明理由.

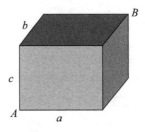

学生独立思考，猜想验证规律.

$$d^2 = a^2 + (b+c)^2$$

↑ ↑
最短 最大
路径 棱长

设计意图： 从特殊到一般，并用类比方法论证一般规律.

教师小结，深化思想方法.

回顾探究 2 的过程，总结如下：

数学思想：转化、分类与整合；

研究方式：大胆猜测，严密论证；

研究方法：从特殊到一般再到特殊、类比方法.

设计意图：把实践上升到理论高度，逐步渗透数学思想方法.

活动效果

　　本活动以学生探索活动为主线，让学生通过自主学习发现问题，合作交流解决问题，教学效果好.

　　从活动设计上看，首先以"蚁群算法"引入，激发学生的探究欲望. 探究（一）、探究（二）和拓展应用三个环节环环相扣，从特殊到一般，设置层层深入的问题引导学生逐步思考. 在课堂实施中，教师巧妙的语言调动和问题设计，有效地激发了学生的参与热情. 特别是在探究（二）的交流中，学生将思维展现得淋漓尽致，充分体验到了成功的喜悦. 学生巧妙的解答甚至超出了教师的预期，而教师临场的睿智点评又将学生的思维水平引向新的高度. 与此同时，通过归纳小结和方法提炼环节，学生进一步内化了本节课的知识和方法.

　　在活动设计和课堂实施中，我们需要在培养学生能力方面精心考虑. 教师在引导学生解决实际问题的过程中，渗透了模型化思想，通过让学生动手折叠和利用多媒体直观演示立体图形的展开与还原过程，发展了学生的空间观念，渗透了数学的转化思想.

（本活动由王宁设计）

折叠中的数学

设计理念

　　初中数学实践与综合应用课程把问题意识与问题解决能力、操作意识与实际动手能力、信息意识与信息处理能力、团队意识与合作交流能力、发展意识和自主规划能力作为开放学习中发展的重要目标，培养学生的应用精神和创新精神，注重学生兴趣、态度以及参与活动的主动性、积极性和一系列价值观的发展．本节课着重注意以下两个"结合"：

　　1. 认知性实践活动与问题性实践活动相结合．一方面重视学生认知性实践的环节，为学生打好动手操作的基础，培养学生良好的基本实践能力；另一方面重视推进学生的实践由认知性向问题性过渡，使二者有机结合起来．

　　2. 重复性实践活动与创新性实践活动相结合．重复性实践活动所涉及的内容是学生在今后的学习生活中经常面临的，对于学生获取知识技能、实现快速成长是必要的．而创新性实践活动是指学生所进行的活动以及创造出的成果是其本人在未获得他人经验的前提下独立完成和实现的，对于丰富学生的精神生活、开阔学生的认知视野、培养学生的创新精神和实践能力、促进学生个性的全面发展具有独特价值．

活动目标

　　1. 理解折叠问题的实质，在折叠中探究特殊图形中边或角的数量关系；运用特殊图形中隐含的边或角的数量关系进行相关的计算．

　　2. 激发学生学习数学的兴趣，体会折叠中的几何关系，运用已有知识推理论证．

3.通过动手操作、主动探究，发展学生的几何直观和逻辑推论能力，积累几何学习的经验.

活动准备

1. 15张A4白纸，课前用白纸做出两张平行四边形，八张矩形，两张菱形，三张正方形.

2.彩笔（至少三种颜色），小型打孔器.

3.直尺、铅笔、电脑、投影仪、实物展台、磁贴若干.

活动设计

环节一：复习回顾

教师引导学生复习：

1.各类特殊四边形的定义、性质和判定；

2.轴对称图形的作图方法；

3.平行线的性质；

4.特殊三角形的分类及各类特殊三角形的性质.

5.通过习题引入课题.

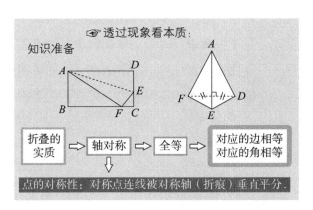

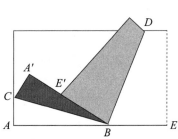

教师：将一矩形纸片按如图方式折叠，BC，BD为折痕，则$\angle CBD$的度数为（   ）.

A. 60°　　　　　　B. 75°　　　　　　C. 90°　　　　　　D. 95°

学生探究并给出答案：C.

设计意图：让学生了解知识背景，巩固所学知识，确保活动的顺利开展，发现折叠问题的本质.

环节二：平行四边形中的折叠

教师给出折叠图形：

如图，将一平行四边形纸片沿 *AE* 折叠，再沿 *EF* 折叠，使点 *E*、*C′*、*B′* 在同一直线上，则 $\angle AEF = ($ 　　　$)°$.

学生活动：

（1）用一张平行四边形白纸折叠出给出的图形；

（2）折叠好的图形展开后，用一到两种彩笔画出折痕和交点，并连接出图形中相应线段，标注各点；

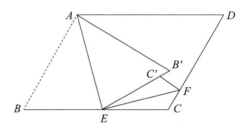

（3）运用手中图形观察折叠后新出现的特殊图形，并说明理由.

设计意图：通过实践动手折叠，发现和体会图形中的轴对称图形及新的特殊图形中隐含的边或角的数量关系，进而推理证明，让学生在折叠过程中体验成功，提高学生对活动的兴趣.

环节三：矩形中的第一种折叠

教师：如图，将矩形纸片 *ABCD* 沿 *AC* 折叠，折叠后点 *B* 落在点 *E* 处，若 *AD* = 4，*AB* = 3.

①直接说出下列线段的长度：

BC = ＿＿＿，*DC* = ＿＿＿，（矩形对边相等）

AC = ＿＿＿，（勾股定理应用）

AE = ＿＿＿，*CE* = ＿＿＿．（轴对称性质）

②求 *FC* 的长度.

学生活动：

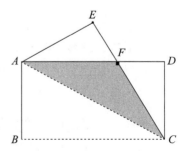

（1）如图，将一张矩形白纸沿着对角线折叠，得到图示的图形；

（2）将折好的图形展开后，用一到两种彩笔画出折痕和交点，并连接出图形中相应线段，标注各点；

（3）运用手中图形观察折叠后新出现的特殊图形，并说明理由.

（4）依据教师给出的实例，继续探究给出哪些线段或角的条件，可以相应求出其他未知线段或角.

如：求证：$AF=CF$；求重合部分△AFC的面积；连接 DE，求证：$DE /\!/ AC$.

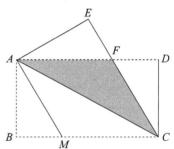

（5）继续拓展探究，将折叠的图形恢复原状，点 F 与 BC 边上的点 M 正好重合，连接 AM，试判断四边形 $AMCF$ 的形状，并说明理由.

环节四：矩形中的第二种折叠

教师：如图，折叠矩形 $ABCD$，使点 D 落在 BC 边的点 F 处. 已知 $AB=8$ cm，$AD=10$ cm，求 EC 的长.

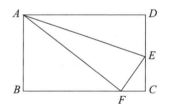

学生依据教师给出的实例，继续探究尝试改换条件，是否可以得出未知线段的长度.

环节五：矩形中的第三种折叠

教师：如图，矩形纸片 $ABCD$ 中，$AD=9$，$AB=3$，将其折叠，使点 D 与点 B 重合，折痕为 EF，求折痕 EF 的长.

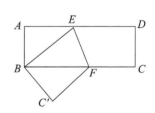

学生运用手中折叠后的图形，找到图中特殊图形，并证明.

环节六：矩形中的第四种折叠

教师：如图，矩形 $ABCD$ 纸片中，$AD=25$ cm，$AB=20$ cm.

学生活动：

现将这张纸片按下图方式折叠，分别求折痕的长.

（1）如图1，折叠后点 B 与点 F 重合，折痕为 AE；

（2）如图2，P，Q分别为AB，CD的中点，折叠后点B落在PQ上，记作G，折痕为AE；

（3）如图3，折叠后点B与点D重合，折痕为EF.

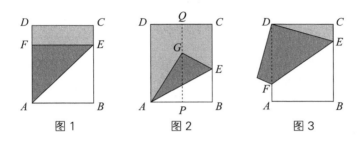

图1　　　　　　图2　　　　　　图3

前三种折叠完成后，将学生的作品进行实物展示．教师继续引导学生思考，这三种折叠的结论的共性以及在计算方法上的共同点．最后一种折叠是前三种折叠的综合，可以帮助学生巩固前三种不同折叠方式中数量关系的计算方法．

设计意图：通过矩形中的四种折叠，探究不同折叠方式的共性，以及应用图形中的等量关系进行相关的计算，逐步递进，锻炼学生的综合能力；引导学生在参与探究的过程中，不断有新的发现，激发学生继续探究的热情，同时也为后续折叠活动做好铺垫．

环节七：菱形中的折叠

教师提出指令，学生根据指令执行．

指令1：动手用一张菱形纸片按图1、图2依次对折后，再按图3打出一个圆形小孔，则展开铺平后的图案是（　　　）.

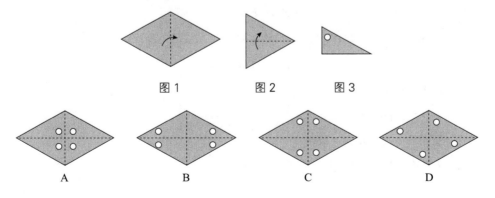

图1　　　　　　图2　　　　　　图3

A　　　　　　B　　　　　　C　　　　　　D

答案：C.

指令2：如图，在菱形 $ABCD$ 中，$\angle B = 60°$，$AB = 2$，M 为边 AB 的中点，N 为边 BC 上一动点（不与点 B 重合），将 $\triangle BMN$ 沿直线 MN 折叠，使点 B 落在点 E 处. 连接 DE，CE，当 $\triangle CDE$ 为等腰三角形时，BN 的长为（　　）.

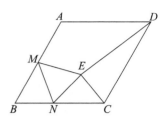

在学生动手折叠过程中，探究特殊图形和特殊结论.

分两种情况：

①当 $DE = DC$ 时，连接 DM，作 $DG \perp BC$ 于点 G，如图所示：

∵四边形 $ABCD$ 是菱形，

∴ $AB = CD = BC = 2$，$AD /\!/ BC$，$AB /\!/ CD$.

∴ $\angle DCG = \angle B = 60°$，$\angle A = 120°$.

∴ $DE = AD = 2$.

∵ $DG \perp BC$，

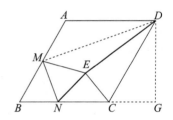

∴ $\angle CDG = 90° - 60° = 30°$.

∴ $CG = \dfrac{1}{2} CD = 1$.

∴ $DG = \sqrt{3} CG = \sqrt{3}$，$BG = BC + CG = 3$.

∵ M 为 AB 的中点，

∴ $AM = BM = 1$.

由折叠的性质得：$EN = BN$，$EM = BM = AM$，$\angle MEN = \angle B = 60°$.

在 $\triangle ADM$ 和 $\triangle EDM$ 中，$\begin{cases} AD = ED, \\ AM = EM, \\ DM = DM, \end{cases}$

∴ $\triangle ADM \cong \triangle EDM$（SSS）.

∴ $\angle A = \angle DEM = 120°$.

∴ $\angle MEN + \angle DEM = 180°$.

∴ D，E，N 三点共线.

设 $BN = EN = x$，则 $GN = 3 - x$，$DN = x + 2$.

在 Rt $\triangle DGN$ 中，由勾股定理得：$(3 - x)^2 + (3)^2 = (x + 2)^2$.

解得：$x = \dfrac{4}{5}$，即 $BN = \dfrac{4}{5}$.

②当 $CE = CD$ 时，$CE = CD = AD$，此时点 E 与点 A 重合，点 N 与点 C 重合，如图所示：

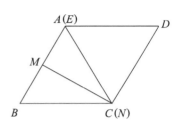

$CE = CD = DE = DA$，$\triangle CDE$ 是等边三角形，$BN = BC = 2$（含 $CE = DE$ 这种情况）.

综上所述，当 $\triangle CDE$ 是等腰三角形时，线段 BN 的长为 $\dfrac{4}{5}$ 或 2.

故答案为：$\dfrac{4}{5}$ 或 2.

设计意图：通过菱形中的折叠，探究新出现的特殊图形，学生学会应用图形中的等量关系进行相关的计算，在活动过程中进一步体会数学分类讨论的思想方法.

环节八：正方形中的折叠

教师提出指令，学生根据指令执行.

指令1：教师给出折叠图形.

如图，在正方形纸片 $ABCD$ 中，对角线 AC，BD 交于点 O，折叠正方形纸片 $ABCD$，使 AD 落在 BD 上，点 A 恰好与 BD 上的点 F 重合. 展开后，折痕 DE 分别交 AB，AC 于点 E，G，连接 GF；

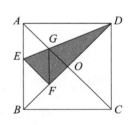

指令2：折叠后，将折好的图形展开后，用一种到两种彩笔画出折痕和交点，并连接出图形中相应线段，标注各点.

指令3：观察折叠后新出现的特殊图形，并说明理由.

指令4：探究折叠后的展开图形，都有哪些等量关系？哪些角度可求？可以相应得到哪些特殊结论？

如：① $\angle AGD = 112.5°$；

②四边形 $AEFG$ 是菱形、与 DF 相等的线段（不包括 DF）有五条；

③ $BE=2OG$、$S_{\triangle DEF}=2S_{四边形\ OGEF}$.

教师引导学生根据折叠的性质分析得到：

由 $\angle ADG=\angle ODG$，求出 $\angle ADG$ 的度数，在 $\triangle AGD$ 中利用三角形内角和即可求出 $\angle AGD$ 的度数。所以①正确。

先判断 $\angle CDG=\angle CGD$，得出 $CG=CD$，再结合正方形的性质，得出 $DF=AB=BC=CD=AD=CG$，所以②正确。

根据同位角相等可得到 $EF/\!/AC$，$GF/\!/AB$，由折叠的性质得出 $AE=EF$，即可判定四边形 $AEFG$ 是菱形，因此四边形 $AEFG$ 既是轴对称图形，又是中心对称图形。

利用折叠轴对称的性质得 $\angle OFG=45°$，由正方形性质得 $\angle EBF=45°$，可以判断 $\triangle BEF$ 和 $\triangle OGF$ 都是等腰三角形，得到 $BE=\sqrt{2}EF=\sqrt{2}BF$，$GF=\sqrt{2}OF=\sqrt{2}OG$，

$\therefore BE=\sqrt{2}OF=\sqrt{2}OG$，

设 $OF=a$，则 $GF=\sqrt{2}a$，$BF=\sqrt{2}a$，可得 $OB=(\sqrt{2}+1)a$，

所以 $OD=(\sqrt{2}+1)a$，$DF=DO+OF=(2+\sqrt{2})a$。

还可以用 $\triangle OGD\backsim\triangle FED$ 求得 $\triangle DEF$ 与四边形 $OGEF$ 的面积比，也可以直接求解两图形的面积，从而计算 $\triangle DEF$ 与四边形 $OGEF$ 的面积比。所以③正确。

指令 5：给出折叠图形，学生用手中正方形白纸进行折叠，折叠后展开，画出相应线段，并标注各点。

如图，正方形 $ABCD$ 中，$AB=6$，点 E 在边 CD 上，且 $CD=3DE$。将 $\triangle ADE$ 沿 AE 对折至 $\triangle AFE$，延长 EF 交边 BC 于点 G，连接 AG，CF。

探究可以得到哪些结论，并给出相应证明。

如：下列结论：① $\triangle ABG\cong\triangle AFG$；② $BG=GC$；③ $AG/\!/CF$；④ $S_{\triangle EGC}=S_{\triangle AFE}$；⑤ $\angle AGB+\angle AED=135°$；等等。

解：由题意可求得 $DE=2$，$CE=4$，$AB=BC=AD=6$。

∵将△ADE沿AE对折至△AFE,

∴∠AFE=∠ADE=∠ABG=90°,AF=AD=AB,EF=DE=2.

在Rt△ABG和Rt△AFG中,$\begin{cases} AB=AF, \\ AG=AG, \end{cases}$

∴Rt△ABG≌Rt△AFG(HL).

∴①正确.

∴BG=GF,∠BGA=∠FGA.

设BG=GF=x,在Rt△EGC中,EG=x+2,CG=6-x,CE=4,由勾股定理可得$(x+2)^2=(6-x)^2+4^2$.

解得x=3,此时BG=GC=3.

∴②正确.

∵GC=GF,

∴∠GFC=∠GCF,

且∠BGF=∠GFC+∠GCF=2∠GCF.

∴2∠AGB=2∠GCF.

∴∠AGB=∠GCF.

∴AG∥CF.

∴③正确.

∵$S_{\triangle EGC}=\dfrac{1}{2}GC \cdot CE=\dfrac{1}{2} \times 3 \times 4=6$,

　$S_{\triangle AFE}=\dfrac{1}{2}AF \cdot EF=\dfrac{1}{2} \times 6 \times 2=6$,

∴$S_{\triangle EGC}=S_{\triangle AFE}$.

∴④正确.

在五边形ABGED中,

∠BGE+∠GED=540°-90°-90°-90°=270°,

即2∠AGB+2∠AED=270°,

∴∠AGB+∠AED=135°.

∴⑤正确.

设计意图：通过正方形中的折叠，探究新出现的特殊图形，以及应用图形中的等量关系进行相关的计算，学生的综合分析与推理能力得到进一步提高.

🎁 活动效果

平行四边形中的轴对称是起始活动，动手折纸充分调动了学生的积极性，学生亲身实践，检验猜测结果的正确性，达到了实践与理论的统一.

在矩形折叠的活动中，活动设计从矩形的外部，到矩形的边上，再到矩形的内部，最后是矩形的综合折叠，使折叠活动达到了高潮. 这种由浅入深逐层递进的方式，使学生在动手实践中经历猜想、探究、证明的全过程，充分体现了学生的学习主动性.

在菱形和正方形中进行折叠时，学生已经能够通过前面的总结、对比，充满自信地完成最后两个折叠.

最后，学生进行了折叠方法的总结，图形的归类，解题常用方法的归纳，在知识上、方法上、能力上都有所收获.

（本活动由韩莉梅设计）

楼梯的设计和造价

📝 设计理念

"空间观念"是几何学的核心，是指由具体的物体抽象出几何图形，反之，也能根据几何图形想象出所描述的具体物体．其中，图形是培养空间观念的工具，也是帮助学生理解题目、解释问题的工具．恩格斯说：数与形的概念不是从其他任何地方，而是从现实世界中得来的．本节课的教学中提供适量的模型、原型和实例，丰富学生的感性认识，让学生多观察，多动手画图操作，让学生在活动中体验图形的变化，发展空间观念．

📖 活动目标

1.通过运用几何图形的知识解决一些简单的实际问题，设置具有挑战性的学习任务，让学生理解图片、模型和平面图形的关系，能把它们用图形直观表达出来，化"无形"为"有形"．

2.通过学生的参与交流，激发学生的学习兴趣，利于学生更好地认识现实空间，把相关的知识应用于实际生活中，培养学生与他人合作交流的意识．

3.培养学生的空间想象力、逻辑思维能力、动手画图能力和在实践中应用数学的能力．

🔧 活动准备

学生分组．每组拍摄几张直梯的照片，根据实物照片思考楼梯的俯视图和侧视图；在安全的基础上为满足人的舒适度，上网了解如何设计楼梯每级台阶的高度和步长．

活动设计

现有层高 5.4 m 的两层复式建筑，其中一层的高度是 2.8 m（含楼板的厚度 27 cm），两层间铺满楼板相隔，业主需要在两层中间的楼板开口安装楼梯连接.

问题 1： 请同学们为这家业主设计一个定制楼梯的方案，根据设计方案画出楼梯的平面设计图.

活动组织：

1. 展示问题 1 及出示图片，学生读题，独立思考，组内交流题目中不理解的内容.

2. 播放有关民用建筑通则的小视频，介绍与人脚尺寸相符合、爬梯时感到舒适的步长.

宽度范围：24～30 cm，台阶高度 15～22 cm，这个范围的楼梯舒适感强，爬梯不容易累.

3. 学生选取不同台阶的步长、高度、宽度，独立画图、独立计算.

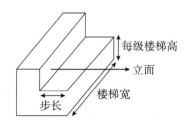

学生活动：

1. 健康梯（适合中老年人）

选择每级台阶的步长 28 cm、高度 16 cm、楼梯宽度 80 cm 进行设计.

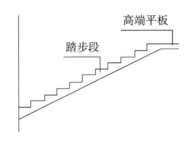

正确计算：$280 \div 16 = 18$ 层，

易错计算：$(280 - 27) \div 16 = 16$ 层（楼板厚度部分也要算进去）.

2. 青春梯（适合年轻人）

选择步长 26 cm，台阶高度 21 cm、宽度 80 cm 进行设计.

正确计算：$280 \div 21 = 13$ 层，

易错计算：$(280 - 27) \div 21 = 12$ 层（楼板厚度部分也要算进去）.

设计意图：

1. 让学生通过阅读，理解题目情境和提供的信息；

2. 让学生学会从情境中抽象出几何体，再画出视图；

3. 通过具有一定开放性问题的解决，充分调动学生的主观能动性.

问题 2：如果每级楼梯的步长为 24 cm，高度为 21 cm，宽度为 80 cm，为保证身高 1.80 m 的业主不低头就可以通过楼梯，楼板开口最小需要多少？

活动组织：

1. 利用图片、模型等工具给学生进行直观展示；

2. 提示学生反复阅读，理解题目陈述及问题任务，结合图片想象，并理解实际情境，画出示意图；

3. 引导学生将解决问题的多方面已知条件、要素

结合起来，寻找解题的突破口；

4.引导学生根据抽象出的平面图形确定解决问题的方案：先算出用层高除去楼板厚度和业主身高后对应第几级台阶，再利用剩余台阶和步长计算楼板开口宽度.

$280-27-180=73$ cm，

$73÷21=3.4≈3$ 层，

$12-3=9$ 层，

9 层 × 每层步长 24 cm $=216$ cm $=2.16$ m.

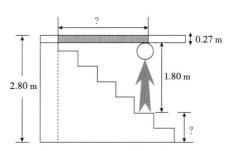

学生活动：

易错点：在计算业主站在第几级楼梯碰头时，没有按照实际情境取整，而是错误地进行四舍五入.

易错计算：

（$280-27-180$）$÷21=3.4≈4$ 层，

$12×24$ cm $-4×24$ cm $=192$ cm $=1.92$ m.

设计意图：

1.运用实物图抽象出平面图形，反复引导学生在实物情境和平面图形两者之间进行转化，培养学生的空间想象能力；

2.运用平面图形对问题任务和已知信息加强理解，不断纠错寻求解决问题的关键，培养学生积极思考、独立创新解决问题的能力；

3.将问题转化为数学模型来解决，培养学生的抽象概括能力.

问题 3：如果业主选择在楼梯上铺地毯，防滑地毯的价格 1 平方米起 600 元，5 平方米起 450 元，10 平方米起 380 元，各组根据问题 1 中的楼梯设计，计算铺地毯所需的费用.

活动组织：

1. 在问题 1 中抽象出的平面图形中添加新的信息，在图中正确标注数据信息，建立已知和未知的联系；

2. 正确画出楼梯的平面展开图，建立展开后长方形长和宽与楼梯的步长、高和宽的关系，这是一个立体图形平面化的典型问题；

3. 在动手画图中，体会立体图形和平面图形的相互转化，培养空间想象能力；

4. 计算费用时可以按照立面和平面两方面费用相加，也可利用平面展开图直接计算，帮助学生掌握研究问题的方法.

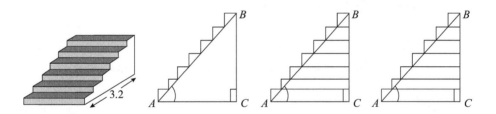

方法 1：楼梯纵向总长等于三角形直角边 BC 的长；

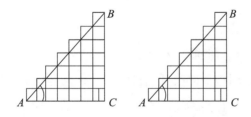

楼梯横向总长等于三角形直角边 AC 的长.

地毯的面积：$0.8 \cdot AC + 0.8 \cdot BC$.

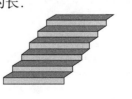

方法 2：楼梯的平面展开图是长方形，长方形的宽是 0.8 m，长是（ AC + BC ）的值，

地毯的面积：$0.8 \cdot (AC+BC)$，

地毯的造价：地毯面积 × 地毯单价.

学生活动：

1. 健康梯

共 18 层，层高 16 cm，步长 28 cm，楼梯宽 80 cm，

地毯面积：（ $18 \times 16 + 18 \times 28$ ）× 80 = 63360 cm² = 6.336 m²，

地毯造价：6.336 × 450 元 = 2851.2 元.

2. 青春梯

共 13 层，层高 21 cm，步长 26 cm，楼梯宽 80 cm，

地毯面积：（ $13 \times 21 + 13 \times 26$ ）× 80 = 48880 cm² = 4.888 m²，

地毯造价：4.888 × 600 元 = 2932.8 元.

设计意图：

1. 使学生在几何知识的学习中，经历探索的过程，体验探索的乐趣，从而提高学习兴趣；

2. 揭示所学知识和实际的联系，使学生体验到所学的知识在实际工作生活中，有着广泛的应用价值.

归纳小结，交流感悟：

通过本课的学习有哪些收获和体会？

1. 实物图、示意图、平面展开图在解决几何问题中的重要作用；

2. 体会到几何知识在实际生活中的作用，以及多样化解决问题的策略；

3. 数学来源于生活，并服务于生活.

活动效果

1. 本节是操作性很强的教学活动，通过参与这些教学活动，学生动手画视图、平面展开图、实物图，培养学生的想象力，发展空间观念．

2. 在设计活动中有意识地引导学生去发现现实生活中的问题，并运用所学的知识加以解决，增强学生应用数学的意识．

3. 在教学过程中引导学生把讨论集中在以下方面：在活动中楼梯的步长、宽度、高度有什么自然的限定，如它的尺寸长短是否合理？铺地毯时用料是否节省？对题目的陈述、问题任务、图片进行讨论，便于理解题目提供的信息．

4. 学生通过动手画图，思考探索，合作讨论，增强画图能力、主动思考的能力以及运用数学知识解决问题的能力，培养合作精神和创新意识．

（本活动由许立群设计）

平面几何图形重心初探

设计理念

融合不同领域学科知识，积累实践活动经验

《义务教育数学课程标准（2022年版）》指出："教学活动应注重启发式，激发学生学习兴趣，引发学生积极思考，鼓励学生质疑问难，引导学生在真实情境中发现和提出问题，利用观察、猜测、实验、计算、推理、验证、数据分析、直观想象等方法分析问题和解决问题；促进学生理解和掌握数学的基础知识和基本技能，体会和运用数学的思想与方法，获得数学的基本活动经验……"学生在学习完三角形的重心以及《四边形》这一章后，自然地就会思考四边形的重心以及其他平面几何图形的重心问题．而重心是物理学科中重要的概念，同时生活中的很多现象也应用了重心的知识．因此可以设计综合实践活动，将生活中的现象抽象为学科知识，在活动中帮助学生融合数学、物理不同领域的学科知识，同时积累实践活动经验．

活动目标

1. 学生亲身经历探究平面几何图形重心的全过程，掌握简单图形的重心位置以及寻找重心的方法．

2. 学生能够体会到数学知识与物理知识之间的密切联系．

3. 学生能够体会到生活中的很多现象都运用到了重心的知识．

4. 学生能够通过小组学习提升合作交流的能力以及参与实践活动的动手能力．

活动准备

1. 课前授课：本节课前，学生已经学习《四边形》一章中的相关知识.

2. 班级分组：班级共 40 人，每组 5 人，自愿分组，分成八组并选出组长.

3. 活动支持材料：不同长度、质地均匀的细木条，剪刀，细绳，刻度尺，铅垂线，质地均匀的薄硬纸板，铅笔.

活动设计

活动 1：探究线段的重心

活动目标：学生通过教师的讲解，掌握重心的概念、悬挂法，并通过动手实践探究线段的重心.

环节一：活动引入

教师活动：幻灯片展示 2022 年虎年春晚舞台诗剧《只此青绿》的演出照片. 舞蹈演员们的表演精彩绝伦，其中高难度的舞蹈动作令人惊叹. 其实很多舞蹈动作的背后隐藏着科学知识，重心与平衡就是其中之一. 以此引出本节实践活动课的主题，即探究平面几何图形的重心.

> **设计意图：**由学生看过的舞蹈表演作为本节课的引入，激发学生探究的兴趣.

环节二：教师讲解重力、重心知识

教师活动：教师讲解重力的概念：由于地球的吸引而使物体受到的力. 可举例：河水从高处流向低处，苹果成熟后会从树上掉落，抛出去的篮球最终会落到地面，等等，帮助学生理解.

教师活动：教师讲解重心的概念：对于整个物体，重力作用的表现就好像它作用在某一个点上，这个点叫做物体的重心.

学生活动：学生通过教师的讲解，理解重力和重心的概念.

> **设计意图：**通过教师的讲解，学生掌握重力、重心的相关知识，为接

下来探究平面几何图形重心做铺垫.

环节三：探究线段的重心

教师活动：教师指导每个小组的学生选取不同长度、质地均匀的细木条 AB，用细绳拴住并吊起，观察拴点 C 在何处时细木条能保持平衡（水平状态），并利用刻度尺测量平衡时拴点到细木条两端的长度，填写活动记录表（见附录）.

学生活动：学生根据教师的指导进行动手实践，将实践结果记录在本小组的活动记录表中.

学生活动：各小组实践结束后，进行交流分享，发现共性结论：拴点在细木条中点时，细木条保持平衡.

教师活动：教师引导学生学习知识链接中的悬挂法，并解释为何拴点在细木条中点时，细木条可以平衡，从而找到细木条的重心，进而得到线段的重心. 根据定义，重心相当于重力在物体上的作用点，当拴点刚好位于物体的重心上时，物体的重力也就作用在该拴点上，物体才能够在水平位置保持静止状态. 所以，当物体在一个拴点的作用下能够保持水平静止时，拴点的位置就是物体的重心. 将均匀的细木条抽象成线段，即线段的中点是线段的重心.

设计意图：通过学生亲自动手实践，发现拴点在木条中点时，木条保持平衡，进而由具体到抽象总结线段的中点是线段的重心.

活动 2：探究三角形的重心

活动目标：通过学生动手实践探究三角形的重心，掌握悬挂法，了解背后的知识原理.

教师活动：教师指导每个小组的学生在质地均匀的薄硬纸板上绘制一个三角形 ABC（每个小组绘制的三角形形状、大小不同），在三角形的每个顶点处钉一个钉子作为悬挂点，完成下列任务：

（1）在三角形的顶点 A 处系一根铅垂线将三角形硬纸片悬挂起来，当三角形稳定后，记下铅垂线与 BC 边的交点 D，画出 AD，量一量，思考 AD 有什么特点.

（2）换一个顶点重复（1）的步骤，得到痕迹"BE"，记下两条痕迹的交点 P，量一量，思考 BE 有什么特点.

（3）在第三个顶点做重复试验，观察第三条痕迹过交点 P 吗？

（4）在点 P 处插进一根大头针，再用细绳拴住大头针，将三角形吊起. 此时，三角形是平衡状态吗？

学生活动：学生按要求动手操作，填写活动记录表. 全部完成后，请各小组选出一名代表分享本小组实践活动的结果. 通过实践可以发现下列问题的答案：虽然三角形 ABC 的形状、大小各不相同，但是问题的答案都是相同的.

问题（1）（2）解答："痕迹" AD、BE 是三角形 ABC 的中线.

问题（3）解答：第三条痕迹经过交点 P.

问题（4）解答：在点 P 处插入大头针，用细绳拴住大头针，此时三角形处于平衡状态.

教师活动：教师引导学生学习活动记录表后的知识链接. 了解为何拴住点 P 后三角形 ABC 能平衡，即点 P 是三角形 ABC 的重心.

为何拴住点 P 后三角形 ABC 能保持平衡？

如图，将三角形在顶点 A 处悬挂起来，根据物理学中二力平衡条件，当三角形处于平衡状态时，物体受到的重力方向与拉力方向在同一条直线上，因此，三角形重心一定在直线 AD 上. 同理，再选择顶点 B 悬挂，画出竖直线 BE. 三角形重心既在直线 AD 上，又在直线 BE 上. 因此，三角形 ABC 的重心在交点 P 处，所以拴住点 P 后三角形 ABC 能平衡.

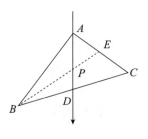

设计意图：通过学生亲自动手实践，发现三角形的三条中线相交于一点，这个点就是三角形的重心，了解操作背后的知识原理.

活动3：探究其他平面几何图形的重心

活动目标：通过学生动手实践，探究特殊四边形和圆的重心.

教师活动：教师指导每个小组的学生在质地均匀的薄硬纸板上根据学习过的特殊四边形的定义或判定定理绘制一个特殊四边形，例如平行四边形、矩形、菱形、正方形以及一个任意半径的圆，运用活动2中探究三角形重心的活动经验，探究特殊四边形、圆的重心位置，并完成活动记录表的填写．

学生活动：学生按照教师的指导，根据在活动2探究三角形的重心中积累的经验，完成对特殊四边形以及圆的重心的探究．

学生活动：每个小组选派一名代表做讲解和演示，分享本组的成果．

教师活动：教师进行总结，每个小组绘制的圆的半径不同，绘制的特殊四边形的形状、大小也不同，但是通过动手实践，可以发现共同的结论：特殊四边形的重心在其对角线的交点处，圆的重心在其圆心处．

活动4：探究寻找平面几何图形重心的其他方法

学生活动：学生分小组汇报交流本小组想到的寻找平面几何图形重心的其他方法．

预设：由悬挂法获得启发，将由均匀质地的硬纸板制成的几何图形放在竖直向上的手指上，不断地调整图形的位置，使得图形在手指的支撑下最终平衡静止，此时手指的位置就是图形重心的位置．

教师活动：教师总结：这个方法与悬挂法类似，原理都是给物体施加向上的力，而物体所受到的重力总是竖直向下的，且作用点在重心处，当物体在水平位置保持静止时，根据二力平衡的原理，这个力与重力在一条直线上，且方向相反，因此手指支撑点的位置就是重心，由此确定重心的位置．

设计意图： 启发学生在已学习内容的基础上继续拓展思维．

活动5：总结收获与体会

活动目标：帮助学生梳理参与此次实践活动的收获与体会．

教师活动：教师提问：在整个课题学习的过程中，同学们都有哪些体会和感受？

学生活动：学生总结自己的收获与体会．

设计意图：通过教师的提问与归纳，学生体会到通过此次实践活动，自己获得了哪些方面的提升.

活动6：布置作业

教师活动：教师布置作业

1.试找出你身边任意形状的平面图形的重心；

2.结合活动记录表，完成一份综合实践活动报告.

设计意图：巩固本节课知识，帮助学生梳理此次实践活动的收获与体会，积累实践活动经验.

★ 活动效果

1. 学生亲身经历了探究平面几何图形重心的全过程，能够掌握简单图形的重心位置以及寻找重心的方法；

2. 学生能够感受到生活中的很多现象都运用到了重心的知识，体会到我们学习的知识具有很强的应用价值，以及数学学科与物理学科之间具有密切的联系；

3. 本次实践活动以小组为单位，将学生作为课堂的主体. 在小组学习的过程中，鼓励通力合作、积极思考，提升学生的沟通交流能力以及参与实践活动的动手能力.

附录　探究平面几何图形重心活动记录表

【知识链接】

重力：由于地球的吸引而使物体受到的力.

重心：对于整个物体，重力作用的表现就好像它作用在某一个点上，这个点叫做物体的重心.

活动 1：探究线段的重心

选取的质地均匀的细木条 AB 长度为_____cm;

当细木条保持平衡时，$AC=$_____cm，$BC=$_____cm.

【知识链接】

悬挂法

找平面图形重心的一种方法是用细绳拴住图形的一点，将其吊起，如果图形能够平衡，拴点就是平面图形的重心，这种方法称为悬挂法.

结论：线段的重心在_____.

活动 2：探究三角形的重心

在质地均匀的薄硬纸板上绘制一个三角形 ABC，在三角形的每个顶点处钉一个钉子作为悬挂点，完成下列任务：

（1）在三角形的顶点 A 处系一根铅垂线将三角形硬纸片悬挂起来，当三角形稳定后，记下铅垂线与 BC 边的交点 D，画出 AD，量一量，思考 AD 有什么特点.

_____

（2）换一个顶点重复（1）的步骤，得到痕迹"BE"，记下两条痕迹的交点 P，量一量，思考 BE 有什么特点.

_____

（3）在第三个顶点做重复试验，观察第三条痕迹是否过交点 P.

_____

（4）在点 P 处插进一根大头针，再用细绳拴住大头针，将三角形吊起，此时，三角形是平衡状态吗？

_____

结论：三角形的重心在_____.

活动 3：探究特殊四边形、圆的重心

本小组利用平行四边形定义绘制特殊四边形——平行四边形，探究重心位置.

探究 1：探究特殊四边形的重心

1.本小组利用_____绘制特殊四边形_____，探究重心位置.

2.请应用活动2探究三角形的重心的活动经验，写出探究特殊四边形的重心位置的活动步骤：

_____

_____

_____

3.结论：特殊四边形_____的重心在_____.

探究 2：探究圆的重心

1.请应用活动2探究三角形的重心的活动经验，写出探究圆的重心位置的活动步骤：

_____

_____

_____

2.结论：圆的重心在_____.

（本活动由洪晔设计）

一次函数的应用
——从费用角度选择适当的交通方式

📝 **设计理念**

数学课程标准指出：数学要培养学生的应用意识，要为学生提供从事数学活动、体会数学价值的机会；布鲁纳的发现法指出：知识的获得是一个主动的过程，学生不是被动的接受者，而是主动参与者；数学综合实践活动将所学知识方法与实践相结合，是实现以上目标的有效载体.

本节课是在学完一次函数一章（《北京市义务教育教科书》八年级下册第十四章）后安排的一节综合实践活动课. 主要研究北京市三种出行方式，分别是公交车、地铁和私家车，要求学生通过亲身体验，从不同角度对不同出行方式进行评价，并聚焦费用问题进行研究.

本节课是已学函数知识的应用，不仅能加深学生对函数基础知识的理解，而且能积累数学活动经验，渗透绿色出行的环保理念.

📚 **活动目标**

1. 让学生通过亲身体验公交车、地铁和私家车等出行方式，从不同的角度进行评价；聚焦费用问题，运用函数知识，建立不同出行方式下费用的数学模型，积累数学活动经验.

2. 让学生通过参加本次综合实践活动，体会数学建模思想，增强应用意识，提高实践能力.

3. 通过设计方案、亲身体验、小组合作完成调查报告，激发学生的创造潜能，提高学习兴趣，培养团队合作精神，渗透绿色出行的环保理念.

活动准备

调查问卷，分组，多媒体课件，实物投影．

活动设计

整个教学过程按时间顺序分为三个阶段（前两个阶段在课前）：

第一阶段：教师布置任务，学生制定方案

任务：在自选的路线上，任选两个站点能说出北京市公交车、地铁费用，私家车汽油费用信息，并用恰当的方法表示．

例如：

1. 从西直门到雍和宫

（1）坐地铁的费用；

（2）坐公交车的费用；

（3）开车需要的汽油费用．

2. 从西直门到天安门西（东）站呢？哪种方式最省钱？

方法：

实地考察，咨询乘客，网上查询，选择合适的方式表示费用信息．

要求：

1. 以小组为单位，通过课件呈现"关于北京市公交车、地铁费用和私家车汽油费用的调查报告"．报告中应包括目的、设计方案（含分工情况）、调查过程、资料整理、结论、感受．

2. 小组出行时要注意安全，讲文明、懂礼貌，团结友爱．

学生明确了任务后，全班按自愿原则分为若干个小组，每个小组自行设计方案．在该环节，教师对每个小组上交的方案做批注，并提出指导性建议．在教师指导下，每个小组对各个设计环节做修改，细化组员分工，让人人有事做，事事有人做，使学生体会到分工与合作的重要性．

第二阶段：学生调查研究，教师追踪指导

学生带着小组分配好的任务亲身体验、采访调查、小组讨论、总结方法，最后制作 PPT，完成调查报告. 比如可以拍摄一名同学乘坐出租车时采访司机的视频，或者拍摄学生乘坐地铁、公交车的活动经历. 通过此次活动，学生提升了社会交往能力，增强了团队合作意识，积累了数学活动经验.

在活动中，教师与各小组保持联系，了解活动进程，给予指导. 其中可能出现的问题包括：

1. 学生采集和处理信息的能力比较欠缺，可以建议他们从正规渠道获取准确信息，并根据任务目的筛选、提取有用的信息.

2. 学生总结私家车的汽油费用公式是个易错点. 比如容易出现：

$$私家车的汽油费用 = \frac{每公里耗油数}{100} \times 公里数 \times 单位油价$$

教师可以引导同学们仔细检查、举例验证、修正错误，使学生养成认真检查的良好习惯，形成严谨求实的科学态度. 最后得出的正确公式为：

$$私家车的汽油费用 = \frac{百公里耗油数}{100} \times 公里数 \times 单位油价$$

3. 用合适的方法正确表示费用与里程的函数关系是个难点.

可以引导学生先判断是否满足函数关系，若满足，则可以用函数表示法表示. 灵活使用解析式法、图象法、列表法表示地铁费用与里程的函数关系，教师进行修正.

第三阶段：学生展示汇报，教师点评总结

此阶段分以下四个环节：

环节一：创设情境，课题引入

此环节先从古人的出行方式引入，与现代社会的出行方式形成对比，感受现代社会出行的便利，引出课题.

环节二：师生互动，任务反馈

为了检验学生对公交车、地铁收费标准和私家车汽油费用信息的了解情况，教师针对具体的两个地点从费用角度进行提问，请学生说明理由．

环节三：小组汇报，多元评价

此环节每个小组各自汇报本组关于北京市公交车、地铁、私家车汽油费用的调查报告，每个小组都展示了小组分工、调查过程、公共交通收费标准和调查感受，结合视频进行汇报，灵活使用不同的表示方法展示公共交通的收费标准，比文字叙述更清楚、更直观．

例1：用解析式法表示出公共交通费用与里程的函数关系，判断出当平均油耗和每升油价一定的情况下，汽油费用与所行里程是一次函数关系，且里程越远，油费越多．学生可以结合视频详细介绍思考的过程，也可以使用列表法得到类似结论．

票价（y）与里程（x）的函数关系：

$y=3$（$0<x\leqslant6$）

$y=4$（$6<x\leqslant12$）

$y=5$（$12<x\leqslant22$）

$y=6$（$22<x\leqslant32$）

$y=7$（$32<x\leqslant52$）

$y=8$（$52<x\leqslant72$）

$y=9$（$72<x\leqslant92$）

目前北京地铁最远里程尚未超过 92 km，如将来超过 92 km，不超过 112 km，则票价 10 元，即里程大于 32 km 后每花 1 元可坐 20 km．

官方给出的公交车计价标准：10 km 内 2 元，10 km 后每多 5 km 加价 1 元，上不封顶．

票价（y）与里程（x）的函数关系：

$y=2$（$0<x\leqslant10$）

$y=3$（$10<x\leqslant15$）

$y=4$（$15<x\leqslant20$）

$y=5$（$20<x\leqslant25$）

$y=6$（$25<x\leqslant30$）

……

例2： 用图象法，通过几何画板把三个函数图象画在同一平面直角坐标系中，直观形象，一目了然地对比出行驶多少里程时哪种出行方式更划算.

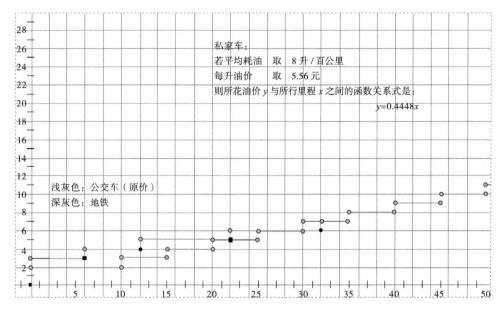

通过观察图象，得出结论，体会数形结合思想.

本环节通过各小组展示汇报，提升了学生的表达能力，又培养了学生分析问题、解决问题的能力；在汇报后组织学生互相评价，发现优点，取长补短，培养学生的学习能力；最后教师点评提升，使学生进一步体会建模思想，增强应用意识.

环节四：小结收获，课题延伸

此环节通过让学生谈收获，渗透绿色出行、低碳环保观念. 把课题开放延伸，除了三种出行方式的费用问题，还可以研究其他问题. 比如：可以统计不同出行方式的平均时间，研究高峰期的发车间隔，通过计算碳的排放量评估不同车型的环保程度，等等. 让学生感受生活中还有许多问题可以用数学知识进行研究，进一步体会数学的应用价值.

活动效果

　　1.本节课通过贴近学生生活的出行方式费用问题，让学生经历调查活动，体会从特殊到一般再到特殊的思想方法．通过构建三种出行方式费用问题的数学模型，解决了实际问题，增强了应用意识，提高了实践能力．

　　2.学生不仅有许多知识上的收获，而且可以体会到团结友爱、尊老爱幼的传统美德，绿色出行、低碳生活的环保理念，修正错误、严谨求实的科学态度．这些收获都已渗透到此次活动中，起到了"润物细无声"的效果．

（本活动由史潮女设计）

镶嵌——图案设计

设计理念

建构主义的学习理论认为学生的学习不是被动地接受，而是一种主动的探究与建构，认为各个个体对知识的理解随个人的经验、经历的不同而不同. 本节课学生通过动手操作、观察、分析，从正多边形的探究出发，发现正三角形、正方形和正六边形能进行镶嵌，进而探究任意多边形的平面镶嵌原理，让学生经历从实际问题抽象出数学问题，建立数学模型，综合运用已有的知识解决问题，加深对相关知识的理解，提高思维能力.

活动目标

1.使学生掌握正多边形平面镶嵌的条件，能运用两种常见的正多边形进行简单的镶嵌设计.

2.经历探索正多边形镶嵌条件的过程，培养学生的合情推理能力.

3.通过情境的引入，学生体会数学知识与现实生活的密切联系，提升应用数学知识解决实际问题的能力. 通过合作学习培养学生团结协作以及创新精神；通过拼图和图片欣赏增强学生的审美意识.

活动准备

1.制作 PPT 动画，展示镶嵌构造的美丽图案.

2.自制颜色各异的正多边形硬纸板教具若干.

3.制作实验报告单，收集学生自主探究的结果.

4.应用实物投影仪，展示学生成果.

环节一：创设情境，引出概念

图片欣赏 1：生活中常见的地板铺设图片，使学生感受生活中的镶嵌现象．

问题 1：生活中地板的铺设大多是用正方形地砖，因为正方形地砖能够既无空隙又无重叠地将一块地面铺满，那么其他的正多边形是否也可以呢？

图片欣赏 2：三张不同的正多边形地砖铺设方案图片．

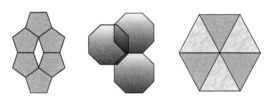

问题 2：三个图案从铺设的角度看有什么特点？

同学们将达成共识："第一个图案有空隙，第二个图案有重叠，第三个图案既没有空隙又没有重叠．"由学生的感知出发，给出平面镶嵌的定义：用一些封闭的平面图形把一块平面既无空隙又不重叠地全部覆盖，叫做平面镶嵌．

设计意图：

1.通过具有现实意义的情境引入，调动学生的参与热情，激发学生的求知欲望，在提出概念的同时，引出本堂课的第一个探究问题，培养学生的观察、归纳和抽象概括能力，初步形成概念；

2.渗透将实际问题转化为数学问题的思想．

环节二：观察比较，理解概念

图片欣赏 3：几张正多边形平面镶嵌的图案．

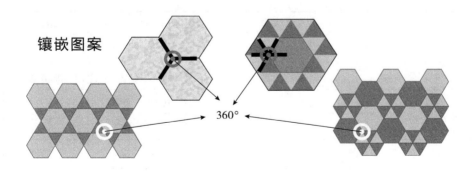

镶嵌图案

360°

问题3：能够形成镶嵌的正多边形满足什么条件？它们的顶点、边长有什么特征？在一个顶点处的各内角和有什么关系？

> **设计意图**：通过学生观察，老师及时引导，加深学生对概念的理解，便于学生提炼出正多边形平面镶嵌的条件：当顶点共用时，边长相等，一个顶点处的各内角之和为360°.

环节三：实验探究，推理索因

探究1：仅用一种正多边形，哪些能组成镶嵌平面图案？

活动1：分组探究.

第一组：用正三角形拼图；

第二组：用正方形拼图；

第三组：用正五边形拼图；

第四组：用正六边形拼图；

第五组：用正八边形拼图.

学生通过自主实践，用投影仪将探究成果进行展示，得出结论：单独用正三角形、正方形、正六边形能够镶嵌成平面图案，正五边形、正八边形不能镶嵌成平面图案.

问题4：为什么单独用正三角形、正方形、正六边形能镶嵌成平面图案，正五边形、正八边形不能镶嵌成平面图案？

完成实验报告.

实验报告如下：

正 n 边形	拼图	每个内角的度数	使用正多边形的个数	结论
$n=3$		60°	$6 \times 60° = 360°$	能镶嵌
$n=4$		90°	$4 \times 90° = 360°$	能镶嵌
$n=5$		108°	$3 \times 108° < 360°$	不能镶嵌
			$4 \times 108° > 360°$	
$n=6$		120°	$3 \times 120° = 360°$	能镶嵌

（续表）

正 n 边形	拼图	每个内角的度数	使用正多边形的个数	结论
$n = 8$		135°	$2 \times 135° < 360°$	不能镶嵌
			$3 \times 135° > 360°$	

收集、整理并分析数据，标出只用一种正多边形能够进行镶嵌的图案，并引导学生观察此时能够镶嵌的正多边形的每一个内角的度数，从而得出结论，即一种正多边形镶嵌的条件是：正多边形每一个内角的度数能被 360° 整除．得出此结论之后，随即让学生应用结论解决下列问题：单独用正七边形、正九边形、正十边形能否进行平面镶嵌？其他的正多边形能否进行平面镶嵌？从而得出所用正多边形的情况：用一种正多边形进行平面镶嵌，只有正三角形、正方形、正六边形能单独形成镶嵌平面图案．

设计意图：

1. 通过分组探究将难点分解，使学生在活动过程中，初步感知结论，并且提升课堂效率；

2. 学生通过自主拼图过程，形成对一种正多边形平面镶嵌的整体认识；

3. 师生共同发现规律，使学生对平面镶嵌从感性认识上升到理性认识；

4. 追加问题，使学生加深对平面镶嵌条件的理解和运用．

环节四：再创情境，拓展探究

图片欣赏 4：欣赏几张多种正多边形镶嵌的图案．

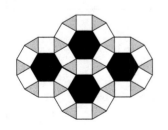 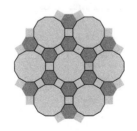 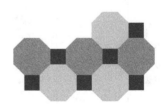

设计意图：通过图片展示，引出探究 2.

探究 2：选用两种正多边形进行平面镶嵌.

问题 5：学生用正三角形、正方形、正六边形中的两种进行平面镶嵌图案设计，可以选择哪两种正多边形？

活动 2：分组探究，将学生分为三组进行试验探究.

第一组：正三角形和正方形；

第二组：正三角形和正六边形；

第三组：正方形和正六边形.

教师深入小组，与生互动，赏识评价，展示评优，引导学生思考每组正多边形各个内角的度数与 360° 的关系，总结结论.

使用实物投影仪展示各组的探究结果，并用实验报告单收集数据引导学生进行数据整理.

	正多边形	拼图	每个内角的度数与 360° 的关系	结论
收集、整理、分析数据	正三角形和正方形		$60° \times 3 + 90° \times 2 = 360°$	能镶嵌
	正三角形和正六边形		$60° \times 4 + 120° = 360°$ $60° \times 2 + 120° \times 2 = 360°$	能镶嵌
收集、整理、分析数据	正方形和正六边形		$90° \times 2 + 120° \neq 360°$ $90° \times 3 + 120° \neq 360°$ $120° \times 2 + 90° \neq 360°$ $120° \times 2 + 90° \times 2 \neq 360°$	不能镶嵌

设计意图：

1. 通过实际问题引出探究2；

2. 通过分组活动并总结规律，学生自主提炼出两种正多边形的镶嵌条件；

3. 通过图案设计培养学生的创新精神，提升学生运用数学知识解决实际问题的能力．

环节五：归纳小结，交流感悟

学生交流探讨本课的学习有哪些收获和体会．

1. 平面镶嵌的定义：

用形状相同或不同的平面图形把一块平面既无空隙又不重叠地全部覆盖，叫做平面镶嵌．

2. 正多边形平面镶嵌的条件：

共用顶点，正多边形边长相等，一个顶点处的各内角之和为 $360°$．

3. 如果选用一种正多边形进行镶嵌，只有正三角形、正方形和正六边形能镶嵌成平面图案．

4. 两种正多边形镶嵌的条件：

镶嵌的两种正多边形的各内角的整数倍之和是 $360°$；两种正多边形的边长相等．

设计意图：提升学生归纳、概括及语言表达能力．

环节六：课后演练，个性作业

课后作业：

请用两种以上正多边形设计一个平面镶嵌图案，比比谁的设计更漂亮．

设计意图：

1. 通过课后演练，学生更好地理解和掌握本节课的知识，提高运用知识解决问题的能力；

2. 借助图案的设计，培养学生的审美情趣和创造性思维．

活动效果

　　本节课把日常生活中的铺地砖问题，抽象为数学中的平面图形的镶嵌问题，通过对平面图形镶嵌问题的探究，加深对正多边形的有关概念、性质的理解，了解数学知识在实际生产生活中的应用，培养学生应用数学知识解决实际问题的意识和能力；通过多次给予学生动手探究、合作交流的机会，培养学生团结协作的团队精神.

附：学生作业成果

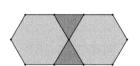

正六边形与正三角形

正四边形与正三角形

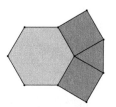

正六边形、正四边形与
正三角形

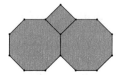

正四边形与正八边形

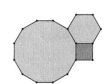

正十二边形、正四边形与
正六边形

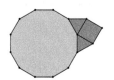

正三角形、正四边形与
正十二边形

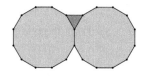

正十二边形与正三角形

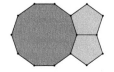

正十边形与正五边形

（本活动由王宁设计）

旋转之密码

设计理念

本节课是在学习了旋转的定义、性质及画法的基础上，通过设计密码卡片的形式，让学生体会到数学好玩. 教学中渗透数学文化——密码学的发展，让学生了解密码的背后是数学.

通过从学生熟悉的生活中发掘数学的应用，培养学生用数学的眼光发现问题，从数学的角度分析问题、解决问题的能力.

活动目标

1. 经历制作密码卡片的过程，体会运用数学知识解决问题的过程.

2. 培养学生发现问题、分析问题、解决问题的能力.

3. 感受和体会数学好玩，激发学生的学习兴趣，发展应用意识.

活动准备

密码卡片实物，制作卡片的材料，密码发展历史的相关资料.

活动设计

创设情境

我国伟大的数学家华罗庚曾说：宇宙之大，粒子之微，火箭之速，化工之巧，地球之变，生物之谜，日月之繁，无处不用数学.

介绍华罗庚教授在 1943 年破译日军密码的故事：1943 年，华罗庚受邀帮助国民政府破译日军密码. 作为数学家，华罗庚喜欢解决数学问题，更何况破译日军密码对国家具有重要意义. 华罗庚片刻没有耽搁，用整整一个晚上的时间，成功破译了密码. 通过破译得知日军的作战计划——空袭昆明. 由于提前做了准备，大大降低了此次空袭的损失.

设计意图：通过介绍华罗庚教授破译密码的故事，让学生体会数学的作用，同时引导学生向伟大的数学家学习.

问题1：大家在哪些地方用到密码？

设计意图：让学生关注身边的密码应用，例如手机密码、门禁密码、游戏账号密码等，让学生体会密码很深入地影响着我们的生活.

追问1：你知道哪些和密码相关的知识或故事？

设计意图：这是一个开放式问题，对学生的回答老师做适当的点评. 与密码相关的故事非常多，例如福尔摩斯探案集中"跳舞的小人"，图灵为了破译二战中德军的密码发明计算机，等等.

密码学简介

活动：三位同学分别做简短介绍

设计意图：为了更好地理解和应用密码，学生需要适当了解密码的发展历史. 根据加密和解密的方式不同，分别介绍古典密码、现代密码、未来密码.

1. 古典密码

包含换位密码和替换密码两类，都属于对称密码，即加密和解密是互逆的.

（1）换位密码

公元前5世纪，古希腊斯巴达出现原始的密码器，称为斯巴达木卷. 斯巴达木卷由一根木杖和一块缠绕在上面的丝绸构成，这是最早的换位密码术，如下图所示.

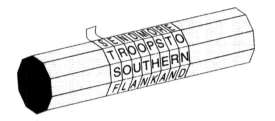

（2）替换密码

公元前 1 世纪，著名的恺撒（Caesar）密码被用于高卢战争中. 恺撒当时是把明文中的每一个字母，用该字母后的第三个字母替换.

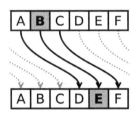

2. 现代密码

1976 年，当时在美国斯坦福大学的迪菲（Diffie）和赫尔曼（Hellman）两人提出了公开密钥密码的新思想，把密钥分为加密的公钥和解密的私钥，属于非对称密码，加密和解密不互逆. 我们可以理解为锁门的方式大家都是知道的，但如果没有钥匙就无法打开门.

3. 未来密码

量子密码：根据量子的物理性质，即对任何量子系统都不可能进行精确的测量而不改变其原有的状态，理论上无法破解. 如果有窃听者，那么就会改变量子的状态，使得秘钥失效. 我国利用天宫二号进行了量子密码的测试和研究，处于国际领先地位.

教师小结：密码学从简单到复杂，它的每一次飞跃都是基于认识上的一次创新，从隐藏加密方式到公开加密方式，从纯数学到结合物理学. 创新意识对密码学的发展很重要，对一个国家和民族的发展也很重要.

设计意图： 介绍密码学的发展历史，使学生充分参与到课堂活动中来. 让学生对密码学的发展有初步认识，同时渗透数学文化，充分调动学生参与课堂活动的积极性. 让学生体会创新意识对密码学发展的重要意义，进而上升到创新意识对国家和民族的重要性.

实践操作

1. 卡片解密

进	松	敌	犯		工
队	百	三	到	带	李
队	各	五		庄	明
五	十	虎		多	见
人	伏	早	敌	请	九
时	派		武		由

图1

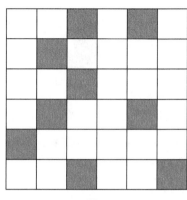

图2

问题1： 图1是一份经过加密的密文，大家可以破译吗?

> **设计意图：** 让学生先尝试自己破译，调动学生的积极性.

追问1：这属于我们之前介绍的哪一类密码?

> **设计意图：** 复习之前的密码分类，通过识别，此密码属于古典密码中的换位密码，据此寻找破解的方式. 因为换位密码属于对称密码，即加密和解密的方法互递，所以我们只需要知道换位的方式，即加密方法即可，从而引出今天的主题——利用旋转设计加密卡片.

追问2：为了破解密码，我们需要图2加密卡片，有了加密卡片后我们如何破解呢?

学生活动：请一位同学上台展示如何破解.

> **设计意图：** 学生经过动手操作，发现解密方法——旋转卡片，感受旋转在密码卡片设计中的作用，为后面亲自设计密码卡片起到铺垫作用；也增强了学生解决问题的自信心.

问题2：我们利用卡片进行旋转变换进行解密，卡片的设计本身也利用了旋转，一共需要开几个孔？

设计意图： 设计卡片的重点在于确定开孔数量和位置，先让学生观察和思考如何确定开孔数量．

师生活动：一共需要开九个孔，因为一共有36个位置，可以填写四次，每次用九个位置．

问题3：最外层四个角可以都开孔吗？开孔位置需要遵循什么基本规则？

设计意图： 确定开孔数量后，接下来需要确定开孔位置，利用四个角特殊位置的开孔要求，帮助学生总结出开孔的基本规则：通过旋转可以重合的位置，只能开一个孔，或开孔位置旋转后不能重合．

问题4：如图3，最外层开的孔，旋转后会到达其他层吗？

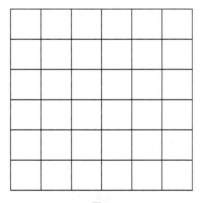

图3

设计意图： 引导学生分层来考虑开孔个数．

问题5：每一层分别需要开几个孔？

设计意图： 分别确定每层需要开孔的数量，为后续自主设计卡片做好铺垫．

师生活动：最内层一个，中间层三个，最外层五个.

2. 设计加密卡片

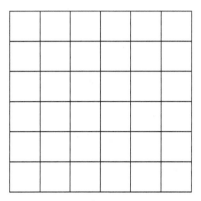

用于卡片设计   用于信息加密

设计意图： 在前面分析的开孔数量和开孔基本规则的基础上，让学生自己设计开孔位置，亲自制作一张密码卡片，并利用卡片来设计一段密文，帮助学生获得成就感，体会数学学习的乐趣及其应用价值.

课堂小结

请说一说这节课学习的收获与体会.

设计意图： 引导学生从数学知识、思想、方法、文化等方面进行总结. 本节课利用了旋转变换，体现了分类讨论（分层）的思想方法，渗透了数学文化，使学生感受到伟大数学家的家国情怀，也感受到数学在生活中的广泛应用.

课后作业

1. 尝试破解一份其他同学的密文.

2. 传输过程携带卡片是非常危险的，尝试设计一种对开孔位置进行保密的方案.

设计意图：破解密码是一项非常具有挑战性同时也非常有趣的任务，破解密码需要在会设计密码卡片的基础上进行逆向思维，可以考虑分层破译，此任务是对本节课所学知识和方法的巩固和提升．为了对开孔位置进行保密，可以考虑利用二进制，开孔和未开孔分别对应 1 和 0，这样可以把一行开孔情况转化为一个二进制数，进而可以转化为一个十进制数，只需要记住这个十进制数字即可反推出开孔位置．这是一个比较开放的问题，方法并不唯一，可以培养学生的发散思维．

活动效果

同学们对密码问题非常感兴趣，也能举例说明生活中密码的使用，在设计卡片的过程中积极思考、尝试，能够用比较准确的语言描述旋转的过程，既包含旋转中心、旋转方向、旋转角度，也可以利用旋转的性质解释为什么可以分层讨论，即对应点到旋转中心的距离不变，从而实现了本节课的目标．同学们在完成卡片设计并加密一段文字后都很有成就感，也更好地体会到数学的作用和数学的乐趣．在尝试破解密码时，6×6 的密码对学生来讲有些难了，课堂上没有成功破译，也许先采用 4×4 的密码更合适，可以让更多学生体会到破解密码的乐趣．

（本活动由郇维中设计）

八年级部分

利用旋转变换作图

📝 **设计理念**

尺规作图是平面几何的重要内容，通过对尺规作图的研究，有助于加深学生对平面几何的理解与认识．有些作图问题，如果仅从基本作图方法方面考虑，解决起来比较困难，但如果从旋转变换的角度出发，问题就变得容易了．

📚 **活动目标**

1. 将实验几何与论证几何有机地整合，使学生对旋转知识进行深入理解和应用．

2. 使学生经历观察、实验、猜想、论证的研究几何问题的全过程，提升学生合情推理与演绎推理的能力．

🖋 **活动准备**

1. 旋转的相关知识．

2. 直尺，圆规，三角板．

3. 分组，选出小组长．

📖 **活动设计**

已知三条互相平行的直线 a，b，c，试作等边三角形，使其三个顶点分别在直线 a，b，c 上．

分析：

（1）对于画图题，一般都先假设已经画出了等边 $\triangle ABC$（即一般都先画出草图），如图 1，然后逆向推理，寻找相关性质.

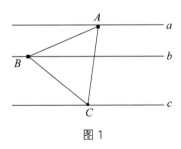

图 1

（2）运用旋转知识，寻找相关性质.

首先过点 A 作 $AH \perp b$，如图 2，再把 $\triangle AHB$ 绕 A 逆时针旋转 $60°$，得到 $\triangle AGC$，如图 3.

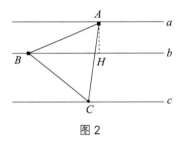 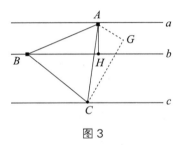

图 2　　　　　　　　　　图 3

（3）所以，反过来，如果先作出 $\triangle AGC$，再让它绕 A 顺时针旋转 $60°$，可得 $\triangle AHB$，从而作出 $\triangle ABC$.

小组讨论，形成作法.

小组汇报作法：

（1）在直线 a 上任取一点 A，过 A 作 $AH \perp$ 直线 b 于点 H；

（2）把 AH 绕点 A 逆时针旋转 $60°$，得到 AG；

（3）过点 G 作 $GC \perp AG$，交直线 c 于 C 点；

（4）以点 A 为圆心，AC 为半径作弧，交直线 b 于 B 点；

（5）顺次连接点 A，B，C.

$\triangle ABC$ 即为所求.

证明：$\because AH = AG$，$\angle AHB = \angle AGC = 90°$，$AC = AB$，

　　　　$\therefore \text{Rt} \triangle AHB \cong \text{Rt} \triangle AGC$（HL）.

$$\therefore \angle BAH = \angle CAG.$$

$$\therefore \angle BAC = \angle HAG = 60°.$$

又 $\because AC = AB$，

$$\therefore \triangle ABC \text{ 为等边三角形}.$$

练习1：已知三条互相平行的直线 a，b，c，试作等腰直角三角形，使其三个顶点分别在直线 a，b，c 上.

分析：

（1）先画草图，假设已经画出了等腰直角 $\triangle ABC$，$\angle A = 90°$，$AB = AC$，如图4.

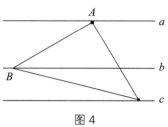

图4

（2）逆向推理，运用旋转知识，寻找相关性质.

首先过点 A 作 $AH \perp b$，如图5，再把 $\triangle AHB$ 绕 A 逆时针旋转 $90°$，得到 $\triangle AGC$，如图6.

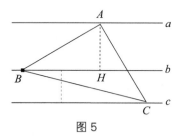 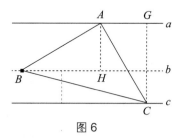

图5   图6

（3）所以，反过来，如果先作出 $\triangle AGC$，再让它绕点 A 顺时针旋转 $90°$，可得 $\triangle AHB$，从而作出 $\triangle ABC$.

小组讨论，形成作法.

小组汇报作法：

（1）在直线 a 上任取一点 A，过 A 作 $AH \perp$ 直线 b 于点 H；

（2）把 AH 绕点 A 逆时针旋转 $90°$，得到 AG；

（3）过点 G 作 $GC \perp AG$，交直线 c 于 C 点；

（4）以点 A 为圆心，AC 为半径作弧，交直线 b 于 B 点；

（5）顺次连接点 A，B，C.

$\triangle ABC$ 即为所求.

证明：由作图可得，$AH = AG$，$\angle AHB = \angle AGC = 90°$，$AC = AB$，

$\quad \therefore$ Rt$\triangle AHB \cong$ Rt$\triangle AGC$（HL）.

$\quad \therefore \angle BAH = \angle CAG$.

$\quad \therefore \angle BAC = \angle HAG = 90°$.

$\quad$ 又 $\because AC = AB$，

$\quad \therefore \triangle ABC$ 为等腰直角三角形.

活动2：已知 $\angle MON$ 内有一定点 P，试在 OM，ON 上分别找一点 A 和 B，使 $\triangle APB$ 为等腰直角三角形.

分析：

（1）先画草图，假设已经画出了等腰直角 $\triangle APB$，$\angle P = 90°$，$PA = PB$，如图 7.

（2）逆向推理，运用旋转知识，寻找相关性质.

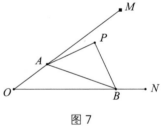

图 7

首先过点 P 作 $PH \perp ON$，再把 $\triangle PHB$ 绕 P 顺时针旋转 $90°$，得到 $\triangle PGA$，如图 8.

（3）所以，反过来，如果先作出 $\triangle PGA$，再让它绕 P 逆时针旋转 $90°$，可得 $\triangle PHB$，从而作出 $\triangle APB$.

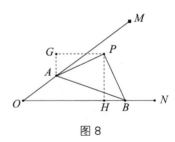

图 8

小组讨论，形成作法.

小组汇报作法：

（1）过点 P 作 $PH \perp ON$ 于点 H；

（2）把 PH 绕点 P 顺时针旋转 $90°$，得到 PG；

（3）过点 G 作 $GA \perp PG$，交 OM 于 A 点；

（4）以点 P 为圆心，PA 为半径作弧，交 ON 于 B 点；

（5）顺次连接点 A，P，B.

$\triangle APB$ 即为所求.

注意：如图9，也可以将 PH 绕点 P 逆时针旋转90°，得到 PG. 过 G 作 GA 垂直 PG，交 OM 于 A 点. 以点 P 为圆心，PA 为半径作弧，交 ON 于 B 点.

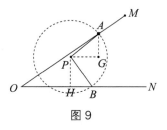

图9

练习2：已知 $\angle MON$ 内有一定点 P，试在 OM，ON 上分别找一点 A 和 B，使 $\triangle APB$ 为等边三角形.

分析：

（1）先画草图，假设已经画出了等边 $\triangle APB$，如图10.

（2）逆向推理，运用旋转知识，寻找相关性质.

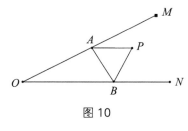

图10

首先过点 P 作 $PH \perp ON$，再把 $\triangle PHB$ 绕 P 点顺时针旋转60°，得到 $\triangle PGA$，如图11.

（3）所以，反过来，如果先作出 $\triangle PGA$，再让它绕 P 点逆时针旋转60°，可得 $\triangle PHB$，从而作出 $\triangle APB$.

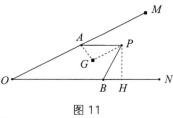

图11

小组讨论，形成作法.

小组汇报作法：

（1）过点 P 作 $PH \perp ON$ 于点 H；

（2）把 PH 绕点 P 顺时针旋转60°，得到 PG；

（3）过点 G 作 GA 垂直 PG，交 OM 于 A 点；

（4）以点 P 为圆心，PA 为半径作弧，交 ON 于 B 点；

（5）顺次连接点 A，P，B.

$\triangle APB$ 即为所求.

注意：如图 12，也可以将 *PH* 绕点 *P* 逆时针旋转 60°，得到 *PG*. 过点 *G* 作 *GA* 垂直 *PG*，交 *OM* 于 *A* 点. 以点 *P* 为圆心，*PA* 为半径作弧，交 *ON* 于 *B* 点.

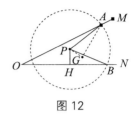

图 12

活动 3：已知定点 *P* 到正△*ABC* 三个顶点的距离分别为 4，5，6，求作正△*ABC*.

分析：

（1）先画草图，假设已经画出了等边△*ABC*，如图 13.

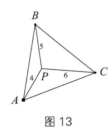

图 13

（2）逆向推理，运用旋转知识，寻找相关性质.

将△*APC* 绕 *A* 逆时针旋转 60°，得到△*AGB*，如图 14.

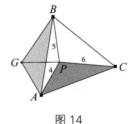

图 14

∵ *AP* = *AG*，∠*GAP* = 60°，

∴△*GAP* 为等边三角形，*PG* = *PA* = 4，*PC* = *GB* = 6，*PB* = 5.

∴△*PBG* 的三条边都是已知的.

（3）所以，反过来，如果先作出△*PBG*，再利用旋转作出△*ABC*.

小组讨论，形成作法.

小组汇报作法：

（1）作△*PBG*，使 *PG* = 4，*PB* = 5，*BG* = 6；

（2）在△PBG外作等边△PGA．连接AB；

（3）再以AB为边作等边△ABC．

△ABC即为所求．

活动效果

　　通过将实验几何与论证几何有机地整合，学生对旋转的认识有了提升，并且进行了深化和应用；学生经历了观察、实验、猜想、论证的研究几何问题的全过程，提升了合情推理与演绎推理的能力．学生能主动投身到数学活动中来，当问题得以解决时，获得了成功的喜悦，增强了自信心．

（本活动由张旭设计）

折纸与平行四边形

应用矩形纸片折平行四边形，对平行四边形的判定方法进行复习，加深对判定方法的理解，并且将折纸与数学知识相结合，使学生在数学活动中，经历尝试、观察、猜想、证明的过程，提升合情推理和演绎推理的能力，能清晰地表达自己的想法.

活动目标

1.应用矩形纸片折平行四边形，加深对平行四边形判定的理解，提高应用数学知识解决问题的能力.

2.通过折纸，积累活动经验，经历观察、猜想、证明这一探究几何问题的一般过程，提升合情推理和演绎推理的能力.

3.感受合作学习的乐趣，体验成功的喜悦，树立学习数学的信心.

活动准备

1.大小一致的矩形纸片若干张，大尺寸的白纸、马克笔和彩笔若干，磁钉若干.

2.将班级同学根据座位分组，6～8人一组，每组选出一名小组长.

活动设计

活动1：欣赏几张折纸图片，感受折纸的魅力

问题：折纸手工，是一种用纸折叠出动物或其他物品的艺术，它不仅仅是儿时的一种游戏，也是能够启发思维的活动，它需要手脑并用，充满想象力和创造力．事实上，现代融入了数学理论和计算机技术的复杂的折纸艺术，在解决一些与金属板材折叠结构有关的难题上，拥有很大的潜力，与医学有关的研究也正在进行中．融入了数学和计算机科学的古老的折纸艺术，将在各个科技领域发挥作用，等待着人们去开发．请大家欣赏下面的几张图片，你能抽象出哪些几何图形呢？

设计意图： 向学生渗透折纸艺术在科技领域的作用，了解数学的价值，激发学生的好奇心和求知欲．引导学生从图片中抽象出几何图形，引出本节课的课题——应用矩形纸片折平行四边形．

活动2：复习平行四边形的判定方法

问题： 你能说一说平行四边形的判定方法都有哪些吗？

设计意图： 引导学生从边、角、对角线的角度梳理和复习平行四边形的判定方法，为后续的说理和证明做好理论上的铺垫．

活动3：教师展示如何应用矩形纸片折平行四边形

问题： 根据平行四边形的判定方法，如何应用手中的矩形纸片的边、角、对角线等元素折出一个平行四边形呢？

事实上，矩形纸片 $ABCD$，满足两组对边分别平行，应用这个条件，我们可以进行如下操作：如图所示，将矩形 $ABCD$ 沿 EF 对折，EF 为折痕；展开以后，沿 BE 折叠，使得点 A 与点 G 重合，沿 DF 折叠，使得点 C 与点 H 重合．则四边形 $EBFD$ 是平行四边形．

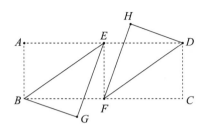

分析：显然 $DE /\!/ BF$，为了证明四边形 $EBFD$ 是平行四边形，根据一组对边平行且相等的四边形是平行四边形，只需证明 $DE = BF$.

证明如下：

∵点 E 和点 F 分别为 AD，BC 的中点，

∴ $DE = \dfrac{1}{2} AD$，$BF = \dfrac{1}{2} BC$.

∵四边形 $ABCD$ 为矩形，

∴ $AD /\!/ BC$，$AD = BC$.

∴ $DE /\!/ BF$，$DE = BF$.

∴四边形 $EBFD$ 是平行四边形.

总结：应用对折，找到矩形对边的中点，巧妙应用矩形的对边平行且相等，从而最终运用一组对边平行且相等的四边形是平行四边形，使目标得以实现.

> **设计意图：**教师应用矩形纸片折平行四边形，引导学生思考如何应用已知矩形的边、角、对角线等条件，折出平行四边形.

活动 4：以小组为单位，讨论不同的折叠方式，并证明

问题 1：你能用手中的矩形纸片折出平行四边形吗？请你动手试一试. 小组内可以交流.

> **设计意图：**经历动手实践、自主探究、合作交流的过程，积累活动经验；通过折纸，体会数学与生活之间的联系，运用数学的思维方式进行思考，增强发现问题和提出问题的能力、分析和解决问题的能力.

问题 2：能证明所折图形是一个平行四边形吗？

设计意图：让学生经历观察、猜想和证明的过程，提高合情推理和演绎推理的能力．

问题 3：请将小组的折叠方式画在白纸上，并写出简单的证明过程．

设计意图：以学生活动为中心，充分发挥学生的主动性，进一步发展学生动手实践、合作交流的能力，提高学生用数学知识解决实际问题的能力．

活动 5：各小组派代表汇报折叠方式，并进行说理和证明

要求：每个小组五分钟汇报时间，其中包括汇报折叠方式和简单的说理．

设计意图：通过展示活动，提高学生的语言表达能力；让学生体会学习数学的价值；提高学生学习数学的兴趣．

预案 1：

如图所示，将矩形 $ABCD$ 沿 EF 对折，EF 为折痕；再将所得图形沿 GP（QH）对折，GP，QH 为折痕；将所得图形展开后，沿 BG 折叠，使得点 A 与点 K 重合，沿 DH 折叠，使得点 C 与点 L 重合，则四边形 $GBHD$ 是平行四边形．

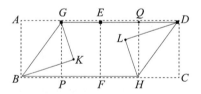

分析：显然 $DG /\!/ BH$，为了证明四边形 $GBHD$ 是平行四边形，根据一组对边平行且相等的四边形是平行四边形，只需证明 $DG = BH$．

证明如下：

∵ 点 E 和点 F 分别为 AD，BC 的中点，

∴ $AE = DE = \dfrac{1}{2}AD$，$CF = BF = \dfrac{1}{2}BC$．

同理可证 $EG = \frac{1}{2} AE$，$FH = \frac{1}{2} CF$.

$\therefore DG = \frac{3}{4} AD$，$BH = \frac{3}{4} BC$.

$\because$ 四边形 $ABCD$ 为矩形，

$\therefore AD \parallel BC$，$AD = BC$.

$\therefore DG \parallel BH$，$DG = BH$.

$\therefore$ 四边形 $GBHD$ 是平行四边形.

预案2：

如图所示，将矩形 $ABCD$ 沿 BH 折叠，使得点 A 与 BC 边上的点 G 重合；沿 DE 折叠，使得点 C 与 AD 边上的点 F 重合，则四边形 $HBED$ 是平行四边形.

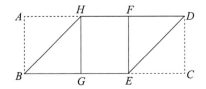

分析：显然 $DH \parallel BE$，为了证明四边形 $HBED$ 是平行四边形，根据两组对边分别平行的四边形是平行四边形，只需证明 $BH \parallel DE$.

证明如下：

在矩形 $ABCD$ 中，

$AD \parallel BC$，$\angle ABC = \angle ADC = 90°$.

$\because$ 沿 BH 折叠，点 A 与 BC 边上的点 G 重合，

$\therefore \angle HBC = \frac{1}{2} \angle ABC = 45°$.

同理可证，$\angle HDE = \frac{1}{2} \angle ADC = 45°$.

$\because AD \parallel BC$，

$\therefore \angle DEC = \angle HDC = 45°$，

$\therefore \angle HBC = \angle DEC$，

$\therefore HB \parallel DE$.

$\because DH \parallel BE$，$HB \parallel DE$，

∴四边形 $HBED$ 是平行四边形.

预案 3：

如图所示，BD 为矩形 $ABCD$ 的对角线，沿 BG 折叠，使得点 A 与 BD 上的点 H 重合，沿 DF 折叠，使得点 C 与 BD 上的点 E 重合，则四边形 $GBFD$ 是平行四边形.

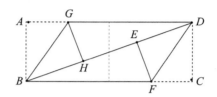

分析：显然 $DG /\!/ BF$，为了证明四边形 $GBFD$ 是平行四边形，根据两组对边分别平行的四边形是平行四边形，只需证明 $BG /\!/ DF$.

证明如下：

在矩形 $ABCD$ 中，

$AB /\!/ CD$.

∴ $\angle ABD = \angle CDB$.

同理可证，$AD /\!/ BC$，$\angle ADB = \angle DBC$.

∵沿 BG 折叠，点 A 与 BD 上的点 H 重合，

∴ $\angle GBH = \dfrac{1}{2} \angle ABD$.

同理可证，$\angle EDF = \dfrac{1}{2} \angle BDC$.

∴ $\angle GBH = \angle EDF$.

又∵ $\angle ADB = \angle DBC$，

∴ $\angle GBH + \angle DBC = \angle EDF + \angle ADB$.

即 $\angle GBF = \angle GDF$.

∵ $AD /\!/ BC$，

∴ $\angle GDF = \angle DFC$.

∴ $\angle GBF = \angle DFC$.

∴ $GB /\!/ DF$.

∵ $DG \parallel BF$，$GB \parallel DF$，

∴四边形 $GBFD$ 是平行四边形.

预案4：

如图所示，将矩形 $ABCD$ 沿 EF 对折，EF 为折痕；将所得图形展开后，沿 AQ 折叠，使得点 D 与 EF 上的点 H 重合；沿 CP 折叠，使得点 B 与 EF 上的点 G 重合．则四边形 $APCQ$ 是平行四边形.

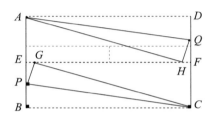

分析：显然 $AP \parallel CQ$，为了证明四边形 $APCQ$ 是平行四边形，根据一组对边平行且相等的四边形是平行四边形，只需证明 $AP = CQ$.

证明如下：

在矩形 $ABCD$ 中，

$AD = CB$，$AB = CD$，$\angle DAB = \angle DCB$，$\angle ADC = \angle ABC$.

∵沿 AQ 折叠，点 D 与 EF 上的点 H 重合，

∴ $AD = AH$，$\angle DAQ = \dfrac{1}{2} \angle DAH$.

同理可证，$CB = CG$，$\angle PCB = \dfrac{1}{2} \angle GCB$.

$AD = CB$，

$AH = CG$.

又∵ $\dfrac{1}{2} AB = \dfrac{1}{2} CD$，

即 $AE = CF$.

∵ $AH = CG$，$AE = CF$，

∴ Rt$\triangle AEH \cong$ Rt$\triangle CFG$（HL）.

∴ $\angle EAH = \angle FCG$.

∴ $\angle DAB - \angle EAH = \angle FCB - \angle FCG$，

即 $\angle DAH = \angle GCB$.

$\therefore \angle DAQ = \angle PCB$.

又 $\because AD = CB$，$\angle D = \angle B$，

$\therefore \triangle ADQ \cong \triangle CBP$（ASA）.

$\therefore DQ = PB$.

$\because AB = CD$，

$\therefore AP = CQ$.

又 $\because AP \parallel CQ$，

$\therefore$ 四边形 $APCQ$ 是平行四边形.

预案 5：

如图所示，将矩形 $ABCD$ 沿 EF 对折，EF 为折痕；将所得图形展开后，沿 EP 折叠，使得点 A 与 EF 上的点 G 重合；沿 FQ 折叠，使得点 C 与 EF 上的点 H 重合；沿 PF 折叠，使得点 D 与点 N 重合；沿 EQ 折叠，使得点 B 与点 M 重合. 则四边形 $PEQF$ 是平行四边形.

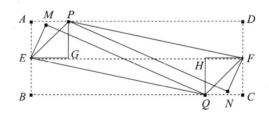

分析：因为矩形 $ABCD$ 沿 EF 对折，所以 $AE = CF = \dfrac{1}{2} AB$. 沿 EP 折叠，点 A 与 EF 上的点 G 重合，所以 $\angle AEP = \angle PEG = 45°$，同理可得，$\angle HFQ = \angle QFC = 45°$，从而可以证得 $PE \parallel FQ$，且易证 $\triangle AEP \cong \triangle CFQ$，从而可得 $PE = FQ$. 根据一组对边平行且相等的四边形是平行四边形，可得四边形 $PEQF$ 是平行四边形.

活动 6：师生共同总结

问题 1：在折纸过程中，大家主要是从边、角、对角线哪个角度考虑，从而确保所折的图形是平行四边形呢？

问题 2：是否还有其他的折法呢？请大家课后继续尝试并证明.

设计意图：引导学生总结折法，教师进行补充，通过折纸对平行四边形的判定方法进行复习，加深对判定方法的理解，使学生充分感受数学应用于生活，激发学习兴趣.

活动效果

本节课从折纸游戏引入，提出课题——应用矩形纸片折平行四边形. 通过折纸对平行四边形的判定方法进行复习，加深对判定方法的理解；体会数学与生活之间的联系，运用数学的思维方式进行思考，增强发现问题和提出问题的能力、分析和解决问题的能力. 在课堂上，教师只是引导者，学生以小组为单位讨论、尝试折纸方式，证明所折的图形是平行四边形；使学生在数学活动中，经历尝试、观察、猜想、证明的过程，发展合情推理和演绎推理的能力；在进行探索研究的活动过程中发扬学生勤于实践、勇于探索的精神，同时在小组合作中，感受合作学习的乐趣，体验成功的喜悦，树立学习数学的信心. 展示环节训练学生清晰地、有条理地表达自己的思考过程；使学生体会几何论证是探究性活动的自然延续和必然发展，感受到证明的必要性和数学的严谨性，培养学生的合情推理能力.

（本活动由王旭设计）

探究格点多边形的面积问题

✍ **设计理念**

　　本活动围绕探究格点多边形的面积计算方法而展开，通过格点多边形面积计算方法的探究，在探索数学规律中经历实验、归纳、猜想等过程，积累活动经验．通过探究格点多边形边上的格点数、格点多边形内部的格点数、格点多边形的面积这三个量之间的关系，培养学生利用数据探究数学问题的意识和能力，凸显了数学的实验趣味，让学生获得感性经验，在观察、对比、分析中去发现规律，体验成功的喜悦，实现课堂价值．

📖 **活动目标**

　　1. 通过画图，观察收集数据、利用表格整理数据、比较分析数据、寻找规律．

　　2. 经历实践活动的过程，增强发现问题和提出问题的能力，获得一定的利用数据研究问题的方法和经验，发展思维能力，进一步感受从简单到复杂的探究问题的方法，增强分析和解决问题的能力．

　　3. 感受合作学习的乐趣，体验成功的喜悦，树立学习数学的信心．

🖐 **活动准备**

　　1. 坐标纸，直尺，铅笔，电脑，投影仪，实物展台．

　　2. 将班级同学根据座位分组，5～6人一组，每组选出一名小组长．

活动设计

活动 1：观察下面图片，引出格点以及格点多边形的定义

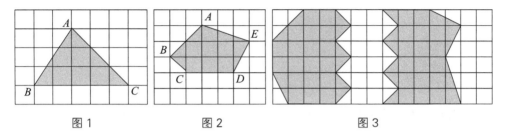

图1　　　　　　　　图2　　　　　　　　图3

问题：上述三个图中的多边形的顶点有什么共同的特点呢？我们是否可以给这类多边形起一个名字呢？

> **设计意图：**给出格点及格点多边形的定义，为本节课探究问题做好铺垫.

定义：一张方格纸上，上面画着纵横两组平行线，相邻平行线之间的距离都相等，这样两组平行线的交点，就是所谓格点. 一个多边形的顶点如果全是格点，这个多边形就叫做格点多边形.

如上图所示，我们用水平线和竖直线将平面分成若干个边长为 1 个单位长度的小正方形网格，这两组平行线的交点即为格点，例如图 1 中的点 A，点 B；$\triangle ABC$ 的三个顶点都在格点上，我们称之为格点三角形 ABC.

活动 2：求格点多边形的面积，引出课题

问题 1：如果设上述图中每个小正方形的面积为 1，那么图 1 中 $\triangle ABC$ 的面积是多少？图 2 中五边形 $ABCDE$ 的面积是多少呢？

问题 2：是否所有的格点多边形都可以用割补法求面积？还有更简便的方法吗？是否有计算公式呢？

> **设计意图：**求不规则图形的面积，常用割补法. 如图 2 的面积可以用割补法求得，但针对图 3 中的两个不规则的图形的面积，如果用割补法，计算过程比较烦琐、复杂，由此引入本节课的课题：探究一个简单可行的公式，通过口算得出这种格点多边形的面积.

活动3：设每个小正方形的面积为1，计算下面两个格点多边形的面积，引出本节课的课题

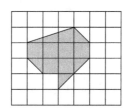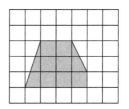

问题：通过计算我们发现两个格点多边形面积相同，这难道是巧合吗？这两个格点多边形形状显然不同，那么它们是否有相同点呢？

设计意图：引导学生观察两个格点多边形的边上的格点数都是9；格点多边形内部的格点数都是6. 从而启发学生：格点多边形的面积S、它内部的格点数N、它的边上的格点数L这三者之间是否有一种内在的数量关系呢？如果有，它们到底是怎样的关系呢？引导学生继续探究.

活动4：设每个小正方形的面积为1，求下图四个格点多边形的面积，并填写下表

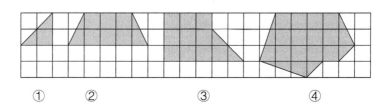

①　　　　②　　　　　③　　　　　④

序号	面积 S	边上的格点数 L	内部的格点数 N
①	2	6	0
②	8	10	4
③	11	14	5
④	17	10	13

问题：从表格中发现，随着格点多边形所覆盖的格点数的增多，格点多边形的面积也在不断增大. 事实上，我们发现，当格点多边形所覆盖的格点数

增多的时候，格点多边形的边上的格点数也在增多. 所以格点多边形的面积 S、它内部的格点数 N、它的边上的格点数 L 这三者之间究竟存在怎样的数量关系呢？由于数据比较繁多，我们如何才能更好地研究这三者之间的关系呢？

设计意图： 引导学生关注格点多边形的面积 S、格点多边形内部的格点数 N、它的边上的格点数 L 之间的数量关系，为探索格点多边形面积计算公式做好铺垫.

活动 5：当 $N=0$ 时，求下面格点多边形的面积，并填写下表

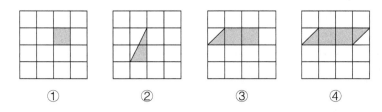

①　　②　　③　　④

序号	面积 S	边上的格点数 L	内部的格点数 N
①	1	4	0
②	1	4	0
③	2.5	7	0
④	3	8	0

问题 1： 当 $N=0$ 时，格点多边形中 S 与 L 之间的关系是什么？

问题 2： 我们可以猜想 $S=\dfrac{1}{2}L-1$，但是仅仅四个例子，足以说明它们之间的关系吗？

设计意图： 我们发现格点多边形的面积 S 与格点多边形内部的格点数 N、它的边上的格点数 L 都有关系，也就是在探究过程中涉及三个变量之间的关系. 可以向学生渗透，当我们遇到这种情况的时候，可以固定某些变量的值，来探究其他变量变化的规律，这便于我们发现它们之间的关系. 于是我们在活动 4 中令 $N=0$，研究随着边上的格点数 L 的变化，格点多边形的面积 S 是如何变化的.

活动 6：当 $N=1$ 时，求下面格点多边形的面积，并填写下表

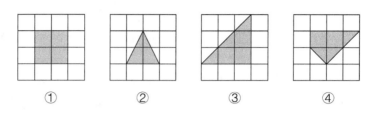

① ② ③ ④

序号	面积 S	边上的格点数 L	内部的格点数 N
①	4	8	1
②	2	4	1
③	4.5	9	1
④	3.5	7	1

问题 1：当 $N=1$ 时，格点多边形中 S 与 L 之间的关系是什么？

问题 2：当 $N=0$ 时，我们猜想 $S=\dfrac{1}{2}L-1$；而 $N=1$ 时，我们发现 $S\neq\dfrac{1}{2}L-1$，但 $S=\dfrac{1}{2}L$．我们通过 $N=0$ 和 $N=1$ 两种特殊情况，是否足以得到 S 与 L 之间的关系呢？另一方面，这两种情况下，猜想的公式不同，是否说明 S 除了与 L 有关，还与 N 有关呢？我们是不是应该继续研究 $N=2$ 的情况下，S 与 L 以及 N 之间的关系呢？

设计意图：我们在活动 4 中令 $N=0$，在活动 5 中令 $N=1$，研究随着边上的格点数 L 的变化，格点多边形的面积 S 是如何变化的．引导学生发现以上两种特殊情况还不能得到 S 与 L 之间的关系，说明研究的情况比较少，而且这两种情况下猜想不同，恰好说明了 S 与 L 以及 N 都有关；引导学生继续研究当 $N=2$ 的情况，直到发现一个统一的规律为止．

活动 7：仿照活动 5，在如下网格纸上画出符合条件的格点多边形

（1）画四个形状不同的满足 $N=2$ 的格点多边形，并填写下表．

序号	面积 S	边上的格点数 L	内部的格点数 N
①			2
②			2
③			2
④			2

问题 1： 当 $N=2$ 时，格点多边形中 S 与 L 之间的关系是什么，你能表示出来吗？

设计意图： 当 $N=2$ 时，得到猜想 $S=\dfrac{1}{2}L+1$，为得到公式继续做铺垫.

（2）画四个形状不同的满足 $N=3$ 的格点多边形，并填写下表.

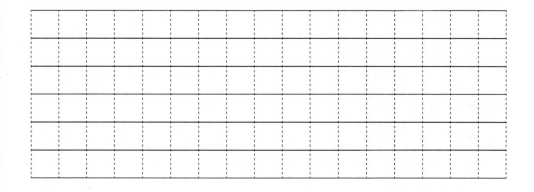

序号	面积 S	边上的格点数 L	内部的格点数 N
①			3
②			3
③			3
④			3

问题2：当 $N=3$ 时，格点多边形中 S 与 L 之间的关系是什么，你能表示出来吗？

> **设计意图：**当 $N=3$ 时，得到猜想 $S=\dfrac{1}{2}L+2$，为得到公式继续做铺垫．

活动8：猜想 $N=4$，5，…，10，…的格点多边形中 S 与 L 之间的关系，并验证

问 题：当 $N=0$ 时，$S=\dfrac{1}{2}L-1$；当 $N=1$ 时，$S=\dfrac{1}{2}L$；当 $N=2$ 时，$S=\dfrac{1}{2}L+1$；当 $N=3$ 时，$S=\dfrac{1}{2}L+2$．根据以上四种情况，你能否猜想得出一般的结论呢？为了检验我们的猜想是否正确，如何验证呢？是否还需要证明呢？

> **设计意图：**根据之前的铺垫，得到猜想 $S=\dfrac{1}{2}L+N-1$，同时让学生明确为了说明一个数学猜想的正确性，是需要严谨的数学证明的，目前所学知识有限，无法对这个猜想进行严谨的证明，但是可以通过任意作出一个格点多边形，对猜想进行验证．

活动9：给出皮克定理

格点多边形的面积 S 和多边形内部的格点数 N、它的边上的格点数 L 之间的数量关系是：$S=\dfrac{1}{2}L+N-1$．

皮克，1859—1943 年，奥地利数学家．1889 年发现了 S，L，N 三者数量关系的"皮克公式"，并进行证明，得到"皮克定理"．"皮克定理"被誉为有史以来"最重要的 100 个数学定理"之一．

设计意图：给出"皮克定理"，对猜想进行确认，并渗透相关数学史内容.

活动 10：应用"皮克定理"进行计算，求下列多边形的面积

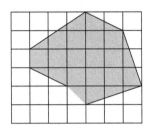

设计意图：学以致用，应用"皮克定理"解决问题，体验成功的喜悦.

活动 11：

如图，每相邻三个点构成的"∵"或"∴"，所形成的三角形都是正三角形，且每一个小正三角形的面积为 1，这样的图叫做三角形格点图，这些多边形叫三角形格点多边形.

（1）请求出这些三角形格点多边形的面积.

（2）"皮克定理"在三角形格点多边形中也成立吗？若不成立，试用同样的探究方法找一找三角形格点多边形的面积 S 与图形内包含的格点数 N、图形边界上的格点数 L 之间存在的数量关系.

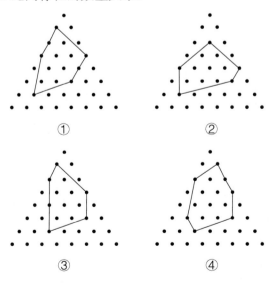

设计意图: 让学生尝试用本节课所学到的思想方法去解决类似的问题,探索在等边三角形形成的格点多边形中的面积公式,提高学生分析问题、解决问题的能力.

活动效果

　　本节探究活动通过画图、观察收集数据、利用表格整理数据、比较分析数据、寻找规律,发现、验证并应用了"皮克定理",积累了活动经验,整个过程学生体验了在真实情境中研究数学问题,这种体验对于学生未来的数学学习是至关重要的. 本节探究活动的重要特征之一是画图,观察数据,归纳结论,得到猜想;在观察数据、对比数据、分析数据中去发现规律,增强了学生利用数据研究数学问题的意识与能力. 活动中涉及三个变量之间的关系,这是探究过程中遇到的一个难点,我们通过固定某个变量的值,来探究其他变量变化的规律,简化了问题,学生获得成功体验.

　　　　　　　　　　　　　　　　　　　　　　（本活动由王旭设计）

投篮问题

✍ 设计理念

新课程标准提出：学生能认识到现实生活中蕴含着大量的数学信息，数学在现实生活中有着广泛的应用. 但数学知识较为抽象，尤其是二次函数问题，对学生的数学思维能力要求较高，想要更好地理解二次函数，学生还需掌握一定的数学思想方法，这样才能运用所学知识解决生活中的实际问题. 因此，可以尝试引入生活实例，通过构建数学模型，引导学生尝试从数学的角度运用所学知识和方法解决生活问题，这样不仅能提升二次函数的趣味性，更能提高学生分析问题、解决问题的能力. 通过任务驱动的教学方式，可以增加学生学习抽象数学理论知识的兴趣，增强实践生活的应用能力，同时，学生在数学建模的过程中，能探索其应用价值. 篮球运动是时下青少年非常喜欢的日常运动，而投篮问题是利用二次函数模型解决的最常见的实际问题之一，生活背景丰富，学生兴趣浓厚.

◈ 活动目标

1. 学生分组进行活动实践，在亲身体验中感悟数学知识的应用价值，促使学生主动建模，利用已学的数学知识解决实际问题.

2. 通过投篮问题的探究，让学生掌握如何建立适当的平面直角坐标系表示实际问题中变量之间的二次函数关系，并利用待定系数法求出二次函数解析式，解决实际问题.

3. 在参与运用二次函数知识解决实际问题的活动中，体会数学建模思想，增强应用意识，提高动手实践能力.

4.通过小组合作驱动共同完成任务，激发学生的学习兴趣，增强创造能力，培养团队合作精神.

活动准备

1.教具准备：皮尺（测量距离）、多个篮球.
2.活动分组：学生分组，每组中选定1人作为实验对象.

活动设计

环节一：教师布置任务，学生收集实验数据

问题1： 篮球是青少年喜爱的球类运动之一，在激烈的篮球比赛中，投篮得分是整个比赛的主要得分方式.投篮方式有几种？篮筐的高度是多少？以及在不同的投篮方式中，出手位置与篮筐中心的水平距离是多少？

任务1： 学生可以通过查阅资料了解相关数据，或者实地进行测量.

问题2： 篮球飞行的轨迹是什么形状？影响篮球空心入网的因素有哪些？

任务2： 根据问题，学生自愿分组（每组6～8人为最佳），每组选定1人作为实验对象进行投篮实验，实验对象需具备一定的投篮能力，组员共同商议并制定投篮实验的实施方案.根据任务，细化每个成员的具体工作，通过实地实验收集一定量的数据并进行初步分析，实验过程需有照片.

设计意图： 学习数学之初，教师总会告诉学生：数学源于生活，又服务于生活，数学与生活是密不可分的.但对于没有丰富生活经验的学生来说，数学始终是抽象的，因此，数学学习需要与实践相结合.

因对篮球的喜爱程度不同，学生对这项运动的了解情况有深有浅，通过设置简单问题，学生经历讨论、方案设计、数据收集和整理、猜想结论等数学活动，体会建模思想，学会分工协作.

环节二：学生展示实验成果，教师点评并归纳

任务3： 以小组为单位，可通过PPT或者视频等多种形式呈现任务1、2的成果.任务2中应包括设计方案（含分工情况）、实验过程、资料整理、结论、讨论和感受.

基本资料：投篮分为罚篮、两分球、三分球. 其中，"三分球"是指在三分线以外投篮且命中的进球，由于距离远，受到空气阻力影响，通常采用跳投技术，要求起跳时脚要在三分线以外，不可踩线，落地时可以在三分线以内也可在线外. "两分球"是在三分线以内投篮且命中的进球. 罚篮是在篮球比赛中对犯规球员的处罚，罚篮是在罚球圈进行投篮，距离较近，一般为了保证命中率会采用原地定点投篮，不采用跳投技术.

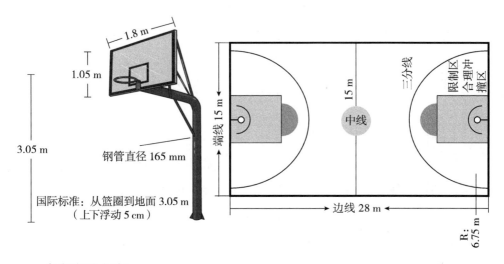

参考实验方案：

	投篮距离	出手高度	投篮总数	投中个数	命中率
第一组					
第二组					

第一组实验固定投篮距离，第二组实验固定出手高度，可通过摸高测量实验对象出手高度的大致范围.

篮球命中与出手角度、出手速度、出手高度、投篮距离有关，还会受到空气阻力的影响. 由于角度、速度、空气阻力的测量需要更加精准的设备，对于学生要求较高，很难达到，因此，在建立数学模型时，可假设出手角度、出手速度始终不变，并且不考虑空气阻力的影响.

> **设计意图**：学生可以通过查阅资料或者亲自投篮实验获得初步感受，然后设计实验方案，通过观察实验过程、分析实验数据，获得初步结论. 通过实验，学生体会建模思想，增强应用意识，感受数学在生活中的应用价值. 通过小组汇报，锻炼学生的表达能力，培养学生分析问题、解决问题的能力；汇报后，小组间互相评价，发展学生的评价水平.

环节三：学生应用模型解决问题，教师引导并延伸

问题3：一场篮球比赛中，同学甲尝试"三分球"，此时他与篮筐中心的水平距离是 7 m，球出手时离地高度 2.75 m，当球出手后与篮筐水平距离为 3 m 时达到最大高度 4 m. 设篮球运行的轨迹为抛物线，篮筐中心距地面 3.05 m.

（1）同学甲能否投中？

（2）假设出手角度和力度不变，同学甲应如何做才能使球投中？

（3）若水平距离不变，出手高度应为多少米才能将球投中？

（4）若同学甲的出手高度不变，如何调整水平距离也能使球投中？

（5）同学乙身高 1.8 m，想封盖同学甲的此次投篮，在距离甲同学 2 m 处起跳，若想封盖成功，同学乙的跳起摸高至少需要多少米？

解决方案：

（1）建立平面直角坐标系解决问题：

篮球运行的路线是抛物线，通过建立平面直角坐标系，将实际问题中的数据转化成点的坐标，求出二次函数的解析式，代入点的横坐标，求出纵坐标，与篮圈的高度进行比较，若是刚好相等，则说明能投中，反之，则不能投中.

四种方法建立平面直角坐标系：

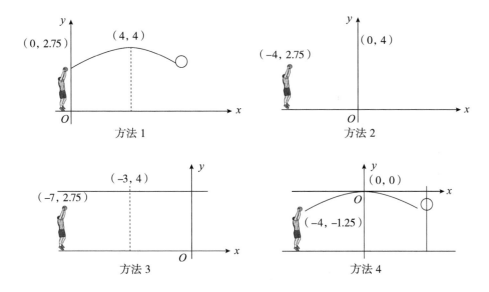

（2）改变出手高度或者水平距离.

（3）将抛物线向上或者向下平移，代入抛物线的最高点和篮圈的点坐标求出抛物线解析式，再代入起跳点横坐标求出纵坐标，从而得到出手高度.

（4）将抛物线向左或者向右平移，代入抛物线的最高点和篮圈的点坐标求出抛物线解析式，再代入起跳点纵坐标求出横坐标，从而得到水平距离.

（5）将同学乙的横坐标代入抛物线解析式得到纵坐标，即同学乙可以封盖的最低高度，减去身高，即得出同学乙的起跳高度.

设计意图： 一题多解可以开拓学生的思维，克服思维定式，培养学生的发散性思维和创新能力，并能充分发挥学生学习的主动性和积极性；以问题串的形式逐步呈现投篮的相关问题，一题多问可以开阔学生的视野，培养学生思维的广阔性，让学生感受数学实际应用的广泛性，增强学习的兴趣和探究热情.

环节四：学生总结反思，教师提炼并延伸

问题4： 通过本节课的学习，你有哪些收获？

学生可以从各个不同角度谈自己的收获，教师进行归纳提升.

知识层面：

1. 利用二次函数可以解决运动或生活中的一些问题.

2. 用二次函数解决实际问题的一般步骤有：

（1）选择恰当的平面直角坐标系；

（2）将已知条件转化为点坐标；

（3）求出函数解析式；

（4）利用所求解析式解决实际问题.

情感层面：谈谈小组合作中的互动与体会.

问题 5：

（1）跳长绳又名跳大绳，是中国历史悠久的运动，每年学校都会举办跳长绳班级对抗赛，绳甩到最高处的形状可以看成抛物线.

（2）第 24 届冬奥会在北京举办，带动了 3 亿多民众关注和参与冰雪运动，本届奥运会设置 7 个大项，15 个分项. 其中，跳台滑雪被称为"勇敢者的运动"，运动员以滑雪板为工具，在专设的跳台上以自身的体重通过助滑坡获得速度，以比较跳跃距离和动作姿势的一种雪上竞技运动. 运动员在空中飞行的轨迹可以看成抛物线.

以上问题二选一，自主设置探究问题，建立二次函数模型解决问题.

设计意图：通过课堂反思，可以帮助学生梳理和归纳知识，总结收获，反思存在的问题，培养学生归纳总结的能力；设置课堂延伸问题，引导学生发现和尝试解决生活中更多的问题，进一步感悟数学的应用价值.

活动效果

华罗庚说过："宇宙之大，粒子之微，火箭之速，化工之巧，地球之变，日用之繁，无处不用数学." 这是对数学与生活的精彩描述. 生活中处处包含着数学，只要用心观察，我们就可以将书本上抽象的数学知识应用于生活，服务于生活. 本节课选取的投篮问题，内容贴合学生生活，以活动实验为载体设置问题情境大大激发了学生解决问题的兴趣，调动了学生学习的积极性和自主性；学生通过亲身实践可以真切感受到影响投篮命中率的因素，有利于学生理解问题和解决问题.

新课标指出，有效的数学学习活动不能单纯地依赖模仿与记忆，鼓励学生合作交流是学生学习的重要方式之一. 本次数学活动采用小组合作方式共同完成，小组分工明确，共同交流，集思广益，互相借鉴，互相补充，不仅充分调动了学生学习的积极性，也有利于培养学生的团队意识和合作能力，激发学生的创新精神.

（本活动由李雅楠设计）

抛物线型拱桥的设计

——二次函数的应用

设计理念

这是一个基于项目式学习的实践活动方案设计，是为突破原有单一的教学模式，积极推进基础教育改革，为孩子们提供体验、合作、探究类学习活动，为提升孩子们的创新精神和实践能力而设计的．学生在活动中将体会建模思想的重要作用，体会数学知识的现实意义，体会到学习数学的价值．希望通过活动的探索、分析与操作，修改完善方案及论证等过程，增强学生的创新思维意识，提升他们的创新思维能力．

活动目标

1. 了解项目学习的内容，形成拱桥的初步设计方案，能根据初步设计方案进行相应的资料搜集．

2. 能够从搜集的资料中提取所需要的信息，提升信息提取能力；能够根据获取的信息对方案进行修改和完善，提升实践与反思能力；能够对设计方案进行必要的论证，能够根据设计写出设计说明，对设计进行必要的阐述，提升学生的推理能力，增强学生的总结归纳能力、语言表达能力；通过小组协作，提升团队意识与合作能力．

3. 让学生体会建模思想的重要作用，体会数学知识的现实意义，体会到学习数学的价值，提高学生学习数学的兴趣．

活动准备

分组，网络教室，直尺，铅笔，电脑，投影仪，实物展台，五角星形不干贴，磁贴.

活动设计

整个实践活动分为三个阶段：

第一阶段：形成拱桥设计的初步方案

活动1：明确本项目学习的目标；

活动2：学习圆弧型拱桥设计范例；

活动3：确定分组；

活动4：以小组为单位，进行初步方案设计；

活动5：根据初步方案，进行资料搜集.

第二阶段：拱桥设计方案的完善与论证

活动1：在搜集资料的基础上对初步方案进一步修改，画好设计图；

活动2：与教师沟通，教师对设计方案提出指导建议，学生进一步完善设计图；

活动3：对最终设计方案进行必要的论证，以满足要求；

活动4：完成设计说明；

活动5：整理汇报与展示材料.

第三阶段：拱桥设计的展示与交流

活动1：小组派代表对设计成果进行展示汇报；

活动2：小组互评；

活动3：教师评价；

活动4：小组综合评价结果评比；

活动5：本项目学习小结.

具体内容如下：

第一阶段

形成拱桥设计的初步方案

（一）学习目标：

了解项目学习的内容，了解合作学习的重要意义，能根据项目驱动问题形成拱桥的初步设计方案，能根据初步设计方案进行相应的资料搜集．

通过进行方案初步设计，提升学生的应用意识，增强应用能力，体会数学的应用价值．

（二）所需材料：网络教室

（三）学习环节：

活动1：明确本项目的学习目标．

为方便游客，奥林匹克森林公园管理处决定在南游船码头附近新建一座连接湖中小岛的小桥，选址处小岛与岸边的距离为20米，一般情况下，两岸均高出水面1米．请你运用所学，设计一座抛物线型拱桥，既方便行人和园区的电车通过．又不影响游船通过，画出简单的设计图，并给出设计说明．

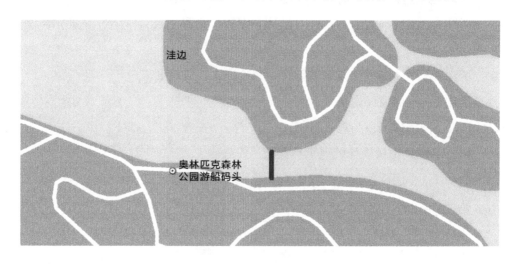

活动2：学习圆弧型拱桥设计范例．

教师展示圆弧型拱桥设计图纸，为学生提供设计范例．

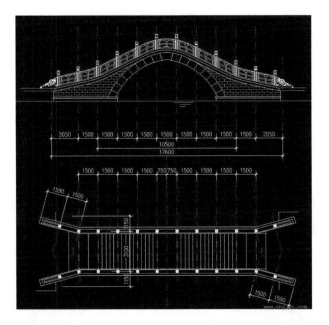

活动 3：确定分组

教师提出分组要求：每组 6 人，选出小组长，负责协调各项事务.

预案：小组的人数根据学生的综合情况可进行微调，但要控制在 4～6 人.

活动 4：教师提出问题：要保证游船安全通过拱桥下方，拱桥的最高点应满足怎样的条件？运用抛物线的知识可以怎样论证？谈谈你的想法.

此处实际是抛物线在实际中的简单应用，可以通过建立平面直角坐标系，转化为二次函数问题进行论证解决.

活动 5：以小组为单位，进行初步方案设计.

学生进行初步构思，设计草图，在构思中提出问题.

活动 6：根据初步方案，进行资料搜集.

学生在资料搜集的过程中还可以对拱桥的设计进行相应的学习.

第二阶段

拱桥设计方案的完善与论证

（一）学习目标：

能够从搜集的资料中提取所需要的信息，能够根据获取的信息对方案进行修改和完善，能够对设计方案进行必要的论证，能够写出设计说明，对设计进行必要的阐述．

通过搜集资料的过程提升信息提取能力；学生通过不断地修改方案的过程，提升实践与反思能力；通过小组协作，提升团队意识与合作能力；通过方案的论证，提升学生的推理能力，培养学生科学严谨的治学态度．

（二）所需材料：直尺，铅笔，电脑．

（三）学习环节：

活动1：在搜集资料的基础上对初步方案进一步修改，画好设计图；

活动2：与教师沟通，教师对设计方案提出指导建议，学生进一步完善设计图；

活动3：对最终设计方案进行必要的论证，以满足要求；

活动4：完成设计说明；

活动5：整理汇报与展示材料．

第三阶段

拱桥设计的展示与交流

（一）学习目标：通过设计活动，增强学生的总结归纳能力、语言表达能力、分工协作能力；让学生体会建模思想的重要作用；体会数学知识的现实意义；体会学习数学的价值；提高学生学习数学的兴趣．

（二）所需材料：投影仪，实物展台，五角星形不干贴，磁贴．

（三）学习环节：

活动1：小组派代表对设计成果进行展示汇报（阐述设计过程及考虑的问题）．

小组进行自评，评定等级：最多3颗星．小组互评与教师评价相结合，互相学习，互相借鉴．

教师提出汇报要求：

1.设计中考虑了哪些方面的要素？

如：河宽，桥下通过性要求，交角，汛期的影响，等等．

2.设计过程中遇到哪些困难?

3.小组中各成员的分工协作情况如何?

4.对设计进行自我评价.

5.哪些地方值得学习和借鉴?有哪些收获?(可以是小组内,也可以是小组之间)

6.你还能提出什么建议?或还有什么其他设想?

活动2:小组互评.

每个小组对其他小组进行评价,并说明评定理由,评定等级:最多2颗星.

活动3:教师评价.

教师对每个小组进行评价,并说明评定理由,评定等级:最多5颗星.

活动4:小组综合评价结果评比.

活动5:本项目学习小结.

项目产品设计(部分学生作品):

第一小组设计:

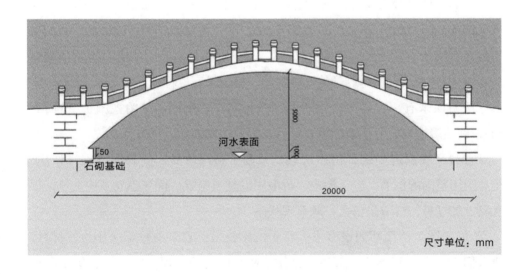

第二小组设计：

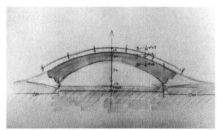  

侧面图　　　　　　　　俯视图　　　　　　　　局部图

此小组的设计说明：

奥林匹克森林公园是北京著名的旅游景点，青山绿水，环境怡人，是人们休闲的好场所．

我们的任务是要在这座公园的湖面架起一座桥梁，既可以使人们与游园车辆更加方便到达湖的两岸，也可以使大小游船顺利钻过桥洞．因此，我们选址时选择了两岸距离最近的地方，设计了如上的这种桥梁．

这座桥的设计思路来源于我们课内所学的二次函数的相关应用．

它的外形是抛物线与缓坡的完美结合，如图所示（侧面图）．

结构：桥梁跨度 20 m，桥底净空 6 m．为了使游园车辆行驶平稳，我们将与路面接壤的地段做了坡度为 3:10 的缓坡，与桥墩进行了结合．桥梁顶端厚 2 m，两边随着两段抛物线延伸逐渐加厚．桥上设有栏杆，高约 1 m．

从俯面来看，它是两边宽中间窄的形状，如图所示（俯视图）．桥面宽 7 m，到达缓坡地段时逐渐加宽，最后与平地接壤的地方宽可达 9 m．

材料：我们选用钢结构做桥梁，架起了整座桥身，使其起到支撑作用．桥身则用坚固的钢筋混凝土制成．桥墩用混凝土制成．桥身漆成多种木色，颇有复古的气息．桥墩呈白色，颇有现代感．

（局部图）桥面两侧设有供人行走的木栈道．它采用樟子松作为原材料，使人们走在上面感到非常舒适，且做了防水防腐的处理，中间设有供游园车辆双向行行的柏油马路，宽为 5 m，每条车道宽 2.5 m，栏杆也用樟子松材料制作．

下面展示我们所绘制的效果图（效果图）. 它的外形古朴而不失优雅, 简洁而不失韵味, 是传统文化与现代技术的完美结合. 它像凌驾于蔚蓝湖上的长虹, 是一道亮丽的风景线. 站在上面俯瞰公园美景, 领略大湖风光, 别有一番风采.

活动效果

　　本项目学习是基于二次函数的应用, 在设计过程中, 需要充分运用所学的二次函数知识对设计的合理性进行论证. 教师对本产品的设计提出一些基本要求, 学生可以根据要求进行丰富, 设计出各有特色的产品, 较为开放. 本设计除了需要二次函数的知识, 还需要用到其他学科的知识, 如美学、物理、地理等, 具有很好的跨学科应用特性, 是对学生综合能力的培养与发展.

　　如第二小组的设计, 学生不仅考虑了桥梁本身的结构问题, 还从所处的地点特征、所使用的材料、人文等多角度进行考虑, 学生用自身的实践体验了一次应用大餐.

　　与以往的传统教学相比, 学生在开放式项目或问题中学习, 是以学生为中心, 教师只是引导者, 学生在一个较长的时间里, 以小组为单位合作学习, 需要主动地探究项目课题, 到网络、图书馆、社区中寻求解决项目问题的方法, 在学习中需要查找大量的资料, 最终完成一个真实可信的学习成果. 在设计过程中, 学生需要不断地对设计方案进行修改完善, 需要不断地收集资料, 获取有用的信息, 需要不断地商量, 分工协作, 取长补短, 提高了探索能力、信息提取能力, 增强了团队意识. 在汇报过程中, 学生需要对设计进行自评、互评, 最后还有教师的点评, 能够相互借鉴, 相互促进. 学生的语言表达能力、总结概括能力、分析能力、提出问题的能力都得到发展, 并增强了综合运用各学科知识解决问题的能力. 学生的学习兴趣在活动中也得到了增强.

（本活动由廖北怀设计）

测量高度

📝 设计理念

应用启发式与探究式教学法、合作学习法，利用多媒体辅助教学，从学生的生活实际出发，创设情境，提高学生从发现问题到解决问题的能力.

活动目标

1. 能通过数学活动使学生进一步理解和应用解直角三角形的知识，并熟练应用这些知识解决实际生活中的有关问题.

2. 在教学过程中，鼓励学生个性化学习和大胆发言，让学生能主动参与、乐于探究、勤于思考，培养其分析问题和解决问题的能力，以及合作交流、自主探索的新型学习观.

3. 通过生活中数学问题的探讨，学生经历理论与实际相结合的全过程，体验数学的实践性，知道数学来源于生活，而又服务于生活，从而激发其对数学学习的浓厚兴趣.

活动准备

1. 引导学生阅读材料并思考问题.

胡夫金字塔是埃及现存规模最大的金字塔，被喻为"世界古代七大奇迹之一"，原高 146.59 m，但由于经过几千年的风吹雨打，顶端被风化吹蚀，所以高度有所下降，需要重新测量. 埃及有个著名的考古学家在一个烈日高照的上午带着儿子来到金字塔脚下，他给了儿子一根 2 m 高的木杆、一把皮尺，让儿子选择适当的方法测量出塔高.

儿子设想出了一种用于测量的设计方案：

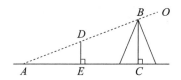

如图所示，他通过移动木杆，使木杆的影子顶端与金字塔的影子顶端重合于 A 点，他用皮尺测量出金字塔和木杆的影长，从而建立了解直角三角形的模型．然后利用 $\tan \angle DAE = \dfrac{DE}{AE}$ 和 $\tan \angle BAC = \dfrac{BC}{AC}$ 建立等量关系，利用已知三个量去求第四个量．于是得出：$BC = \dfrac{AC \times DE}{AE}$．

儿子巧妙地利用了光线，间接地测得了金字塔的高度．

（1）此方案用到了什么数学知识？对你有什么启示？

（2）此方案存不存在问题，需要如何改进？

2. 活动准备材料．

标杆（长度固定，设为 m）、皮尺（可测长度）、测角仪（可测仰角和俯角，测角仪的高度为 n）．

3. 课前分组．

📖 **活动设计**

活动一：测量电线杆高度

> **设计意图**：通过活动，学生进一步理解和应用解直角三角形的知识，并熟练应用这些知识解决实际生活中的有关问题．

情境一 ///

所处环境：烈日高照，宽阔的广场上电线杆的影子清晰可见．

提供工具：标杆（长度固定，设为 m）、皮尺（可测长度）．

任务要求：请你在地面上利用所提供的测量工具，设计一种测量方法，画出示意图，应用你采集的数据，计算出电线杆的高度，并说明理论依据.

测量方法如下：

1. 在阳光的照射下，电线杆 PH 的投影（DH）在平坦的地面上，将一根标杆 AB 竖直地立在同一地面上.

2. 在同一时刻，量出电线杆的影长 $DH=a$，标杆的影长 $BC=b$.

根据测得的数据就能计算出电线杆的高度 PH.

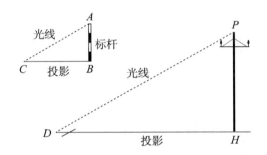

理论依据：利用"光线是平行直线，并且在同一时刻，光线与水平面所成的角的度数是一个定值".

教师提问

1. 为什么要"在同一时刻"？

2. 图中存在相似的直角三角形吗？

3. 根据测得的数据 a，b，m，怎样计算电线杆的高度？

4. 为保证测量的精确度，测量过程中应注意什么？

情境二

所处环境：烈日高照，建筑物边上的电线杆影子的部分在墙上.

提供工具：标杆（长度固定，设为 m）、皮尺（可测长度）.

任务要求：请你在地面上利用所提供的测量工具，设计一种测量方法，画出示意图，利用你采集的数据，计算出电线杆的高度，并说明理论依据.

测量方法如下：

1. 在阳光的照射下，电线杆 PH 的投影一部分在地面上（DH），另一部分在墙面上（ED）.

2. 将一根标杆 AB 竖直地立在同一地面上.

3. 在同一时刻，量出电线杆在地面上的影长 DH=a，在墙面上的影长 DE=c，标杆的影长 BC=b；根据测得的数据就能计算出电线杆的高度 PH.

理论依据：利用"光线是平行直线，并且在同一时刻，光线与水平面所成的角的度数是一个定值".

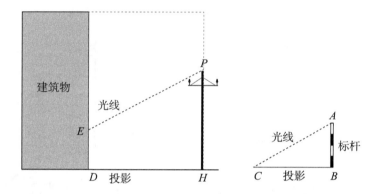

教师提问：

1. 若没有这堵墙，影子应该有多长？你是如何求出的？

2. 图中存在几组相似的直角三角形？

3. 根据测量得到的数据 a，b，c，m，怎样计算电线杆的高度 PH？

4. 推导过程中，你用到了怎样的数学思想？

情境三 ///

所处环境：天气阴，广场上电线杆没有影子.

提供工具：标杆（长度固定，设为 m）、皮尺（可测长度）、测角仪（可测仰角和俯角，高度为 n）.

任务要求：请你在地面上利用所提供的测量工具，设计一种测量方法，画出示意图，利用你采集的数据，计算出电线杆的高度，并说明理论依据.

测量方法如下：

1. 恰当地选择测点 E，在 E 处安置测角仪，测得电线杆顶部 B 的仰角

$\angle BAC = \alpha$；

2. 量出测点 E 到电线杆底部 F 的水平距离 $EF = a$.

通过计算，即可求出电线杆的高度.

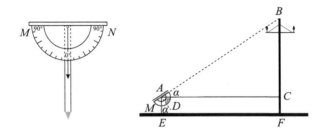

理论依据：解直角三角形的边角关系.

教师提问：

1. 图中 $CF = AE$ 吗？$EF = AC$ 吗？为什么？

2. 根据测量得到的数据 a，n，α，怎样计算电线杆的高度 BF？

3. 为保证测量的精确度，测量过程中应注意什么？

4. 为了测量电线杆的高度，同学们根据提供的测量工具，还有没有其他的测量方案？

其他作法介绍：

另法一：小聪所在的测量小组只用了一根标杆和皮尺，该小组想出的测量方法如图所示.

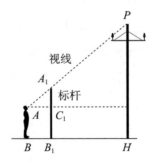

另法二：小明所在的测量小组只用了测角仪，该小组想出的测量方法如图所示.

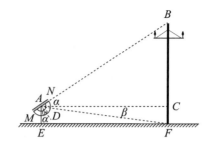

请根据以上图示探究测量的方法：

（1）在这两种方法中，分别有哪些可测的数据？需要测量其中的哪几个数据才能求出电线杆的高？

（2）根据测得的数据怎样求电线杆的高度？

活动二：测量一座小山的高度

> **设计意图**：在活动一的基础上使学生进一步理解和应用解直角三角形的知识，并且鼓励学生个性化学习和大胆发言，让学生能主动参与、乐于探究、勤于思考，培养其分析问题和解决问题的能力，以及合作交流、自主探索的新型学习观。

准备：将同学们按座位就近分成约十组，请小组选出一名代表展示本组的测量方案、需要测量的数据，以及推导的方法和结果。

所处环境：一座小山，山顶清晰可见，山脚下平整开阔。

提供工具：皮尺（可测长度）、测角仪（可测仰角和俯角）

任务要求：请你利用所提供的测量工具，设计一种测量方法，画出示意图，利用你采集的数据，计算出此山的高度，并说明理论依据。

教师提问：此问题与测电线杆问题有什么区别？前面的方法还能用吗？

主要区别：电线杆的底部可以到达，而小山的底部无法到达，于是"影长测不了"，"测角仪到小山的底部距离也测不了"。

测量方法如下：

1.恰当地选择测点 A_1，在 A_1 处安置测角仪，测得山顶 D 的仰角 $\angle DAC = \alpha$；

2.向 DC_1 的方向移动测角仪到 B_1（使 A_1，B_1，C_1 在一条直线上，且 A_1，

B_1 在同一水平面上），在 B_1 处安置测角仪，测得山顶 D 的仰角 $\angle DBC = \beta$；

3. 量出测点 A_1 与 B_1 之间的水平距离 $A_1B_1 = a$.

通过计算，即可求出小山的高度.

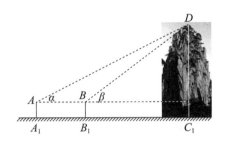

教师提问：

1. 把测角仪从 A_1 处移到 B_1 处时，为什么要求 A_1，B_1，C_1 三点在同一条直线上，且 A_1，B_1 在同一水平面上？这时 $AA_1 = BB_1$ 吗？为什么？

2. 根据测得的数据 α，β，a，n，怎样计算小山的高度 DC_1？

活动三：布置作业

请实地测量学校的旗杆或教学楼高度，也可以是自己生活周边的某建筑物，选择恰当的测量工具和测量方法，测量其高度，写出测量方案. 具体如下：

《解直角三角形的综合运用——测量高度》实习作业

设计方案并实地测量学校的旗杆或教学楼高度，也可以选择生活周边的某建筑物作为你的测量项目.

某建筑物高度测量报告的测量项目

测量项目	
测量方案 （方法、原理及图示）	
测量工具	

（续表）

测量项目	
测得的数据	
测量的结果 （主要算式及计算过程）	
小组交流 个人总结 （收获、问题和体会）	小组成员＿＿＿＿＿＿＿＿＿＿＿＿＿＿＿＿＿
指导教师审核意见 及成绩	

设计意图：将学生学习到的知识进行再次应用，实现巩固提升.

活动效果

　　通过实践活动，学生体会到把生活中不易直接测量的物体的高度转化为数学问题，构建出解直角三角形的模型，再应用解直角三角形的相关知识解决问题的过程，体现了建模思想和方程思想. 通过多样化的测量方案，鼓励学生发散思考，充分利用可用的工具，为学生今后解决各类实际问题提供了更多可能的方法.

　　教师和学生共同完成测量活动的照片如下：

　　通过实践活动，同学们学习数学的积极性提高了.

（本活动由凌杰设计）

自制测角仪测量物体的高度

设计理念

本设计将动手实践与综合应用相结合，通过学生亲自动手制作测角仪器，并利用自制的仪器解决实际问题，培养学生分析与解决实际问题的能力，培养学生把实际问题转化为数学问题的能力，从而达到灵活运用数学知识解决实际问题的最终目的．整个活动经历分组、小组合作方案设计、制作测角仪、实际测量、记录数据、进行计算、结果比较、处理数据、总结汇报等过程，进一步理解直角三角形边角关系的知识，并会应用所学知识解决实际问题，从中体会数学建模思想．

学生通过本节课之前的学习，已经掌握了三角函数的概念和运用三角函数解直角三角形的知识，并具有了解决与直角三角形有关的实际问题的能力，同时在全等三角形、相似三角形等知识的学习中也经历了合作学习的过程，具有了一定的合作学习经验，具备了小组协作的能力，所以采用小组合作的学习方式，将全班学生根据动手能力、方案设计、记录计算、语言表达等不同侧重进行分组，分别进行策划、测量、数据分析、总结分析等工作开展学习过程．

活动目标

1.经历测量物体高度方案的设计和解决的过程，进一步理解直角三角形边角关系的知识，并会应用所学的解直角三角形的知识解决实际问题，认识到数学建模的应用方法，感受数学建模的应用价值．

2.通过比较不同小组的方案，学生能从不同的角度思考问题，优化解决问题的方法．

3. 经历小组合作亲自动手制作测角仪的过程，了解制作测角仪的原理，并通过寻找材料、选择材料、进行制作，锻炼动手能力和协作能力.

4. 能进行解决问题过程的反思，能调整解题思路，在解决问题后，能对解决问题的步骤、程序和方法进行总结提炼，增强总结归纳能力、语言表达能力.

活动准备

分组，自制测角仪（准备制作材料），卷尺，数据记录单，选择合适的两处户外建筑物.

活动设计

整个数学活动分为如下四个阶段：

第一阶段：利用解直角三角形的知识设计测量可到达和不可到达建筑物高度的方案；

第二阶段：小组合作制作测角仪；

第三阶段：利用测角仪实地测量，记录数据，计算所测物体的高度；

第四阶段：成果展示，交流汇报.

第一阶段

设计测量可到达和不可到达建筑物高度的方案

（一）学习目标：

1. 经历测量物体高度方案的设计和解决问题的过程，进一步理解和掌握直角三角形边角关系，并会应用所学知识解决实际问题，认识到数学建模的应用方法，感受数学建模的应用价值；

2. 通过比较不同小组方案，学生能从不同的角度思考问题，优化解决问题的方法.

（二）学习环节：

活动1：复习解直角三角形的相关知识.

如图，在 Rt$\triangle ABC$ 中，说出角与角、边与边、角与边之间的关系.

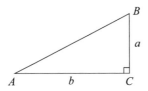

设计意图：通过复习，学生对解直角三角形的知识和方法有更加清楚的认识，为本节课的学习做好充分的铺垫.

活动 2：提出问题.

问题 1：前面我们学习相似三角形时解决过测量物体高度的问题，现在经过解直角三角形知识的学习，能否再次利用解直角三角形知识来测量学校操场上国旗杆的高度，能否同时得到学校对面歌华大厦的高度？为了能够顺利在校内完成测量任务，请同学们先设计出可行的测量方案.

设计意图：通过问题引入课题，引起学生的好奇心，提出问题，引导学生进入新知识的学习，创造一种探索的情境，将解决办法限制在需利用解直角三角形的知识，避免学生思维太发散，因为在前面学习中已经涉及测量物体高度的问题，学生已经展开探讨过一些相关办法.

活动 3：分组设计方案.

问题 2：计划用什么测量方法？此种方法需要用到什么工具？需要测量哪些数据？测量校内旗杆和在校内测量校外歌华大厦的方法是否相同？如果方法不同，需要分别画出图形并做出说明.

学生思考，小组讨论，每组在一张设计纸上画出示意图形，在图形上标出字母，再说明测量方法、步骤，需要测量哪些数据，得到数据之后如何进行计算得到物体的高度，写出计算方法和步骤. 测量数据用字母表示.

设计意图：提出问题，使学生明确目标，学生在本单元所学知识的基础上独立思考，运用自己的方式或策略，努力寻求解决问题的方法，在方案设计中要考虑到实际情况和场地限制等问题，不断改进、优化方案．整个设计过程突出了综合能力的锻炼，真正将实际问题转化为数学问题，学生体会了建模思想，比起解决书本上给定情境、给定数据的实际问题，体验更丰富，印象也更深刻．

活动4：设计方案展示交流，归纳如下．

方案1：通过调整观察距离（可测量），恰巧能使用三角板中的三个特殊角计算，运用解直角三角形的办法解决问题．

方案评价：在校内测量歌华大厦，受观察角度和距离限制，可能做不到正好使用特殊角，提出解决办法．

方案2：寻找合适的观测地点，测量距离和角度，再利用解直角三角形的知识进行计算，解决问题．

方案评价：在校内测量歌华大厦，受观察角度和距离限制，观察角度不是特殊角，而可能是一个任意值，这个角度如何测量需要一个测量任意角的工具，如果没有，能不能自制？

设计意图： 在方案的展示、评价、比较、质疑和解决整改中，放手让学生自主探索，相互论证，提高学生参与的兴致，发挥学生的主观能动性，进一步培养学生的创新意识和优化意识．

第二阶段

小组合作制作测角仪（此环节在课下完成）

（一）学习目标：

1.经历小组合作亲自动手制作测角仪的过程，了解制作测角仪的原理；

2.通过寻找材料、选择材料、进行制作，锻炼学生的动手能力和协作能力．

（二）学习环节：

活动1：分层要求．

A层：可以自主设计制作测角仪．

B层：提供参考材料，本章数学活动中有介绍制作测角仪的方法，可以通过学习，掌握原理之后再制作；也可以自己在网络或资料中寻找制作测角仪的方法，再制作．

活动2：学生根据需要准备材料，制作测角仪，带成品到校．

活动3：在实地测量时先介绍测角仪的使用方法及原理．

设计意图：为达到测量的目的需要自制工具，此过程是一次综合能力的体现，学生在制作过程中表现出了浓厚的兴趣．从图片中小组展示的制作过程可以看出，学生在制作过程中，对材料的选择、高度的调整、材料的重量都进行了考虑，最后在指针的细节上也做了多次的调整，成品做出来非常有成就感．这一过程为学生提供了动手制作的机会，不仅锻炼了动手能力，也提 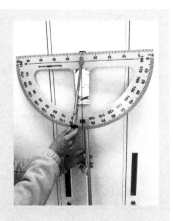 升了解决问题的综合能力．学生在制作过程中需要克服一些困难，增加了做事的信心，教师和学生对各小组的评价必须是正面评价，从不同角度肯定学生的成果，在实际使用过程中学生自然进一步体会到自制仪器的优劣，会再次进行调整，能力得到了提升，这是一次开放的学习过程．

第三阶段

利用测角仪实地测量，记录数据，计算得到所测物体的高度

（一）学习目标：提高学生学习数学的兴趣；体会数学知识的现实意义；体会到学习数学的价值；提高小组协作能力；让学生体会建模思想的重要作用．

（二）学习环节：

活动1：设计数据记录单．

提出问题：只经过一次测量计算就确定物体的高度是否可行？为什么？若不可行，如何解决？类比物理学科做实验时对数据的处理办法，请设计数据记录单．

课题	测量底部可到达物体的高度
测量示意图	

课题	测量底部可到达物体的高度			
测得数据	测量项目	第一次	第二次	
计算过程				
计算结果				

课题	测量底部可到达物体的高度			
测量示意图				
测得数据	测量项目	第一次	第二次	
计算过程				
计算结果				

活动2：分小组进行测量，记录数据，填写数据记录单．

活动要求：

1. 正确地使用测角仪，特别要注意测量过程中正确、规范地读数．

2. 测量的过程中会产生测量误差，可采取物理实验中对数据的处理办法多测几组数据，并取它们的平均值．

3. 小组内所有组员积极参与测量活动，分工合作，对于在测量过程中遇到的困难，团结协作，想方设法共同解决．

4. 各小组尽量选择不同的测量地点，一是避免操作不方便，二是方便各小组之间进行数据比较．

活动3：各小组根据所测数据进行计算，在计算过程中要求组内所有同学都独立计算，对所有的计算结果进行核对，如果结果不同，快速查找原因，最终得到物体的高度．

活动4：各小组对数据计算结果进行对比，看是否接近，比较差距大小，寻找差距原因，是读数误差还是操作、计算错误．

活动5：将实地测量数据与学校旗杆实际高度、歌华大厦实际高度进行比较．

活动6：汇总数据．

小组	旗杆高度	歌华大厦高度	差距（用正负数表示）	评价
第一小组				
第二小组				
第三小组				
第四小组				
第五小组				
实际高度				

设计意图：学生经历设计方案—动手制作—实地测量—收集数据—处理数据—分析数据的全过程. 学生在参与每一个环节的过程中会遇到这样或那样的问题，在一个个问题解决的过程中感受成功的喜悦，感受数学活动的严谨精确，提高解决问题、协同合作的能力，深刻体会建模思想.

第四阶段

成果展示，交流汇报

活动1：小组派代表对整个活动过程进行阐述：组内如何分工合作，遇到问题如何解决及活动体会.

活动2：小组互评，指出其他小组可学习借鉴的方面.

活动3：教师评价，给予所有参与同学充分肯定，给出建议.

设计意图：本环节主要提倡同学之间互相学习，互相借鉴，优化方案，为今后进一步开展活动积累方法和经验. 在活动过程中关注每个学生的个性差异，尊重每个学生的个性发展，真正落实了以学生为主体的指导思想.

活动效果

本次数学活动基于解直角三角形的应用，在活动过程中，学生通过设计方案、动手制作教具、实地操作、合作交流、讨论比较的方式，积极探索，改进方法，提高了学习质量与效果，逐步形成了正确的数学价值观.

解决实际问题时需要充分运用所学解直角三角形的知识，将解直角三角形的知识与现实生活中的问题相结合，不断提高学生运用数学方法分析、解决实际问题的能力．在整个活动开展过程中，本设计特别注重学生的参与意识，注重学生对待数学活动的态度，注重引导学生从数学的角度去思考问题，同时让学生意识到一项工作在实施过程中不会一帆风顺，需要有克服困难的勇气和耐心．在活动中，我们建议尽量留给学生更多的空间，更多展示自己的机会，让学生在活动中认识自我，找到自信，体验成功的乐趣，从而树立学好数学的信心．

（本活动由许静设计）

高铁票价问题
——简单数据分析

✎ 设计理念

《义务教育数学课程标准（2022 年版）》课程目标以学生发展为本，以核心素养为导向，进一步强调使学生在"四基"的获得与发展基础上，发展运用数学知识与方法发现、提出、分析和解决问题的能力（简称"四能"），形成正确的情感、态度和价值观. 它所构建课程改革的目标之一是倡导学生主动参与、乐于探究、勤于动手，培养学生搜集和处理信息的能力、获取新知识的能力、分析和解决问题的能力以及交流与合作的能力. 本节课是基于这一新课程目标的基本理念，寻求人性化的教与学方法，借助问题的、实践的、开放的探究学习活动来有效地推动学生学习方式的转变，提高学生解决问题的能力，引导学生在活动过程中将所学知识方法与实践相结合，自主探究、自主实践，为学生在活动中进行创新和设计提供机会.

本节课是针对综合应用函数与数据的代表的知识而设计的，着力于通过与生活实际问题联系紧密的综合实践活动课，提高学生分析数据、整合数据，分析问题及解决问题的能力，并在这个过程中体会数据之间的关联，以及如何利用数据间的关联解决实际问题. 它不仅能加深学生对数据代表的理解，也能培养学生函数建模的思想，更能积累数学活动经验，培养学生分析、总结、表达的综合能力.

🔖 活动目标

1.经历运用模型分析数据间关联的过程，体会数据之间的关联，体会数据的代表的含义，了解数据分析在生活中有广泛的应用，体会数据统计的实际意义.

2. 通过本活动，学生积累数学活动经验，培养学生分析、总结、表达的综合能力.

3. 让学生经历建立模型、模型解释、模型应用的过程，发展模型思想的核心素养.

活动准备

1. 学生分组，建议每组 4～6 人.

2. 每组准备 1～2 个计算器.

3. 准备两列高铁的列车时刻表及价目表，其中一张的价目表被覆盖（未知），复印多份备用.

活动设计

环节一：情境引入

教师：介绍中国高铁发展现状.

> **设计意图**：让学生体会中国正经历高速发展的过程，适时进行爱国教育，提高学生的国家自豪感.

环节二：提出问题

问题 1：大家坐过高铁吗？你在选择高铁车次的时候，会考虑哪些影响因素？

教师展示高铁购票时的图片，选择高铁车次时主要考虑的因素在购票信息中均有体现.

车次	出发站 到达站	出发时间▲ 到达时间▼	历时▲	商务座 特等座	一等座	二等座 二等包座
G101 复▲	🚄北京南 🚄上海虹桥	06:36 12:40	06:04 当日到达	8	有	有
				¥1748.0	¥933.0	¥553.0

问题2：你认为高铁的票价可能与哪些因素有关？

教师：展示网上查到的 G101 次列车的时刻表．

问题3：从表中所列数据来看，影响高铁票价的最主要的因素是什么？

G101车次详细内容

站次	站名	到达时间	开车时间	停留(分)	历时(分)	里程(km)	二等座	一等座	订票
1	北京南	-	06:44	-					
2	沧州西	07:35	07:38	03 分	0时51分	210	¥94.5	¥164.5	预订
3	德州东	08:05	08:13	08 分	1时21分	314	¥144.5	¥244.5	预订
4	济南西	08:37	08:40	03 分	1时53分	406	¥184.5	¥314.5	预订
5	泰安	08:57	09:00	03 分	2时13分	465	¥214	¥359	预订
6	枣庄	09:38	09:40	02 分	2时54分	627	¥284	¥474	预订
7	徐州东	09:58	10:00	02 分	3时14分	692	¥309	¥519	预订
8	南京南	11:15	11:17	02 分	4时31分	1023	¥443.5	¥748.5	预订
9	镇江南	11:36	11:38	02 分	4时52分	1088	¥468.5	¥788.5	预订
10	苏州北	12:13	12:15	02 分	5时29分	1237	¥523.5	¥883.5	预订
11	上海虹桥	12:38	12:38	00 分	5时54分	1318	¥553	¥933	预订

问题4：你能否估算出 G109 次列车的票价？

G109车次详细内容

站次	站名	到达时间	开车时间	停留(分)	历时(分)	里程(km)	二等座	一等座	订票
1	北京南	-	08:15	-					
2	德州东	09:29	09:31	02 分	1时14分	314			预订
3	济南西	09:55	10:08	13 分	1时40分	406			预订
4	曲阜东	10:40	10:41	01 分	2时25分	535			预订
5	徐州东	11:17	11:19	02 分	3时2分	692			预订
6	滁州	12:20	12:26	06 分	4时5分	964			预订
7	南京南	12:44	12:46	02 分	4时29分	1023			预订
8	常州北	13:18	13:20	02 分	5时3分	1153			预订
9	苏州北	13:42	13:44	02 分	5时27分	1237			预订
10	上海虹桥	14:07	14:07	00 分	5时52分	1318			预订

教师：学生根据 G101 次列车的票价估算 G109 次列车的票价．

环节三：分析问题

问题5：从表中数据来看，影响高铁票价的最主要的因素是什么？

学生：路程越远票价越高，座位等次越高票价越高．

问题 6：两组数据是否具有可比性，根据第一组数据来预测第二组数据是否可行？

学生对比两组数据，分析两组数据所包含的信息，发现数据具备可比性，预测是可行的．教师适当引导和总结．

站次	站名	历时(分)	里程(km)	站次	站名	历时(分)	里程(km)
1	北京南	-	-	1	北京南	-	-
2	沧州西	51	210	2	德州东	74	314
3	德州东	81	314	3	济南西	100	406
4	济南西	113	406	4	曲阜东	145	535
5	泰安	133	465	5	徐州东	182	692
6	枣庄	174	627	6	滁州	245	964
7	徐州东	194	692	7	南京南	269	1023
8	南京南	271	1023	8	常州北	303	1153
9	镇江南	292	1088	9	苏州北	327	1237
10	苏州北	329	1237	10	上海虹桥	352	1318
11	上海虹桥	354	1318				

环节四：解决问题

学生：学生分小组讨论，建立适当的模型拟合数据，分工合作（计算、记录、决策）解决问题，得到结论．

教师：在小组讨论的过程中，分别聆听各组学生的分析、想法与意见，适当地给予指导和引导．

预设 1：有的学生可能会计算不同等次座位的各站票价得出单位里程的票价，用这些票价的平均数或中位数（趋势趋近数）作为要估算的单位里程票价．

教师：引导学生利用正比例函数来建模．是否可以考虑用一次函数建模拟合？

教师：引导学生从函数的观点来看数据，描出数据所表示的点的坐标，发现这些点几乎成一条直线，可以建立一次函数的模型．

学生：尝试计算，建模，进行展示．

预设 2：有的学生可能会用时间和票价来计算单位时间的票价，然后以此来进行估算．

教师：肯定学生的做法，但是历时中包括了到达站点的停留时间，而各站的停留时间又不一致，导致该模型的误差较大、不稳定．

教师：利用 Excel 向学生展示散点图，以及该软件计算的模型表达式，让学生估算 G109 次高铁的票价.

环节五：学生展示成果

将以不同模型估算到的票价与实际票价进行比较，让学生评价模型的优劣.

师生共同评价不同模型的优势与劣势.

有的组的学生不一定能建立模型估算高铁票价，学生能聆听并理解各种不同模型的建立方式，受到启发，也能够对别人建立的模型进行适当的评价.

环节六：小结展望

1. 学生谈论学习的收获与体会.

数据的代表：平均数、中位数；

利用函数拟合数据之间的关联性，利用一次函数建立模型；

评价模型；

数据的关联性所表达的信息应用广泛，可以借助它进行估算和预测等.

2. 教师：高铁票价的计价规则与学生考虑的影响因素、拟合的数据是基本一致的，但实际由于影响因素的多样性，模型要更复杂，因此预测的结果会有误差，让学生体会出现误差的合理性.

3. 教师展望：（1）在实际大数据的情况下，利用函数建模分析数据之间的关联远比现在复杂，数据之间的关联性可能呈现更复杂的规律或者更复杂的情况，要了解这些规律，需要我们继续学习其他的建模函数、建模方式，更好地拟合数据之间的关联性.（2）展示、分析数据间的关联性在实际中有极其重要和广泛的应用，教育学生要好好学习，谁掌握了数据，谁就掌握了未来的主动权，中国的继续发展和壮大要靠未来同学们的智慧与汗水.

环节七：课题学习

北京雄安高铁全长 91 km，最高设计速度是 350 km/h，五个车站. 根据这些信息，你能否从已知线路的票价数据中提取信息，建立模型，估计一下北京到雄安各站的高铁票价是多少？请写一份报告详细阐述.

活动效果

　　本节课是一节非常适合初中学段高年级学生进行的活动课，课前的准备比较简单，实施比较容易，实操性强，且本节课的目标非常贴近实际课内需要．在当前信息化时代的背景下，学会分析数据，在数据中提取有效信息，是学生必须了解和掌握的知识与方法．

　　课程选取贴近学生生活的情境"高铁票价的制定"作为研究问题，引导学生利用数学建模的思想分析数据，解决生活中的实际问题．学生在这个过程中，经历了选择统计量和建模方法，从中寻找最能反映数据信息的方法作为最优的方案来解决问题，丰富了建模经验，加深了对统计量的理解，还锻炼了解决问题的能力、合作学习的能力、数据提取与分析的能力、语言表达能力等，学生的数学素养得到了充分的展现．

（本活动由陈昕设计）

九年级部分

黄金三角形之美

📝 设计理念

　　数学之美无处不在，数学中有趣的图形也很多．"图形的拼接与分割设计"问题，不仅要活用几何知识，还要活用几何图形，更要把动手操作、合情猜想、推理和计算紧密结合起来．它是学生的一个综合实践活动．虽然此内容穿上了"数学欣赏"的美丽外衣，但是对学生思维上的要求并没有降低，要求学生从数学的角度欣赏这种"美"，既要注重学生的活动，也要重视学生经历"数学化"的过程，注重对数学思想和数学本质的揭示．本设计通过创设"生活—数学"的情境，营造"动手—操作"的空间，引导学生"自主探究"，让学生通过动手、动口、动脑等多种感官的协调活动，多角度、多形式地对问题进行探究，从而提升学生的数学思维能力．

活动目标

　　1.让学生了解黄金三角形的分类，用量角器、尺规作图、折纸三种方式得到黄金三角形．

　　2.通过研究黄金三角形的特征，以及不同类型的黄金三角形之间的密切关系，让学生学会研究图形问题的方法，提升研究图形问题的能力．

　　3.让学生体会黄金三角形在生活中的应用价值．

活动准备

　　1.学习黄金分割的概念及相关知识，分小组查阅黄金分割在生活中的应用．

2.分享总结黄金分割在生活中的应用，体会黄金分割的魅力及数学美.

3.准备折纸用的彩色纸.

活动设计

回顾数学之美

活动1：回顾黄金分割的发展历史.

> **设计意图：** 引导学生回顾黄金分割的历史，了解发展过程及相关的数学家故事，体会数学家持之以恒、坚持不懈的努力和坚持.

教师小结：德国著名的天文学家开普勒说过："几何学里有两件宝，一个是勾股定理，另一个是黄金分割. 如果把勾股定理比作黄金矿的话，那么可以把黄金分割比作钻石矿.""黄金分割"理论的形成经历了漫长而曲折的过程. 据说大约公元前6世纪，古希腊毕达哥拉斯学派在五角星中发现了"黄金分割"的数理关系. 古希腊哲学家柏拉图对正多面体感兴趣，而正十二面体和正二十面体的作图均涉及"黄金分割"，所以他也对此做过研究. 古希腊数学家欧多克索斯系统地研究了该问题，并建立了比例理论. 公元前3世纪左右，欧几里得在其划时代的著作《几何原本》中对"黄金分割"进行了明确定义，即"分已知线段为两部分，使全段与一小段构成的矩形的面积等于另一小段的正方形的面积".

活动2：回顾黄金分割在生活中的应用，体会应用美.

> **设计意图：** 通过生活中的实例，让学生了解黄金分割在很多方面的实际应用，体会其中的数学文化价值，让学生认识数学与人类生活的密切联系以及对人类历史发展的作用.

教师小结："黄金分割"听起来就很美，它虽然在初中教材中所占的比例很小，但给我们的感受却美不胜收. "黄金分割"是指事物各部分之间的数字比例关系，即将整体分成两部分，较大部分与较小部分之比等于整体与较大部分之比，其比值为 $\dfrac{\sqrt{5}-1}{2}$，应用时常取值为 0.618．"黄金分割"在建筑、美术、音乐、艺术、工业生产、农业生产、股票以及日常生活等方面都有着极其广泛的应用．

我国著名的数学家华罗庚在 20 世纪 70 年代就倡导并推广使用单因素优选法，在生产实践中起到了重要的作用，其中 0.618 就是一个关键的数据，因此人们也把单因素优选法简称为"0.618 法"．踮起脚尖可以增加腰与脚底的距离，使得这一距离与身高的比值更接近 0.618．美神维纳斯像是公元前一百多年希腊雕塑鼎盛时期的代表作，她的上半身和下半身的比值接近 0.618．

黄金分割从它被发现，到被人类掌握去探寻自然界的规律，乃至应用于生活的各个角落，是如此美妙，也促使着我们继续去探寻、去思考、去发现．

数学之美无处不在，数学中有趣的图形也很多．在数学上，有一类三角形也满足这种黄金分割比例，这就是我们接下来要认识的黄金三角形．

认识美

活动 1：介绍黄金三角形的分类

设计意图：让学生了解黄金三角形的分类，了解黄金三角形是一种特殊的等腰三角形．

教师小结：黄金三角形有两类：

（1）顶角为 36° 的等腰三角形，这样的三角形的底与腰之比为黄金比：$\dfrac{\sqrt{5}-1}{2}$；

（2）顶角为 108° 的等腰三角形，这样的三角形的腰与底之比为黄金比：$\dfrac{\sqrt{5}-1}{2}$．

活动 2：理论说明

问题 1：以顶角为 36° 的黄金三角形为例，你能够证明出黄金三角形的底与腰之比是黄金比 $\dfrac{\sqrt{5}-1}{2}$ 吗？

设计意图：从理论推导的角度，以顶角为 36° 的黄金三角形为例，让学生能够证明出黄金三角形的底与腰之比为黄金比 $\dfrac{\sqrt{5}-1}{2}$，体会数学严谨的推理过程.

【预案 1】作角平分线，构造相似三角形，出现线段之比.

已知：$\angle A = 36°$，$AB = AC$.

求证：$\dfrac{BC}{AB} = \dfrac{\sqrt{5}-1}{2}$.

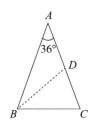

证：作 $\angle ABC$ 平分线 BD 交 AC 于点 D.

$\because \angle A = 36°$，

$BA = AC$，

$\therefore \angle ABC = \angle C = 72°$.

$\because BD$ 平分 $\angle ABC$，

$\therefore \angle DBC = 36°$.

又 $\because \angle ACB = 72°$，

$\therefore \angle BDC = \angle C = 72°$，

$\therefore \triangle BDC \backsim \triangle ABC$，

$\therefore \dfrac{CD}{CB} = \dfrac{CB}{AB}$.

设 $BC = x$，$AB = AC = 1$，

则 $BD = AD = BC = x$，$DC = 1 - x$，

$\therefore \dfrac{1-x}{x} = \dfrac{x}{1}$，

$\therefore x^2 = 1 - x$，即 $x^2 + x - 1 = 0$，

解得 $x = \dfrac{-1 \pm \sqrt{5}}{2}$.

$\because x > 0$

$\therefore x = \dfrac{\sqrt{5}-1}{2}$，即 $\dfrac{BC}{AB} = \dfrac{\sqrt{5}-1}{2}$.

【预案2】作延长线，构造相似三角形，出现线段之比.

延长 AB 到 D，使 $BD=BC$.

$\because \angle A=36°$，$AB=AC$，

$\therefore \angle ABC=\angle ACB=72°$.

又 $\because BD=BC$，

$\therefore \angle D=\angle BCD=36°$，

$\therefore \triangle ACD \backsim \triangle DBC$，

$\therefore \dfrac{AD}{AC}=\dfrac{CD}{BD}$.

设 $BC=x$，$AB=AC=1$，

则 $BD=BC=x$，$AD=1+x$，

$CD=AC=AB=1$，

$\therefore \dfrac{1+x}{1}=\dfrac{1}{x}$，

$\therefore x+x^2=1$，

$\therefore x^2+x-1=0$，

$\therefore x=\dfrac{-1\pm\sqrt{5}}{2}$.

$\because x>0$，

$\therefore x=\dfrac{\sqrt{5}-1}{2}$，

即 $\dfrac{BC}{AB}=\dfrac{\sqrt{5}-1}{2}$.

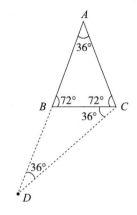

问题2：反之，如果已知等腰三角形的底与腰之比为黄金比 $\dfrac{\sqrt{5}-1}{2}$，你能够证明顶角为 $36°$ 吗？

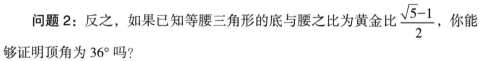

设计意图：从理论推导的角度让学生能够证明出该结论，体会数学严谨的推理过程.

【预案】

已知：$AB = AC$，$\dfrac{BC}{AB} = \dfrac{\sqrt{5}-1}{2}$.

求证：$\angle A = 36°$.

证明：$\because \dfrac{BC}{AB} = \dfrac{\sqrt{5}-1}{2}$，$AB = AC$，

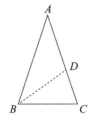

$\therefore 0 < \dfrac{BC}{AC} = \dfrac{\sqrt{5}-1}{2} < 1$，

$\therefore BC < AC$，

$\therefore \angle A < \angle ABC$.

如图，作 $\angle CBD = \angle A$，

$\therefore \triangle ABC \backsim \triangle BDC$，

$\therefore \dfrac{AB}{AC} = 1 = \dfrac{BD}{BC}$，

$\therefore BD = BC$.

$\because \dfrac{BC}{AB} = \dfrac{\sqrt{5}-1}{2}$，

$\therefore$ 不妨设 $BC = \dfrac{\sqrt{5}-1}{2}$，$AB = AC = 1$.

$\because \triangle ABC \backsim \triangle BDC$

$\therefore \dfrac{BC}{AB} = \dfrac{CD}{BD} = \dfrac{\sqrt{5}-1}{2}$，

$\therefore CD = \dfrac{\sqrt{5}-1}{2} \cdot BD$

$\qquad = \dfrac{\sqrt{5}-1}{2} \cdot \dfrac{\sqrt{5}-1}{2}$

$\qquad = \dfrac{(\sqrt{5}-1)^2}{4}$

$\qquad = \dfrac{3-\sqrt{5}}{2}$.

$\therefore AD = AC - CD$

$$= 1 - \frac{3 - \sqrt{5}}{2}$$

$$= \frac{\sqrt{5} - 1}{2},$$

$\therefore BD = AD,$

$\therefore \angle A = \angle ABD = \alpha,$

$\therefore \angle BDC = 2\alpha.$

$\because BC = BD,$

$\therefore \angle C = 2\alpha.$

$\because AB = AC,$

$\therefore \angle ABC = \angle C = 2\alpha$

在 $\triangle ABC$ 中

$\angle A + \angle ABC + \angle C = 5\alpha = 180°,$

$\therefore \angle A = \alpha = 36°.$

教师小结：我们以顶角为 $36°$ 的黄金三角形为例，从两方面认识了它的特殊之处和美妙之处．同学们可以利用课下时间类比研究顶角为 $108°$ 的黄金三角形．

画图美

活动 1：用量角器画黄金三角形．

设计意图：让学生动手操作，用量角器画出一个黄金三角形，呼应"认识美"环节中活动 2 的问题 1．

活动 2：用尺规作图作出黄金三角形．

设计意图：让学生动手操作，尺规作图画出一个黄金三角形，呼应"认识美"环节中活动 2 的问题 2．

【预案 1】作线段的垂直平分线得线段 2 倍，再作垂直，构造两条直角边分别为 1 和 2 的直角三角形，根据勾股定理得斜边 $\sqrt{5}$．

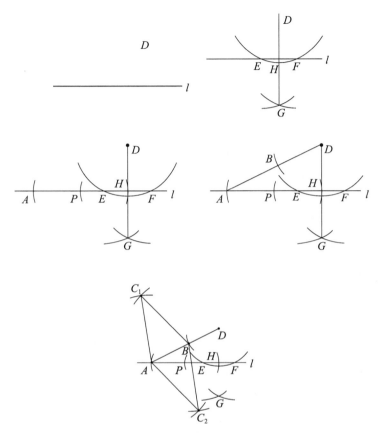

作法：

1. 在直线 l 上方取一点 D；

2. 记点 D 到直线 l 的距离为 h，以点 D 为圆心，大于 H 的长为半径作圆，交直线 l 于点 E，F；再分别以点 E，F 为圆心，大于 $\frac{1}{2}EF$ 的长为半径作圆，两弧交于点 G，连 DG 交直线 l 于点 H；

3. 以点 H 为圆心，以 HD 为半径作圆，交直线 l 于点 P，以点 P 为圆心，以 HD 为半径作圆，交直线 l 于点 A；

4. 连接 AD，以点 D 为圆心，以 HD 为半径作圆，交线段 AD 于点 B；

5. 分别以点 A，B 为圆心，AH 为半径作圆，两圆分别交于点 C_1，C_2，$\triangle ABC_1$ 和 $\triangle ABC_2$ 即为所求.

论证：

已知：$DE=DF$，$EG=FG$，$HD=HP=PA=DB$，$AC=BC=AH$.

求证：$\triangle ABC$ 是黄金三角形.

证明：$\because DE=DF$，$GE=GF$，

$\therefore DG$ 是 EF 的垂直平分线.

$\because DH \perp l$，

设 $AH=k$，则 $DH=DB=\dfrac{k}{2}$，$AD=\dfrac{\sqrt{5}}{2}k$，

$\therefore AB=\dfrac{\sqrt{5}-1}{2}k$，$AC:BC:AB=1:1:\dfrac{\sqrt{5}-1}{2}$.

$\therefore \triangle ABC$ 是黄金三角形.

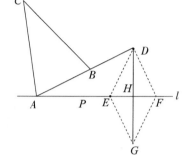

【预案 2】最基本的想法和预案 1 一样.

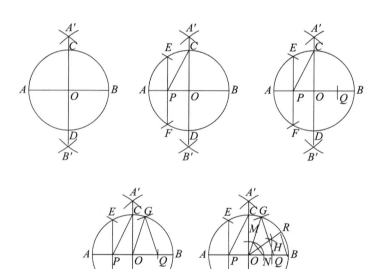

作法：

1.已知线段 AB，分别以点 A，B 为圆心，以 $\dfrac{k}{2}AB$ 长为半径作圆，两圆交于点 A'，B'，连接 $A'B'$ 交 AB 于点 O，以点 O 为圆心，以线段 AB 的长为半径作圆，交直线 $A'B'$ 于点 C，D；

2. 以点 A 为圆心，以 AO 的长为半径作圆，交圆 O 于点 E，F，连接 EF 交 AO 于点 P，连接 PC；

3. 以点 P 为圆心，以 PC 的长为半径作圆，交 AB 于点 Q；

4. 以点 Q 为圆心，以 OC 的长为半径作圆，交弧 BC 于点 G，连接 OG，QG，$\triangle GOQ$ 即为所求；

5. 以点 O 为圆心，以小于 OG 的长为半径作圆，分别交 OG，OB 于点 M，N，连接 MN，分别以点 M，N 为圆心，大于 MN 的长为半径画弧，两弧交于点 H，作射线 OH 交弧 BG 于点 R，$\triangle BOR$ 即为所求.

论证：

已知：圆 O，直径 AB 和直径 CD，$AB \perp CD$，$AE = OA = AF$，$PC = PQ$，$QC = OC$，OR 平分 $\angle GOB$.

求证：$\triangle GOQ$ 和 $\triangle BOR$ 是黄金三角形.

证明：∵ 圆的半径都相等，

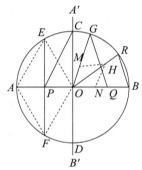

∴ $OE = OA = OF = AE = AF$.

∴ 四边形 $OEAF$ 是菱形，

∴ EF 垂直平分 OA.

∴ 点 P 是 OA 的中点.

设 $OA = r$，则 $OP = \dfrac{r}{2}$，$OC = r$，$PQ = PC = \dfrac{\sqrt{5}}{2}r$.

∴ $OQ = \dfrac{\sqrt{5}-1}{2}r$，$OG = QG = OC = r$.

∴ $\triangle GOQ$ 是黄金三角形，$\angle GOQ = 72°$.

∴ $\angle ROB = 36°$，

∴ $\triangle BOR$ 是黄金三角形.

活动 3：用折纸的方式折出一个黄金三角形.

　　设计意图： 学生通过动手和动脑，边画图边思考，发现问题并解决问题.

【预案】先按照黄金矩形的折纸方法折出一个黄金矩形，即宽 *AC* 与长 *AB* 之比是黄金分割比，然后按照下图的方式折叠得到黄金三角形 *BDE*.

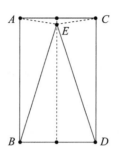

拼接美

活动 1：将黄金三角形进行拼接，发现拼接美.

问题 1：如何研究黄金三角形？从哪些角度研究？

> **设计意图：**引导学生从前面的理论研究发现，两类黄金三角形你中有我，我中有你，密不可分. 我们要研究黄金三角形，首先要从边和角的角度考虑. 从边的角度，目前可以得到的特征是较短边与较长边之比是黄金分割比；从角的角度，除了可以分别求出两类黄金三角形的三个内角的具体度数外，我们还发现 72° 和 108° 可以组成平角，引导学生将两类黄金三角形拼接在一起.

问题 2：在拼接时 72° 和 108° 可以组成平角，如果两个黄金三角形的一条边相等，你有什么发现？

> **设计意图：**引导学生发现拼接后仍是一个黄金三角形，继续拼接，又得到一个更大的黄金三角形. 可以依次无限次地拼接下去.

教师小结：通过此活动，不仅引导学生学会思考问题的方向，也引导学生用分类讨论的思想思考问题，并发现黄金三角形的拼接美.

【预案】

活动 2：将顶角为 36° 的黄金三角形进行分割，发现分割美.

问题 1：用一条线最多可以分割成几个黄金三角形？

问题 2：用两条线最多可以分割成几个黄金三角形？

问题 3：用三条线最多可以分割成几个黄金三角形？

设计意图： 引导学生将分割的方法进行分类讨论，得到不同的分割图形.

问题 4：无限次分割下去，会出现什么样的美丽图形？

设计意图： 引导学生按照固定的某种方法分割下去，可以画出黄金螺线.

黄金三角形 ABC，作 $\angle ABC$ 的平分线交 AC 于点 D，以点 D 为圆心，线段 AD 的长为半径，作弧 AB；重复此步骤，即可得到一条螺旋状的曲线，我们把这条曲线称为黄金螺线.

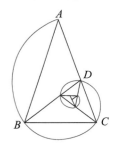

应用美

活动 1：发现五角星中蕴含的黄金三角形.

问题： 在我们庄严的五星红旗中，在闪亮的五角星中蕴含多少个黄金三角形？

设计意图： 引导学生发现五角星中所有的黄金三角形. 希望通过这个活动能培养同学们对数学的热爱，激发他们的民族自豪感和爱国热情.

教师小结：在我们庄严的国旗上，有金光闪闪的五角星. 在其他国家的旗帜上或一些建筑物上，也常常看到五角星. 五角星美观、庄重、和谐，是最受人们喜爱的几何图形之一. 究其原因，是因为它与黄金比例有着密切的关系，不但名称好听，而且展现的图形也给人以美的享受.

活动 2：寻找公园里的黄金三角形

设计意图： 组织学生到公园中去寻找黄金三角形，使学生感受几何图形与我们的生活息息相关，感悟数学在生活中的应用，逐步学会用数学的眼光看世界.

活动 3：寻找花瓣里的黄金三角形

设计意图： 我们在欣赏大自然美丽景色的时候，往往会被花朵美丽的颜色和形状吸引住. 桃、李、杏、苹果、梨等都是有五个花瓣的花，引导学生发现这些花瓣中蕴含的黄金三角形，从不同的角度进一步认识大自然中这些花，逐步学会用数学的眼光看世界.

活动效果

　　通过本次综合实践活动课，学生了解了黄金三角形的分类，充分认识了它的美．用三种方式得到黄金三角形，趣味性强，可操作性强，没有很复杂的计算问题，学生能很快参与其中，并获得成功的体验，体验其中动手操作的画图美．探究黄金三角形的不同拼接与分割方法，并分小组讨论绘制黄金三角形中隐藏的黄金螺线，发现了拼接美．通过组织学生到公园中去寻找黄金三角形，学生感受到几何图形与我们的生活息息相关，感悟数学在生活中的应用美，逐步学会了用数学的眼光看世界．

　　在学习过程中，学生的自主探究是建立在教师的有效指导和引导上的，真正做到了在课堂中以学生为主，教师为辅．本次活动的学习内容趣味性强，同时也需要学生有较强的分析问题、探索问题的能力．在活动过程中反复用到分类讨论思想、类比思想等数学思想，提升了学生的数学思维能力．

（本活动由张伟设计）

折剪正五角星

📝 **设计理念**

著名的荷兰数学家和数学教育家弗赖登塔尔把"数学化"作为数学教学的基本原则之一，在他看来，数学化是指人们在观察现实世界时，运用数学方法研究各种具体现象，并加以整理和组织的过程，简单地说即是数学的组织现实世界的过程。"纸上得来终觉浅，绝知此事要躬行"，"数学化"的方式使学生充分经历从生活世界到符号化、形式化的完整过程，积累"做数学"的丰富体验，收获知识、问题解决策略、数学价值观等多元成果。而且，"数学化"可以让学生体会数学是整个人生发展的有用工具，学会用数学思维方式看问题，培养学生将现实世界转化为数学模式的习惯，努力揭示事物的本质。本节课让学生经历折剪正五角星的过程，体会从实物的"形"到数学的"图形"转化的过程，将实际问题"数学化"，用数学的思维方式解决实际问题。

本节课的设计理念还基于"项目学习"的理论。项目学习是一种系统的学习组织形式，学生通过事先精心设计的项目和一连串的任务，在复杂、真实和充满问题的学习情境中持续探索和学习。本节课设计了一个任务推进：如何用正方形纸折叠并一刀剪出一个正五角星。在任务的进行过程中，学生先初步体会从实物的"形"到数学的"图形"，再思考如何从数学的角度真正地折叠出一个正五角星。

📑 **活动目标**

1. 让学生经历折纸过程，加深对黄金三角形、勾股定理等知识的认识。

2. 让学生经历解决实际问题的过程，提升解决问题的能力。

3.让学生积累活动经验，提高学习兴趣，体会数学的应用价值.

活动准备

正方形折纸和一把剪刀.

活动设计

用正方形纸折叠并一刀剪出一个正五角星.

要想用正方形折叠并一刀剪出一个正五角星，如下图，要将平角五等分，即找到一个 36° 的角.

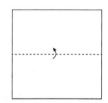

而 36° 的角在黄金三角形里出现过．如图，三角形 ABC，腰和底的比值是黄金分割率.

可以证明该等腰三角形的底角是 36°．从顶点向底边作垂线，可以将 36° 的角放在一个斜边是 $\sqrt{5}-1$，邻边是 1 的直角三角形里.

有了 36° 角的折叠方法，将正方形纸对折再对折，折叠出一个原正方形的 1/4 的正方形，在这个正方形的一角，折出一个 36° 角，即可以折叠并一刀剪出一个正五角星.

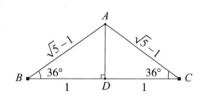

活动引入

教师活动：上节课我们根据网络上流行的折法步骤折叠并一刀剪出了一个五角星，但此五角星是不是一个正五角星？如何证明？

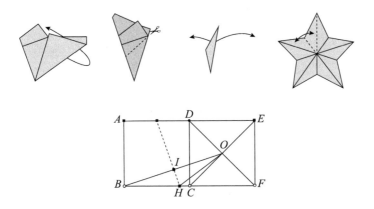

学生活动：学生从两个方面复习.

1.将实际问题转化成一个数学问题；

2.利用勾股定理和黄金三角形中 36° 的知识证明.

设计意图： 对实际生活中的问题要用批判质疑的眼光去看待，用科学的知识去验证和证明，并能提出新的问题. 复习上一节课的内容，为后续新问题的提出和解决做铺垫.

提出问题，探究新知 //

问题 1： 上节课用正方形纸折叠并一刀剪出的五角星并不是一个正五角星. 那如何用正方形纸折叠并一刀剪出一个正五角星？

教师引导学生分析解决实际问题的策略.

预案：

要想用正方形折叠并一刀剪出一个正五角星，需要解决两个问题. 第一个问题，要将平角五等分，即找到一个 36° 的角.

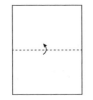

如何下刀才能剪出一个正五角星？计算正五角星发现，$\angle OAP = 18°$，$18°$是 $36°$ 的一半，所以只要折叠出 $36°$，两个疑惑均可以解决.

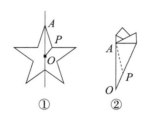

①　　　　②

通过师生分析可以将问题 1 转化为问题 2.

问题 2：如何用正方形的纸折叠出 $36°$？

预案：

对于此实际问题可以从两个角度去思考.

角度 1：从数学的角度，能否在一个正方形内用数学的方法画出一个 $36°$？然后再用纸折叠出来. 解决办法至少有两个.

法 1：设正方形的边长为 2，E，F 为中点，将 $\angle ADE$ 对折，虚线为折痕，可证 M 为上面一条边的黄金分割点，$AM = \sqrt{5} - 1$，将 M 对折到 EF 上，折痕通过 A 点. 则 $\angle NAF = 36°$.

法 2：设正方形的边长为 2，E，F 为中点，将 $\angle DEC$ 对折，虚线为折痕，点 C 折到点 H，则 $EH = 1$，$DH = \sqrt{5} - 1$，将 H 点对折到 EF 上，折痕通过点 D，则 $DG = \sqrt{5} - 1$，则 $\angle GDF = 36°$.

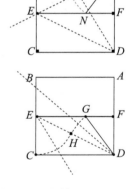

角度 2：从实际动手操作的角度，直接利用折纸，边折纸边计算边证明. 将实际问题的图形转化到正方形的纸上，利用马克笔画出折痕. 对应数学的方法，折纸也有至少两种解决方案.

法 1：将正方形 $ABCD$ 对折，找到两边的中点 E，F，折叠 DE，折痕为 DE. 将 $\angle ADE$ 对折，DM 为折痕，折痕和边 AB 的交点为 M，可证 M 为上面一条边的黄金分割点，将 M 对折到 EF 上，折痕通过 A 点，则 $\angle NAF$ 是折叠出的 $36°$ 角.

法2：将正方形 $ABCD$ 对折，找到两边的中点 E，F，将 $\angle DEC$ 对折，虚线为折痕，点 C 折到点 H，再将 H 点对折到 EF 上，折痕通过点 D，点 H 折到点 G，则 $\angle GDF$ 是折叠出的 36° 角.

问题 3：利用正方形纸折叠一个 36° 角，就能剪出一个正五角星了吗？

预案：

此问题要解决的是如何下刀剪出一个正五角星.

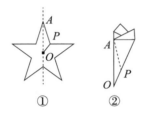

①   ②

要想折叠着剪出一个 18° 角，可以将 36° 的角对折，找到一个 18°，以这个 18° 为"标尺"，量出要下刀剪的 18°.

学生提出猜想，阐述理由：学生提到如何下刀的问题，经过分析知道，刀痕是图中的 AP，将折叠的三角形打开，$\angle OAP$ 是正五角星的一个角的一半，所以 $\angle OAP = 18°$.

经分析计算，发现必须要在正方形中找到一个 36° 的角. 通过学生自主分析和探究的过程，发现要想解决此问题，可以将这个问题转化为：如何在一个正方形纸上折叠出一个 36°. 学生之间讨论，探究解决的办法. 有的同学在给出的正方形内去寻找，有的学生直接利用正方形纸去折叠. 学生上台演示、讲解折叠方法，其他同学提问质疑，共同提高.

设计意图：本问题的提出来源于上节课的实际问题，网络上流行的折剪五角星的视频，折剪出五角星. 前面证明了此流行方法并不能折剪一个正五角星，很自然引出今天的问题. 对疑难问题的解决策略，可以通过转化的思维，将实际问题中的"疑惑"转化为"如何解决"，就能解决这个问题，进而提出新的问题. 问题 2 是本活动的难点部分. 前一节课学生利用黄金三角形的知识，证明了折剪的不是正五角星. 要想得到 36°，可以借助黄金三角形. 在教师的引导下, 学生分析这个实际问题在解决过程中会出现的困惑, 将困惑归结为用所学过的数学知识去解决. 本设计还想培养学生解决实际问题的能力. 要想解决实际问题, 可以先将实际问题转化为数学问题, 从数学的角度去思考, 再将数学的结果转化为实际的操作过程, 或者可以直接操作, 并在操作的过程中边计算、边验证, 最后再将实际问题转化为数学问题严格证明. 本问题的设计, 不仅让学生从数学的角度利用"尺规作图"的方法严格证明, 而且还要将所得的数学结论回到实际问题本身, 让学生动手剪出一个成品, 完成此实际问题.

归纳总结

本节课要求学生利用正方形纸折叠并一刀剪出一个正五角星. 在解决实际问题的过程中, 有什么收获?

设计意图: 学生从知识、数学思想和方法、数学活动经验各方面进行总结, 提高数学素养, 积累数学活动经验. 用数学的眼光看问题, 用数学的思维解决问题.

拓展提高

你能否在正方形中折叠出面积最大的正五角星?

学生思考, 转化问题: 要想得到面积最大的正五角星, 需要将五角星的一个顶角放在正方形的一个角上.

设计意图: 激发学生探究热情, 进一步锻炼学生转化和解决实际问题的能力.

活动效果

　　本活动可以从不同的角度对已学的许多数学知识进行复习与整合，提升学生的素养．大量事实证明，与生活越贴近的东西越容易引起学习者的浓厚兴趣，激发学习者的学习积极性，从而可以让学习者主动学习．

　　本活动解决了学生空间想象能力不足及动手操作机会少的问题，还能启迪思维．

　　通过折纸活动，学生经历操作、观察、归纳、概括和交流等活动，发展了空间想象能力；搭建起了从折纸操作到数学思维、从直观思维到抽象思维的桥梁；体会并感受几何结论形成的过程，丰富了数学活动经验．

　　本活动将实际问题数学化，再将数学证明的过程还原到实际问题上，让数学问题生活化，让学生充分体会到化归和转化的数学思想．

（本活动由邵珍红设计）

Euclidea 游戏中的几何构建

设计理念

本堂课给学生提供了一种体验、合作、探究类的学习活动，提升了他们的创新精神和实践能力．本课堂通过游戏参与，充分调动学生的学习热情，不同层次的学生会有不同层次的解决方案，在活动中鼓励学生通过探索、分析与操作，修改完善方案，并进行简单论证，培养学生的创新思维意识，提升学生的创新思维能力．

活动目标

1. 让学生在游戏的过程中，综合复习与巩固初中平面几何的相关知识，提升运用几何知识解决问题的能力．

2. 借助游戏中设置的目标，培养学生的创新思维意识，提升学生的创新思维能力．

3. 激发学生的好奇心和求知欲，激发学生学习与研究数学的兴趣，通过师生间、生生间互相启发，不仅提高解决问题的效率，也培养学生的协作观念与团队意识，让不同层次的学生都能有所收获．

活动准备

iPad，多媒体演示，圆规，三角板．

注：若是小组协作，需要先分组．

📖 活动设计

第一阶段

1. 学生代表对游戏做简要介绍.

「Euclidea：Geometric Constructions Game」是一款教育类游戏，需要有初中平面几何数学知识作为基础，才能够享受其中的乐趣. 在每一关的开始，游戏会给出这关最终需要的图形和完成操作所需的最少步数，完成作图，即可通关. 根据完成的步数，系统会给出获得的等级，分别是 1 颗星、2 颗星、3 颗星，只有达到通关给出的步数才能获得 3 颗星. 然后你就需要利用圆、直线来绘制需要的图形. 类似于尺规作图，但又有区别. 比如：尺规作图，可以以某个点为圆心，某条线段长为半径画圆（黑板演示），一步完成；而在这个游戏中，只能以某个点为圆心，这个点与另一点的距离为半径画圆（iPad 演示）.

设计意图： 通过介绍，学生可以迅速对游戏内容、游戏方法有一个大致了解，既提高了学习效率，又激发了学生的求知欲和挑战欲.

2. 学生熟悉游戏中的各种基本操作.

学生活动：学生完成前几关的通关任务.

第 1 关：以一条射线为一边，作一个 60° 的角，目标步数：3 步.

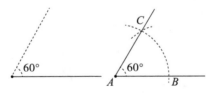

第 2 关：求作已知线段的垂直平分线，目标步数：3 步.

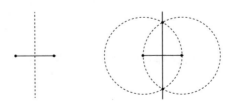

教师活动：教师对操作步骤和过程做简单讲解，学生跟随讲解进行相应的操作．

设计意图：通过前面较为简单的几关的操作，学生可以熟悉操作方法，熟练操作过程，增强自己完成挑战的信心，激发学生向着更高的目标前进．

第二阶段

学生活动：利用游戏操作规则，完成几个熟悉的尺规作图问题，如：第4关、第12关、第13关、第20关．

教师活动：你找到了完成图形的方法吗？是几步完成的？如果多于目标要求的步数，请继续思考新的作法．

设计意图：学生完成通关，可能步数不一样，不同层次的学生各有收获；通过对比，让学生站在新的角度，重新思考曾经的问题，体会与以往做法的联系与区别，让学生意识到，只有充分运用所学的平面几何图形的性质，创新地思考，才能得到解决问题的最佳策略，进一步激发学生的探究欲．

第4关：已知两点 A 和 B，仅使用作圆的方法，在 AB 的延长线上求作点 C，使得 $BC = AB$，目标步数：3步．

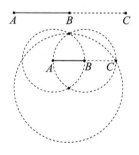

第12关：过直线外一点 A 作已知直线的垂线，目标步数：3步．

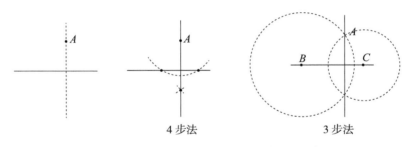

4 步法   3 步法

4 步法，是按照基本几何作图的作法，将问题转化为线段的垂直平分线的作法进行处理；而此游戏中的目标要求 3 步完成最佳，这就促使学生进行思考，充分调动初中所学的圆的知识，创新作法，从而实现本关的目标．

第 13 关：过直线上一点 A 作已知直线的垂线，目标步数：3 步．

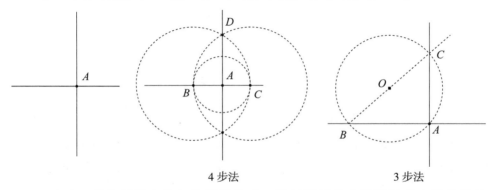

4 步法   3 步法

4 步法，是按照基本几何作图的作法，将问题转化为线段的垂直平分线的作法进行处理；而此游戏中的目标要求 3 步完成最佳，同样促使学生进行再思考，充分调动所学的圆的知识，利用直径所对的圆周角是直角，创新作法，从而实现目标．

第 20 关：过直线外一点 A 作已知直线的平行线，目标步数：4 步．

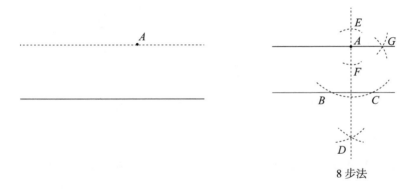

8 步法

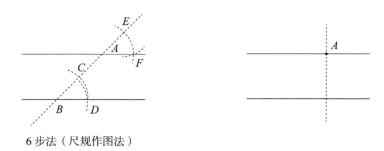

6 步法（尺规作图法）

6 步法：先过直线外一点作已知直线的垂线，再过这点作上述垂线的垂线，作法参见第 12 关和第 13 关.

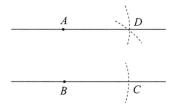

4 步法：充分运用菱形的性质.

通过这几关的完成，不同层次的学生有不同的作法，有不同的收获；同时又具有一定的挑战性，能充分调动学生的积极性，提升学生的思维能力.

第三阶段

挑战通关任务：第 22 关、第 37 关.

挑战关第 22 关：如图，已知平面上不共线的三点 A，B，C，求作过点 C 的直线，使得点 A，B 到这条直线的距离相等，目标步数：5 步.

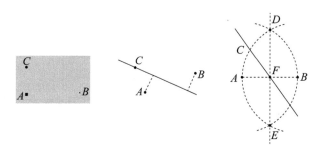

冲刺关第 37 关：求作过点 A 的直线，使得被角两边截出的线段被点 A 平

分，目标步数：5 步.

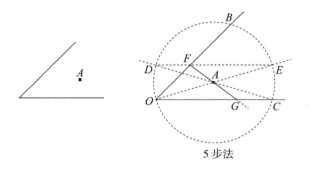

5 步法

⭐ 活动效果

　　学生通过完成本游戏中的通关，可以巩固初中平面几何的相关知识，提升运用几何知识解决问题的能力.

　　通过对比，学生站在更高的角度，重新思考曾经的问题，体会与以往作法的联系与区别，学生意识到，只有充分运用所学的平面几何图形的性质，创新地思考，才能得到解决问题的最佳策略，培养学生的创新思维意识，进一步激发探究欲、求知欲，激发学生学习与研究数学的兴趣；通过互相启发，提高解决问题的效率，培养协作观念与团队意识.

　　不同的学生能力不一样，可能完成的步数不一样，这样可以让不同层次的学生都有所收获.

（本活动由廖北怀设计）

高中部分

人所得税构成的各部分的含义.

> **设计意图：**制作课件并演示，展示学生的信息技术应用水平，提升交流与表达能力．弄清个税构成的各部分的含义，为用函数语言表述个税做好准备．

环节2：用函数的语言表述个税方案

教师要求学生分组完成用分段函数表示不同阶段的个人所得税计算方案．

例 自2019年1月1日起，我们依照新的《中华人民共和国个人所得税法》向国家缴纳个人所得税（简称个税），个税税额根据应纳税所得额、税率和速算扣除数确定，计算公式为：

个税税额 = 应纳税所得额 × 税率 − 速算扣除数．

应纳税所得额的计算公式为：

应纳税所得额 = 综合所得收入额 − 基本减除费用 − 专项扣除 − 专项附加 − 依法确定的其他扣除．

其中，"基本减除费用"（免征额）为每年60000元，税率与速算扣除数参见下表．

级数	全年应纳税所得额所在区间	税率（%）	速算扣除数
1	［0，36000］	3	0
2	（36000，144000］	10	2520
3	（144000，300000］	20	16920
4	（300000，420000］	25	31920
5	（420000，660000］	30	52920
6	（660000，960000］	35	85920
7	（960000，+∞）	45	181920

讨论并解决以下问题：

（1）综合所得的含义是什么？

（2）专项扣除、专项附加扣除都包括哪些内容？

（3）一般而言其他扣除包括哪些项目？

（4）若小 W 的专项扣除为其综合所得 x 的 20%，不存在专项附加扣除以及其他扣除，则他的个人应纳税所得额 t 为多少？

（5）若小 W 的专项扣除为其综合所得 x 的 20%，专项附加扣除为 24000 元，无其他扣除，则他的个人应纳税所得额 t 为多少？

（6）什么是速算扣除数？你知道速算扣除数是如何计算得来的吗？

（7）若小 W 全年应纳税所得额为 t 元，应缴纳个人所得税额为 y 元，求 $y=f(t)$.

（8）你能绘制上面函数的图象吗？从图象上你看到了函数的单调性吗？如何理解图象呈现的特征？

（9）若小 W 的专项扣除为其综合所得 x 的 20%，专项附加扣除为 24000 元，无其他扣除，他的应缴纳个人所得税额为 y 元，求 $y=f(x)$.

（10）若小 W 全年的综合所得为 312000 元，则他全年应缴纳多少的综合所得个税？

（11）若小 W 全年的综合所得为 312000 元，专项扣除为其综合所得 x 的 22%，专项附加扣除增加为 52800 元，依法确定的其他扣除为 4560 元，他的应缴纳个人所得税额为 y 元，求 $y=f(x)$.

> **设计意图：**通过上述问题的分析与讨论，学生能够使用分段函数表示个税税额与综合所得的函数关系，体会数学与现实生活的紧密联系，提升数学模型的核心素养；在应用函数模型分析解决问题的过程中，提升直观想象与数学运算的核心素养.

第三阶段　深入分析，小组交流

本阶段对调查得到的个人所得税情况进行分析，具体操作分为以下环节：

环节 1：解读月缴纳个税额的计算

我们现在执行月缴税制度，你知道个人税额是如何计算出来的吗？

背景资料：

级数	月应缴纳个税所得额范围收入	税率（％）
1	［1，5000］	0
2	（5000，8000］	3
3	（8000，17000］	10
4	（17000，30000］	20
5	（30000，40000］	25
6	（40000，60000］	30
7	（60000，85000］	35
8	（85000，+∞）	45

问题：

（1）你能解释上表与个人所得税税率表之间的关系吗？

（2）你能给出相应的速算扣除数吗？

（3）你调查的对象最近三个月的共缴纳个税额为多少？

（4）你能给他（她）解释一下月缴税额是怎样计算出来的吗？

设计意图：通过对系列问题的分析与讨论，深化对用分段函数模型解决实际问题的理解，提升逻辑推理、数学运算素养.

环节 2：深入分析现在执行的税收政策，解读退税政策

该环节围绕以下三个问题进行小组讨论，然后小组汇报讨论结果，教师组织学生共同进行整理.

1. 你是否了解这两年执行的年度个人所得税申报政策？

背景介绍：我们国家现行的个税制度是年度汇算清缴，年末进行多退少补. 2023 年（2024 年）对前一年度 2022 年（2023 年）综合所得的年收入核算之后，税务机关按照法定的程序核算，很多纳税人都收到了退回的个人所得税.

2. 你所调查的对象，在进行年度个税申报时，是补税还是退税？算一算你们小组调查对象的平均退税额以及平均补税额.

3. 你认为哪些原因会导致纳税人有退税额？举例说明.

多余的个人所得税可能是由于国家税收政策的调整，或者是某些原因导致的核算错误. 我们国家现在执行的是按年收、按月缴、次年清算汇缴，这就会出现预缴税款和应缴税款不一致的情况. 具体可能有以下一些情况：

上一年度年收入额不足 60000 元，但平时预缴过个人所得税的；

上一年度符合享受条件的专项附加扣除，预缴税款时没有申报扣除的；

没有任职受雇单位，仅取得劳务报酬、稿酬、特许权使用费所得，需要通过年度汇算办理各种税前扣除的；

纳税人取得的劳务报酬、稿酬、特许使用费用所得，年度中间适用的预扣率高于全年综合所得年适用税率的；

有符合条件的公益慈善事业捐赠支出，预缴税款时未办理扣除的；等等.

此外，国家政策给予的一些税收优惠政策及个人所得税的减免项目也会导致个人所得税的退税.

设计意图： 通过了解年度个人所得税的申报政策，体会国家给予纳税人的优惠税收政策，提炼现象背后的数学本质，体会数学应用在实际生活中的作用.

环节 3：小组讨论，评价反馈

问题：

1. 在本次课题研究过程中，你都做了哪些工作？

2. 你最大的收获是什么？

3. 函数与生活紧密联系，你还有更多的体会吗？

小组围绕以上问题进行讨论，每组推举一名代表做总结发言.

设计意图： 通过本节的教学，学生学会及时反思也是学习中重要的一环，能够从中汲取经验，体会科学研究的过程与方法.

活动效果

　　本次活动课把枯燥的个人所得税计算过程设计为完整的课题研究过程，学生体会到函数与生活紧密联结，也激发学生主动去用数学、爱数学.

　　国家税收政策的制定与调整，受诸多因素的影响，我们很难一一弄清，然而本次活动从与我们每个纳税人的生活息息相关的个税入手，为解读税收政策做出了正面的示范. 学生在查阅资料、了解政策相关名词的过程中，提高信息提取能力与阅读理解能力.

　　一般地，财务人员都是按照税务部门提供的计算软件，输入相关数据，然后纳税人应缴纳的税额就一目了然，但是很少有人真正去弄明白其计算的方法，设计这个程序的数学原理就是分段函数及其函数值的计算. 通过这次活动课，学生深切感受到生活中处处有数学.

　　数学作为一门科学广泛应用于生产、生活等方面，其中数学模型方法是搭建数学与外部世界的桥梁，是数学应用的重要形式. 通过本次研究过程，培养学生有意识地用数学语言表达世界，发现和提出问题，积累数学实践经验，增强创新意识和科学精神，全面提升数学核心素养.

（本活动由刘兴华设计）

寻找实际问题的拟合函数

——基本初等函数单调性的应用

📝 设计理念

《普通高中数学课程标准》（2017年版2020年修订）中指出，数学是自然科学的重要基础，并且在社会科学中发挥越来越大的作用，数学的应用已渗透到现代社会及人们日常生活的各个方面．而函数的应用不仅体现在用函数解决数学问题，更重要的是用函数解决实际问题．数学建模是对现实问题进行数学抽象，用数学语言表达问题、用数学方法构建模型解决问题的素养，本单元是培养学生数学建模素养的很好的载体．

《认识论》里提道：实践、认识、再实践、再认识，这种形式，循环往复以至无穷，这是人类一般认识的过程．这样的认知过程恰好符合学生在数学必修第一册中对函数的认知过程：从实际例子出发，认识函数的概念及具体的幂函数，进行简单的函数的应用（实践），然后认识具体的指数函数和对数函数及其性质，再进一步讨论函数的应用．本单元是在学生学习了已知函数模型的应用的基础上，能够根据各类函数的性质，自主探索选择函数模型，再进一步应用，求解实际问题．

活动目标

1. 能将实际问题转化为函数问题，能根据实际数据以及对幂函数、指数函数、对数函数增长速度的变化差异的理解，选择合适的函数模型解决实际问题，并能借助 GGB 软件，评价不同函数模型拟合实际问题效果的好坏．

2. 体会建立数学模型解决实际问题的一般过程，体会函数在解决实际问题中的作用，提高运用数学知识解决实际问题的能力，提高数学建模素养.

3. 加深学生对数学应用问题的理解，培养学生严谨的学习态度，提高学习兴趣.

活动准备

知识准备：函数的性质；基本初等函数的性质；数学建模的方法.

技术准备：GGB 数学软件.

活动设计

环节一：知识内容的学习

系统学习函数的性质，包括基本初等函数（幂函数、指数函数和对数函数）的性质，掌握不同类型函数的增长特征，为后续活动做准备.

环节二：技术支持的准备

初步学习 GGB 数学软件的使用方法，先在机房向学生讲解 GGB 软件最基本的使用方法，再给学生自己上机操作的时间，让学生能够熟练地应用软件进行函数拟合操作.

环节三：函数应用的实践

教师提出如下问题，让学生思考回答：

北京时间 2021 年 10 月 16 日 0 时 23 分，搭载神舟十三号载人飞船的长征二号 F 遥十三运载火箭，在酒泉卫星发射中心精准发射，约 582 秒后，飞船与火箭成功分离，进入预定轨道，发射取得圆满成功，这是我国载人航天工程立项实施以来的第 21 次飞行任务，也是空间站阶段的第二次载人飞行任务. 航天工程对人们的生活产生方方面面的影响，有关部门对某航模专卖店的商品销售情况进行调查发现：该商品在过去一个月内（以 30 天计）的日销售价格 $p(x)$（元）与时间 x（天）的函数关系近似满足 $p(x)=2+\dfrac{k}{x-1}$（常数 $k>0$），该商品的日销售量 $Q(x)$（个）与时间 x（天）部分数据如下表所示：

x（天）	5	10	17	26
$Q(x)$（个）	396	500	595	702

（1）若第 10 天该商品的日销售收入为 3500 元，求第 26 天该商品的日销售收入为多少元.

（2）在（1）的条件下，估计第 20 天该商品的日销售收入为多少元.

（3）根据（2）中选择的模型，利用信息技术，估计过去一个月内的总销售量.

设计意图： 通过以上三个问题，让学生经历应用"已知函数模型、未知函数模型、应用函数模型"，分别解决实际问题的过程. 在此过程中提高学生对函数性质的认识、对函数拟合效果的分析、对拟合函数作用的认可，提升学生数学建模、逻辑推理、数据分析的素养，提高分析问题、解决实际问题的能力.

在问题的分析解决过程中，学生经历四个阶段：

第一阶段：明确研究流程

师生活动：师生共同讨论交流，一致得到已知函数模型的实际问题的解决过程如下：

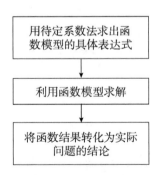

第一阶段的目标学生很容易达成，获得解决实际问题的方法.

设计意图： 让学生体会已知函数模型，以及解决实际问题的方法和过程.

第二阶段：学生动手操作获得拟合函数模型

x（天）	5	10	17	26
Q（x）(个)	396	500	595	702

师生活动：（1）教师引导学生思考：在仅仅知道商品的日销售量 $Q(x)$（个）与时间 x（天）部分数据（如上表所示）时，要估计第 20 天该商品的日销售收入为多少元，就需要学生根据表格中的四组数据，找到与四组数据都基本相符的函数模型，再来估计第 20 天的日销售收入.

（2）学生的活动方案主要有以下几种：

方案一：将复杂的问题理想化

x（天）	5	10	17	26
Q（x）(个)	400	500	600	700

得到拟合函数 $Q(x) = 200 + 100\sqrt{x-1}$.

方案二：实际问题实际分析，建立适当的函数模型

为了选择合适的函数模型，学生先利用 GGB 软件画出散点图.

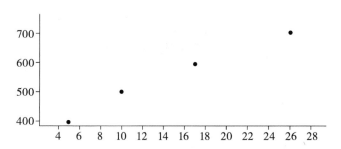

针对方案二，学生需要进一步思考：

（3）通过观察发现，这个函数应该是一个增函数，且增长速度在逐渐放缓. 因此可能是对数函数模型或者幂函数模型.

（4）由于具体的计算过程比较复杂，所以教师引导学生借助 GGB 软件，

分别观察线性函数、指数函数、对数函数、幂函数模型的拟合情况.

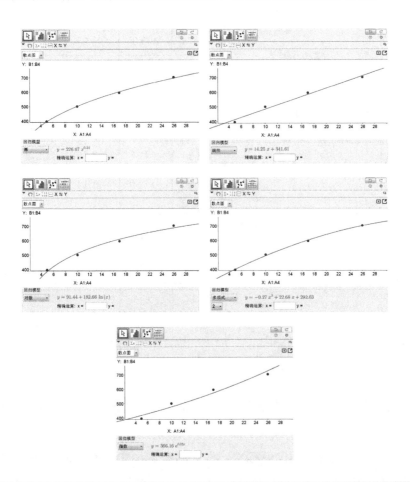

设计意图：学生能够根据表格中的数据信息，结合对已知函数的了解，通过观察散点图的趋势，确定拟合函数的类型，提升学生数学建模素养.

第三阶段：讨论并制定函数拟合效果的评价标准

师生活动：（1）学生从图象可以直观发现拟合效果有差异，此时教师提出问题，为了从几个不同函数类型中选择一个合适的，需要学生给出评价函数模型拟合效果好坏的标准，并能够借助 GGB 软件，在此标准下客观地评价函数模型拟合实际问题效果，从而让学生找到拟合效果比较好的函数模型.

拟合值与误差（误差的绝对值的和） 拟合函数	x（天）	5	10	17	26	
幂函数	$y = 226.67x^{0.43}$	391.78	495.9	593.95	686.56	
		−4.22	−4.1	−1.05	−15.44	25.12
对数函数	$y = 91.44 + 182.66\ln x$	385.42	512.03	608.95	686.56	
		−10.58	12.03	13.95	−15.44	52
一次函数	$y = 14.25x + 1341.61$	412.86	484.11	583.86	712.11	
		16.86	−15.89	−11.14	10.11	54
二次函数	$y = 0.27x^2 + 22.68x + 292.63$	399.28	492.43	600.16	699.79	
		3.28	−7.57	5.16	−2.21	18.22
指数函数	$y = 366.16e^{0.03x}$	425.42	494.26	609.76	789.77	
		29.42	−5.74	14.76	96.77	146.68
幂函数	$y = 200 + 100\sqrt{x-1}$	400	500	600	700	
		4	0	5	−2	11

上表是学生以"误差的绝对值的和越小，拟合效果越好"为评价标准，得到的结果.

（2）根据学生讨论制定的标准，发现函数 $y = 200 + 100\sqrt{x-1}$ 的拟合效果是最好的，这说明人脑比计算机更强大！

设计意图：引导学生了解，为了从几个不同函数类型中选择一个合适的，需要给出评价函数模型拟合效果好坏的标准，并能够借助 GGB 软件，在此标准下客观地评价函数模型拟合实际问题效果的好坏，从而找到拟合效果比较好的函数模型.

第四阶段：应用拟合的函数模型解决问题

师生活动：学生应用自己拟合出的函数模型，利用信息技术，解决问题（3），说明数学是有用的.

设计意图：使学生了解我们拟合出的函数模型是有用的，可以解决更多的实际问题.

活动效果

　　学生通过本活动，既可以加深对函数的性质和基本初等函数及其性质的理解与认识，又可以初步体会应用函数的性质解决实际问题的过程. 学生认识到在数学中用函数模型表示并解决实际问题的基础是能够正确理解问题的情境，关键是找出问题中相关变量之间的关系，并以数学形式表示这种关系. 具体可以从多角度进行思考，借助图象、表格、代数式等进行分析，寻找变量之间的关系. 当数据量比较大、计算复杂时，可以借助数学计算软件辅助解决问题.

　　同时，学生给出了函数拟合效果的评价标准，并根据实际问题的条件，应用 GGB 软件，找到拟合效果比较好的函数模型，能应用函数模型进行进一步的预估判断，提升数学建模、数据分析的能力，提高分析和解决实际问题的能力. 在此过程中，学生对 GGB 软件也有了更多的了解，体会到计算机程序语言的强大.

（本活动由李健设计）

实际应用型——船舶停靠问题

设计理念

综合实践活动课程超越学科界限，强调以学生的经验、社会实际、社会需要和问题为核心，以主题的形式对课程资源进行整合，有效地培养和发展学生解决问题的能力、探究精神和综合实践能力.

活动目标

1. 了解项目学习的内容，形成解决船舶停靠问题的初步设计方案，能根据初步设计方案进行相关资料的搜集.

2. 通过活动学生学会收集数据、拟合数据，初步掌握用所拟合的函数模型解决实际问题，培养学生应用已学知识处理实际问题的能力，体会建模思想的重要作用.

3. 通过实际问题的解决发展和提升学生的数学抽象、数学运算和数学建模等核心素养；增强学生的信息处理能力，语言表达能力；通过小组协作，提升团队意识与合作能力.

活动准备

分组，网络机房，图形计算器（可用 Excel 功能替代）.

活动设计

1. 创设情境，引出问题

任务 1：回顾用三角函数模型刻画实际问题的基本步骤；

任务2：讨论现实生活中的周期现象与三角函数的联系与区别.

师生活动：

任务1：引导学生回顾用三角函数模型刻画实际问题的基本步骤.强化用三角函数刻画变量和规律的基本步骤：收集数据，作散点图，发现变化规律，选择函数模型，解释实际问题，调整函数模型.

任务2：引导学生积极讨论，明确现实生活中的大量运动变化现象，虽然具有周期变化的特点，但严格说来，并不符合周期函数的模型，仅在一定范围内呈现出近似周期变化的特点，我们可以借助三角函数近似地描述.既然函数模型是近似地描述生活中的运动变化现象，无法精确刻画，这就需要我们在模型的实际应用中加以检验和调整.

> **设计意图**：理想化模型的问题相对简单，答案也是唯一确定的，现实生活中的问题更具复杂性，答案具有开放性，且问题的解决对学生更具挑战性，但解决问题的方法和基本步骤是一致的.通过创设情境，明确本次活动课的重点，即寻找近似的三角函数模型来刻画现实生活中的问题，并体会三角函数模型在现实生活中的应用.

2.分析问题，明确任务

任务1：讨论哪些因素会影响轮船在码头停靠的时间.

师生活动：通过讨论和查阅资料明确，在通常情况下，船在涨潮时驶进航道，靠近码头；卸货后，在落潮时返回海洋.轮船在码头停靠的时间与海水的深度有关，也与轮船自身的形状、重量、载货量等有关.

任务2：查阅潮汐的相关知识.

师生活动：部分学生查阅相关资料，了解潮汐产生的原因，了解潮汐对日常生活的影响，以及潮汐的开发利用，资料汇总整理后，课上汇报.

相关背景知识：潮汐是在月球和太阳引力作用下形成的海水周期性涨落现象.在白天的称潮，夜间的称汐，总称"潮汐".一般每日涨落两次，也有涨落一次的.潮汐现象是月球起主导作用，月球对地球海水有吸引力，地球表面各点离月球的远近不同，正对月球的地方受引力大，海水向外膨胀；而背对月球的地方海水受引力小，离心力变大，海水在离心力作用下，向背对月球的地方膨胀，也会出现涨潮．

任务3：查阅相关专业术语，了解相关的物理学背景知识．

师生活动：部分学生查阅相关资料，了解吃水深度、安全间隙等术语，同时了解相关的物理学背景，整理后，课上汇报．

相关背景知识：吃水深度是指船舶浸在水里的深度，该深度根据船舶设计的不同而不同．吃水深度不仅取决于船舶和船载物品，还取决于船舶所在处水的密度．通过读取标在船艏和船艉的水尺，可以确定船舶的吃水深度．

大型船舶和内河船舶吃水深度常受航道及港口水深的限制．如苏伊士运河航道水深限制通航船舶最大吃水深度为 16.15 m；巴拿马运河船闸水深限制船舶最大吃水深度为 12.04 m．

确定船舶受限制的吃水深度时，应考虑船底与水底间留有一定间隙，以防搁浅及水底砂石触及船体．水底为泥沙质者间隙可小，石质者间隙需大些；该处风浪小间隙可小，风浪大则间隙需大些；船小间隙可小，船大间隙需大些．

相关物理知识：

浮在液面上的物体所受的浮力跟它所受的重力大小相等、方向相反；

浸在液体的物体所受的浮力，大小等于它排开液体受到的重力，公式：$F_浮 = G_排 = \rho_液 g V_排$，这就是著名的阿基米德原理；

根据阿基米德原理，由于海水的密度大于淡水的密度，船只驶入内陆港口时，吃水深度会增大．

设计意图：现实生活中的问题，具有影响因素多、背景知识复杂、专业术语多等特点，通过分析与查阅相关资料，可以拓宽知识面，加深对问题的理解和认识，从而更有利于问题的解决．

3. 具体问题，具体分析

任务1：查阅某港口的相关资料（港口水深数据等）；

任务2：查阅某条船的相关资料（吃水深度等）；

任务 3：提出问题（数据能否用函数刻画、相关要求如何用数学表达、该船的停泊时间等）；

任务 4：解决具体问题.

下表是某港口某天的时刻与水深关系的预报.

时刻	水深 /m	时刻	水深 /m	时刻	水深 /m
0:00	5.0	9:18	2.5	18:36	5.0
3:06	7.5	12:24	5.0	21:42	2.5
6:12	5.0	15:30	7.5	24:00	4.0

（1）选用一个函数来近似描述这一天该港口的水深与时间的关系，给出整点时水深的近似数值（精确到 0.001 m）.

（2）一条货船的吃水深度（船底与水面的距离）为 4 m，安全条例规定至少要有 1.5 m 的安全间隙（船底与洋底的距离），该船这一天何时能进入港口？在港口能待多久？

（3）某船的吃水深度为 4 m，安全间隙为 1.5 m，该船在 2:00 开始卸货，吃水深度以 0.3 m/h 的速度减少，如果这条船停止卸货后需 0.4 h 才能驶到深水域，那么该船在什么时间停止卸货，将船驶向较深的水域？

问题 1：仔细观察表格中的数据，能够得到什么信息？

问题 2：选择什么样的数学模型来刻画水深与时间的关系？

师生活动：

对于问题 1，引导学生发现水深的最大值为 7.5 m，最小值为 2.5 m，水的深度开始由 5.0 m 增加到 7.5 m，后逐渐减小到 2.5 m，又开始逐渐增加到 7.5 m，认识到水深变化并不是杂乱无章，而是呈现一种周期性的变化规律.

对于问题 2，学生根据前边学习的经验，会作出散点图，可以判断港口水深与时间的关系，可以用形如 $y = A\sin(\omega x + \varphi) + h$ 的函数来刻画.

任务 1：确定函数模型 $y = A\sin(\omega x + \varphi) + h$ 中的 A，ω，φ，h 的值.

任务 2：求得整点时刻水深的近似数值.

师生活动：

对于任务 1，可以由学生自主完成，得到函数近似模型为

$$y = 2.5\sin\frac{5\pi}{31}x + 5.$$

对于任务 2，实际问题的解决需要信息技术的辅助，引导学生用计算器算出整点时刻的水深，体会函数模型在解决实际问题中的应用．同时，引导学生讨论对得到的整点时刻水深的近似值有什么认识，让学生明确只是整点时刻水深的近似值，不一定是真实值，只是用一个近似的函数模型来刻画实际问题．让学生体会到用函数模型可以估计任意时刻的水深，这对于实际工作具有重要的指导意义．

设计意图：再次强调待定系数法在三角函数应用中的重要性．由于是实际问题，得到的函数近似模型与理想化的模型相比，更加复杂，计算也不方便．通过用计算器求解一些时刻的水深，加深对比较复杂的函数模型的认识，也体验函数模型的初步应用．

师生活动：

对于第（2）问，应该是真正涉及了函数的应用，如何将实际问题转化为数学问题，需要教师的引导．问题解决的关键是货船需要的安全水深（$4 + 1.5 = 5.5$ m），只有水的实际深度不小于安全水深时，货船才能驶入港口并停留．因此问题转化为不等式 $y \geqslant 5.5$，即三角不等式 $2.5\sin\dfrac{5\pi}{31}x + 5 \geqslant 5.5$．

对于一个三角不等式的解，虽然略有超纲，但是学生通过讨论，不难发现，结合三角方程 $2.5\sin\dfrac{5\pi}{31}x + 5 = 5.5$（可以转化为 $\sin\dfrac{5\pi}{31}x = 0.2$）和三角函数的图象，可以求得不等式的解集，从而使问题得到解决．

对于方程 $\sin\dfrac{5\pi}{31}x = 0.2$ 的解，引导学生用计算器或 Excel 表中的函数功能，求出 $\dfrac{5\pi}{31}x \approx 0.2014$，得 $x \approx 0.3975$，即得到三角方程的一个特殊解．

然后继续引导学生探究如何根据这个特殊解来得到问题的解，学生结合

函数图象，根据所学知识（函数图象、诱导公式、周期等），可以分别求得在一天内，哪些时刻港口水深恰为安全水深 5.5 m. 即

$$x_A \approx 0.3975, \quad x_B \approx 5.8024, \quad x_C \approx 12.7975, \quad x_D \approx 18.2025.$$

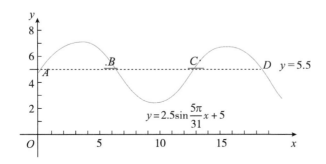

讨论：因为 $0.3975 \times 60 \approx 24$，是否说明货船在零时 24 分可以进港？

通过讨论，学生明确由模型解出的凌晨进港时间约为 0 时 24 分，如果考虑到安全因素，在稍后的 0 时 30 分进港是合适的. 通过讨论明确结论，实际问题中留一点"富裕"的时间是必须的. 从而得到问题的解：货船可以在 0 时 30 分左右进港，早晨 5 时 45 分左右出港；或在 13 时左右进港，18 时左右出港. 每次可以在港口停留 5 小时左右.

设计意图：让学生体会将实际问题转化为数学问题（不等式问题、方程问题），借助信息技术解决问题的过程，提升学生的问题转化、信息技术使用、估算等能力，使学生体会数学在实际生活中的应用，进一步提升数学建模素养.

4. 调整模型，对比提升

任务 1：小结第（2）问的解决过程，讨论函数模型与实际情形的差异.

师生活动：

第（2）问其实已经非常接近一个实际的问题，但还是比较理想化的，实际的问题远比这个问题复杂，货船的吃水深度能一直保持不变吗？引导学生讨论，根据物理学的知识，船只在装货和卸货的过程中，船的吃水深度会发生改变，从而将问题引入更为困难的第（3）问.

对于第（3）问，首先引导学生求出安全水深 y 与时间 x 的函数关系 $y=5.5-0.3(x-2)(x\geqslant2)$（还是一个比较理想化的数学模型），然后明确只要在同一时刻水的实际深度大于安全水深即可，从而引导学生结合函数图象解决问题。问题解决的关键是求解两个函数 $y=2.5\sin\dfrac{5\pi}{31}x+5$ 与 $y=5.5-0.3(x-2)(x\geqslant2)$ 的交点，结合函数图象，可以看到 $6\sim8$ 时之间函数图象有一个交点。

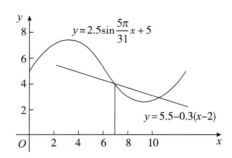

借助计算工具，用二分法可以求得交点的坐标约为（7.016，3.995）（此过程由学生用图形计算器或 Excel 完成），因此为了安全，货船最好在 6.6 时之前停止卸货，货船才有足够时间驶向较深的水域。

得到结论后，教师引导学生讨论两个问题：

①与第（1）问相比，结论有什么变化？通过讨论，学生明确，如果考虑吃水深度的改变，货船在海港停留的时间有改变（从原来的 5 时 45 分左右出港，可以推迟到大约 6 时 30 分左右出港），这个时间的变化在实际工作中具有重要的意义；

②设 $P(x_0,y_0)$ 是两个函数图象的交点，有人认为，在 x_0 时，货船的安全水深正好与港口水深相等，因此在这时停止卸货将船驶向较深水域就可以了，你认为对吗？通过讨论，学生明确，函数模型不能过于理想化，船从港口驶向深水域是需要时间的（0.4 h），如果 x_0 时才出发，则在驶向较深水域的过程中，货船的安全水深是不够的。

设计意图： 第（2）问、第（3）问，本质上是同一个问题，即货船在港口的停留时间，实际上可以看成同一个问题的两种数学建模过程。第一种模型相对理想化一些，货船的吃水速度保持不变，不考虑货船驶向深水区的时间；第二种模型则考虑了这两个条件，数学模型更为复杂，但实际的意义也更大，不仅在港口停留的时间可延长，而且也更符合实际的模型，更具有实际的指导意义.

5. 反馈小结，提升认识

引导学生小结相对复杂的数学建模问题，明确先建立相对理想化的数学模型，在问题得到解决后，逐步考虑各种影响条件，逐渐将数学模型复杂化，从而使数学模型更具有实际意义. 在数学建模的过程中，在不同模型的比较中，提升学生数学建模素养.

课后任务：以小组为单位，类比例题，查阅相关资料，提出问题，尝试解决问题，并撰写活动报告.

活动效果

本活动课一共两节，这是第一节，学生在教师的引导下，经历解决一个较为复杂问题的过程，课后学生根据任务，收集相关信息，解决实际问题，完成活动报告；第二节则是学生根据活动报告汇报活动成果，各个小组之间互相点评，课后每个小组根据课上师生的评价，修改活动报告.

本活动课适合于高一学生，解决船舶停靠问题，学生要具备应用函数模型来初步刻画现实生活中问题的能力，熟悉相关的数学、物理、地理等知识，具备信息收集、处理、数据分析等能力. 解决船舶停靠问题，需要学生跨学科综合学习，通过主题化学习以及实践活动课程，可以超越学科界限，以学生的经验、社会实际、社会需要和问题为核心，以主题的形式对课程资源进行整合，有效地培养和发展学生解决问题的能力、探究精神和综合实践能力.

综合实践活动课可以改变课程过于强调学科本位、过于注重书本知识的现状，加强课程内容与学生生活以及现代社会科技发展的联系. 关注学生的学习兴趣和经验，改变课程实施过于强调接受学习、死记硬背、机械训练的现状，倡导学生主动参与、乐于探究、勤于动手，培养学生搜集和处理信息的能力、获取新知识的能力、分析和解决问题的能力以及交流与合作的能力.

教学中通过数学建模的过程和两个模型的比较，提升了学生数学建模的能力和函数应用的意识. 第（3）问，无论是在函数的综合应用、函数模型的复杂程度、解决问题的难度，还是在问题的实际意义方面，对于培养学生的数学应用意识，提升学生的数学抽象、数学运算和数学建模素养，都具有重要的价值，不仅激发了学生学习数学的兴趣，体会到数学的应用，同时也提升了学生对数学的认识.

（本活动由许云尧设计）

《统计案例：红楼梦作者研究》活动课

设计理念

本节课是在学完高中数学必修第二册《第九章 统计》后安排的一节统计案例活动课. 本章节主要所学内容：平均数、中位数、众数、百分位数、方差、极差这些定量分析数据离散程度和集中趋势的方法，以及散点图、折线图、饼图、频率分布直方图等定性分析数据分布特征的方法，通过样本的数字特征与统计图表来估计总体的取值规律、集中趋势和离散程度.

根据本章节的知识，结合学生其他学科的学习内容，选取"从统计学角度分析红楼梦前八十回与后四十回作者是否为同一人"这一话题为本节活动课的研究内容. 学生通过不同学科知识的支持，从不同角度获取数据、描述数据、分析数据、得出结论，并客观地做出合理的统计推断.

《2017年普通高中数学课程标准》指出：统计的研究对象是数据，核心是数据分析. 关于统计内容，课标增加了百分位数、统计图表等内容. 通过实际操作、计算机模拟等活动，积累数据分析的经验. 在教学提示中指出：可以鼓励学生尽可能运用计算器、计算机进行模拟活动，处理数据，更好地体会概率的意义和统计思想.

📖 **活动目标**

1. 通过对数据整理与分析的实践过程，深化对统计知识的理解.

2. 通过统计软件的应用，回避计算上的障碍，感知统计思想.

3. 通过真实数据解释学生感兴趣的话题，体会数据分析的作用.

活动准备

1. 软件工具 Geogebra、Excel、R 的学习.

2. 确定研究话题：收集学生的热点话题调查问卷.

3. 小组分工，收集数据，查阅相关的资料，并借助软件进行相关统计量的计算和统计图表的绘制，根据数字特征以及统计图表做出分析. 小组分享交流研究过程.

活动设计

整个教学过程按时间顺序分为三个阶段（前两个阶段在课前）：

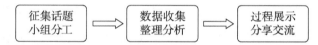

第一阶段：征集话题，小组分工

任务：征集学生感兴趣的话题，在征集到的话题中，根据本章节的教学内容进行适当选取. 最终选取的话题为："从统计学角度研究红楼梦前八十回与后四十回作者是否为同一人".

要求：为使学生明确任务，提出对应的要求：对所选话题给出自己的观点，用尽量多的分析方法，从尽量多的角度对数据进行解读，支持自己的观点，最后对过程进行反思.

设计意图：基于普通高中语文教材必修下册整本书阅读章节对《红楼梦》的要求，以及普通高中信息技术必修 1 数据与科学的内容，从学生关注的话题中选取，将不同学科结合起来，通过主题的选取，学生经历研究问题的过程，体会学有所用的乐趣.

第二阶段：数据收集，整理分析

领到任务的小组，可以寻求各学科老师的帮助，先查阅相关资料，借助网络与编程基础，收集与话题有关的数据，并进行整理，借助计算机进行计算与分析.

在活动中，教师与各小组保持联系，了解活动进程，给予相应的指导.

设计意图： 通过不同学科间的相互合作，在研究的过程中不断经历"发现问题、研究问题、解决问题"的过程，发挥学生在不同方面的优势，激发求知欲，建立自信心，体会过程中所带来的成就感. 同时，感受统计学作为一个交叉学科的重要地位与应用价值.

第三阶段：过程展示，分享交流

此阶段分以下三个环节：

环节 1：复习引入

师生共同回顾数据分析方法：

统计图表，定性分析：散点图、折线图、饼图、频率分布直方图、柱状图.

数字特征，定量分析：平均数、中位数、众数、百分位数、方差、极差.

环节 2：小组展示

此环节四个小组各自汇报本组关于该话题的分析报告，每个小组都展示了小组分工、研究方法、研究过程、研究成果.

案例：话题"红楼梦后四十回与前八十回是否为同一作者"

（1）研究方法：通过查阅相关资料，发现可以通过虚词出现的频率，来分辨不同作者的写作风格. 基于语文课的文学积累，选择"了""也"这两个虚词作为研究对象. 将一百二十回前四十回分为 A 组，四十一回到八十回分为 B 组，后四十回分为 C 组. 由于普遍认为前八十回的作者为同一人，后四十回的作者存疑，因此选取 A、B 两组与 C 组进行对比，进而比较 A、B，A、C，B、C 之间的差异，为推断提供依据.

（2）数据收集：借助计算机课学习的 python 语言，利用"jieba"库的分词功能，将".txt"格式的电子版红楼梦进行分词统计，得到每一章回所关注的虚词出现的频数以及每一回的总字数.

（3）数据整理：将数据整理成每一章回该虚词出现的频数，整理成频数表.

（4）数据分析：通过 R 软件，借助 "psych" 程序包中的描述统计量函数分别计算 A、B、C 三组数字特征，利用 "plot（），hist（），boxplot（）" 绘制三组数据的统计图表，进行对比分析，从而对样本是否来源于同一总体进行分析与推断.

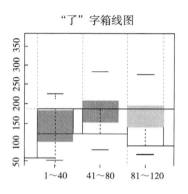

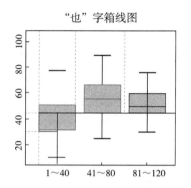

从箱线图中，可观察到 "了" 字出现的频次规律，A 组低于 B 组，虽然极差低于 B 组，但是四分之一分位数与四分之三分位数频次分布相较于 B 组更离散. C 组的四分位数以及离散程度基本均介于 A、B 两组之间. 但是 C 组中位数的位置相较于 A、B 两组位置更低，即可以说明中位数以下的数据分布更为集中，取值规律与 A、B 组的差别较大.

对于 "也" 字，从箱线图中可观察到，中位数分割的两部分数据取值规律的特点与 "了" 字类似，C 组比 A、B 组在中位数以下的数据分布更为集中. 同时，相较于 A、B 两组，C 组的极差更小，四分之一与四分之三分位数之间的数据分布更为集中. 对于 A、B 两组数据而言，虽然四分位数 A 组略低于 B 组，但极差与离散程度差异并不大.

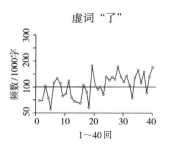

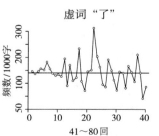

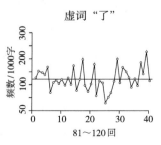

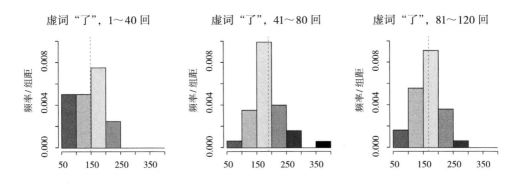

从散点图中，可观察到"了"字在每一章回出现的频次情况，A组平均数低于B组，相较于B组分布的离散程度略低，C组的分布相较于A、B组更为平稳，平均数介于A组、B组数据之间. 频率分布直方图也印证了这一点. 但结合数字特征发现，相较于A组、B组，C组平均数大于中位数，说明有更多的数据位于平均数之下，呈现右偏的状态.

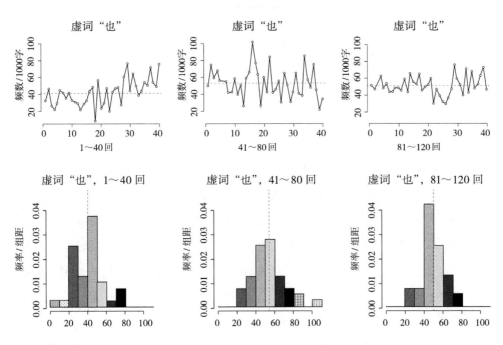

从散点图中观察"也"字在每一章回出现的频次情况，可以得到C组数据的平均数介于A组、B组之间，但离散程度低. 频率分布直方图也能说明这一结论. 并且从频率分布直方图还能发现C组数据的峰值明显高于A组、B

组，并且尾部更薄，离散程度明显低于 A 组、B 组，数据分布更为集中．结合直方图与数字特征，可以观察到 A 组、B 组的平均数小于中位数，整体呈现左偏的状态．但是 C 组的平均数大于中位数，即 C 组数据中有更多的数据位于平均数之下，整体呈现右偏的状态．

	数据量	均值	方差	中位数	75% 分位数	25% 分位数	最小值	最大值	极差	标准差
	\多列{11}{c}{虚词"也"与"了"频数的数字特征}
了	120	48.1	15.6	47	47.5	13.3	8	102	94	1.4
	A	41.0	15.3	42.5	40.1	15.6	8	75	67	2.4
	B	53.6	17.5	53.5	52.7	17.0	22	102	80	2.8
	C	49.7	11.0	47.5	49.6	7.4	28	74	46	1.7
也	120	166.5	50.1	165.5	165.6	43.0	56	368	312	4.6
	A	145.6	46.5	150.5	145.6	49.7	56	227	171	7.4
	B	187.2	51.2	189	184.0	37.8	83	368	285	8.1
	C	166.7	44.7	160.5	165.4	39.3	71	275	204	7.1

（5）统计推断：由于用样本估计总体的统计方法，样本量尽量大才能对总体的估计更客观，因此虚词的选取既需要符合语言规律，同时数据量不能太少，所以从满足条件的虚词中选取"了"和"也"作为研究的对象．但从所选取的两个虚词的统计结果分析发现，虽然集中趋势与离散程度差异不大，但是从前八十回和后四十回的总体分布规律上看还是略显差异．

（6）过程反思：分析的过程中，结合了语文阅读、计算机编程和刚学完的统计知识，由于时间以及编程能力有限，这两个虚词对于整个话题来说沧海一粟，后面还可以继续完善，比如从人物描写、同义词使用、句式长短等角度进行尝试．

环节 3：评价反馈

1.数据分析为研究问题提供了一种新的途径，可以为决策提供统计依据．

2.根据不同问题，数据分析的方法不唯一．后续随着统计知识的丰富，也会为研究问题提供更多的角度．

3.区分统计思维与确定性思维的差异、归纳推断与演绎证明的差异，统计推断的结果具有或然性.

设计意图： 通过此环节，在共享交流的基础上，积累利用统计知识研究问题的经验. 在这个过程中，体会统计的思维方式，增加学生的合作意识.

活动效果

在本次活动课的设计中，选取研究的话题来源于学生的学习生活，从而激发学生的学习兴趣；结合各学科的知识特点，从不同角度逐一攻克在研究实际问题中所面对的各种困难，使学生因"学习"而自信，从而打破不同学科之间的壁垒.

《数理统计学简史》的序言中提道："统计学不只是一种方法或技术，还含有世界观的成分——它是看待世界上万事万物的一种方法. 我们常讲某事从统计观点看如何如何，指的就是这个意思. 但统计思想也有一个发展过程. 因此统计思想（或观点）的养成，不单需要学习一些具体的知识，还要能够从发展的眼光，把这些知识连缀成一个有机的、清晰的途径，获得一种历史的厚重感."

统计的思维方式区别于传统的数学思维，统计思维是通过大量数据的收集，在抽取数据、提取信息、检验结果是否可靠的过程中，表现出来的一种思维模式. 在这个过程中，统计的结果具有随机性，是一种不确定的思维模式，但是相对于确定性思维，它的存在必不可少. 数据为结论提供依据，但并不能下定论. 在提升数据分析素养的同时，也需要培养学生理性地面对问题，客观地分析问题，借助科学方法解决问题的研究习惯.

（本活动由杨晓晨设计）

数学实验课程
——统计方法的实践应用

📝 **设计理念**

　　最新版高中数学课程标准中对数学建模提出了明确的定位，中学数学教学中应重视培养学生数学建模素养，数学实验课程是培养学生数学建模素养的最佳载体；信息化社会的发展需要大量具备统计知识和数据分析能力的人才，高中数学课程中的统计部分承载着培养学生数据分析素养的任务．开展统计部分的数学实验课程，可以同时培养学生数学建模和数据分析素养．

　　统计分析，即通过对数据的分析，挖掘蕴藏在数据之中的规律和结论．在具体的统计分析中，运用信息技术处理大量数据，可以节省时间，把精力放在研究数据反映的结果上，这才体现人的智慧．

　　人教 A 版教材选择性必修三的概率与统计主题中介绍了回归分析和独立性检验两种常用的统计方法．学生不能局限于具体的统计方法和公式，而应注重获得甄别、筛选、处理数据的能力；基于常用的电子表格软件，设计合适的操作程序，构建模型，运用两种统计方法分析、解释数据，体会数据的选择对统计结果的影响；通过分析实际数据，深化对统计方法的理解，培养和训练统计思维．

　　这样的数学实验课程设计重点是培养学生会选择合适的研究角度和统计分析方法处理数据；学生的困难在于解释数据、分析结果时，体会数据的选择对结果的影响，更深层次地认识统计方法，理解统计意义．

活动目标

1.在分析数据的过程中，理解数据的选择对于运用统计方法研究问题的重要性.

2.通过分析不同维度筛选后的数据得到的结果，研究造成差异的原因，提升对统计方法理解的层次，提升数据分析的素养水平.

3.通过运用信息技术进行简单的数学建模、数据分析，经历完整的科研探索流程，提升数学建模的素养水平.

活动准备

1.计算机：保证每位同学可以有一台计算机，安装有电子表格等常用软件，可以用于数据的统计分析.

2.多媒体展台：可用于实时分享学生的计算机操作界面，满足现场交流、互动的便利需求.

3.原始数据：活动现场使用的原始数据表格，供学生实时统计分析、数据处理.

4.统计知识：回归分析和独立性检验两种双变量统计分析方法，学生理解回归方程中参数的意义和独立性检验的统计量计算公式，能够运用公式完成统计分析.

活动设计

第一环节：前期准备——技术储备

学生对电子表格软件中的命令不一定都熟悉，用来做统计分析，还需要掌握一些简单的命令，设计可以用来分析数据的简易程序. 这需要花费一些时间学习、熟练这些技术操作. 主要包括三个方面：

基本统计和筛选操作：学生掌握电子表格软件的基本操作，会统计一组数据中符合某一特征的数据个数，会对数据进行多维度筛选；

回归分析相关操作：学生会利用电子表格绘制散点图、添加趋势线以及

读取相关参数;

独立性检验相关操作:学生在电子表格中输入简单计算命令,自行创建完成独立性检验的表格简易程序.

第二环节:课堂活动——实例研究

本次活动流程主要包括"项目研究,引入课题——各显其能,项目攻坚——质疑思考,提升认知——课后练习,巩固收获"四个阶段,每个阶段的任务承载着对学生不同能力的训练.

第一阶段:项目研究,引入课题

背景陈述:每学年一次的全校学生体检在去年10月份已经完成,得到了大量的学生身体各项指标信息汇总数据.然而,如何从这些数据中了解学生的身体健康情况,以及哪些体检指标之间存在关系,成了学校领导关心的一件大事.医务室老师运用统计分析的方法得到了对于每一个指标的学生身体健康情况,汇报给了学校领导.现在学校领导将研究哪些体检指标之间存在关系的课题任务交给了我们.

1.观察数据,寻找方向

将全校学生的体检数据表,隐去姓名等敏感信息后分发给学生,让大家先浏览庞大的数据.

问题1:请同学们观察数据,寻找适合研究的指标组合,来研究所选指标之间是否存在关系,如果存在,可能是什么样的关系.

师生活动:学生自由讨论一分钟,根据体检数据中包含的各项指标,结合生活经验,提出自己认为可以研究的指标组合.比如:指标组合1:身高和体重;指标组合2:肺活量与年龄;指标组合3:左眼视力与右眼视力;指标组合4:营养评价与性别;指标组合5:视力情况与营养评价;指标组合6:身高与肺活量;指标组合7:视力情况与年龄;指标组合8:肺活量与性别……

设计意图:教师引导学生在不设限制的情况下自由发挥,选出尽可能多的有可能存在关系的研究指标组合,帮助学生打开思维局限,不去在意是否提出一些无意义的指标组合，调动学生对研究本身的积极性.

2. 确定方向，选择方法

将学生提出的指标组合抄写在黑板上，再随机选择 2～3 位学生，从众多指标组合中每人选定一个指标组合．再让学生在选定的这 2～3 个指标组合中挑选一个作为自己的研究方向，按照所选指标组合形成实际的研究分组.

问题 2：就选定的指标组合，请说一说打算采用什么方法，从哪些角度，如何分析.

师生活动：教师引导学生依次对刚刚选定的指标组合展开讨论，每一个指标的小组讨论、分享，明确研究方法和研究角度．学生讨论无法展开时，教师可以用以下指标组合举例引导，帮助学生获得研究思路．比如：

追问 1：如果选定指标组合 1：身高和体重，该如何研究呢？

身高和体重有具体数据，可以采用回归分析的方法来研究；

身高和体重还有等级划分的数据，也可以考虑用独立性检验的方法来研究.

更进一步，可以考虑按照年级分类，分别研究小学生、初中生、高中生身高和体重的关系.

追问 2：如果选定指标组合 3：左眼视力与右眼视力，该如何研究呢？

视力取值为离散数值，集中在 4.0 到 5.3 之间，最小间隔为 0.1，可以看做是连续变化的变量，适合用回归分析方法来研究.

追问 3：如果选定指标组合 4：营养评价与性别，该如何研究呢？

营养评价和性别仅有分类划分的数据，适合用独立性检验方法来研究，但营养评价分类等级不止两个，需要做适当处理才行.

追问 4：能否明确所选指标组合该如何研究了？

因为对于两个变量之间的关系，只学习了回归分析和独立性检验两种方法，只要识别所选指标组合的数据特点，就可以明确适用回归分析还是独立性检验的方法研究了.

设计意图：对于数据适用何种研究方法的分析，可以帮助学生深入理解回归分析和独立性检验两种方法的本质区别，深化对统计分析的理解层次.

　　第二阶段：各显其能，项目攻坚

　　学生根据自己选定的指标组合，按照分析确定的研究方法，运用掌握的电子表格知识创建简易的操作流程处理数据，获得分析结果.

　　3.实践应用，展示成果

　　问题3：能否跟大家分享自己的数据分析结果?

　　师生活动：教师给学生 5～7 分钟自由研究的时间，指导学生运用电子表格软件处理数据，对于选定的三个指标组合，每个指标组合的研究小组中，选出两位学生分别展示各自分析处理的结果.

　　设计意图：回归分析和独立性检验都是由明确的公式来计算相应的统计量，所以分析清楚想要用哪种方法处理数据，接下来就是调用相应公式或者基于电子表格的计数命令统计数据，代入编制的计算公式中得到分析结果，差异在于对数据的选择和处理上. 不同的学生展示自己的分析结果，介绍自己选择的数据及处理方式，有助于思维发生碰撞，更深刻体会数据分析的意义.

　　4.质疑讨论，解释数据

　　将参与展示学生的分析结果记录分享给全体同学，同组的学生对比自己的分析结果，如有差异，提出疑问；其他组的学生对分析结果如有不理解，进行提问、质疑、讨论.

　　追问1：能否对分析数据得到的结果给出解释?

　　师生活动：教师引导学生自由讨论，各研究小组分别对分析结果进行质疑、再思考，努力做到充分理解分析结果，并对分析结果给出合理的解释，彼此交流，积累统计分析的经验.

5. 阶段小结，理解方法

追问 2：什么样的数据适合用回归分析方法来研究，能得到较好的结论？什么样的数据适合用独立性检验方法来分析，能得到较好的结论？

师生活动：教师提出思考问题，学生根据前面的数据分析过程、总结经验，可以得到较为明确的结论：如果两个研究指标的数据取值范围是连续的一段区间，用散点图可以看到较为明显的规律，一般就适合用回归分析方法研究；如果两个研究指标的数据取值仅有很少的几组甚至是不宜用数值表示的分类标识，用散点图描述会出现大量数据点重叠在一起，回归分析是无能为力的，不能判断两个变量的相关程度和变化规律，只能退一步研究两个变量是否独立.

设计意图：学生在运用软件工具实际操作研究完具体问题后及时分析对比两种统计方法，有助于加深对统计分析的深层次理解.

第三阶段：质疑思考，提升认知

要求学生对身高和体重这一组指标组合再研究，对所有数据做回归分析，两者有很强的相关性. 但按年龄筛选，相同年龄的学生中，身高、体重之间存在较弱的相关关系，R^2 检验值很小.

6. 细致剖析，深化理解

问题 4：相同的数据，不同的角度分析，结果差异很大，是否还会认为两者之间有相关关系？该如何解释？

师生活动：教师引导学生对数据做更为细致的分析，激发思考，引发讨论，寻找问题的答案. 按年龄筛选数据，或是按年级筛选数据，观察散点图及回归方程和 R^2 检验值，进一步理解身高和体重的关系，以及二者与年龄的关系，获得关于回归分析的深入理解：6～18 岁的学生，身高和体重都与年龄有很强的相关关系，所以不同年龄的身高和体重的数据在一起也呈现较强的相关关系，相同年龄的身高和体重数据却表现出较弱的相关关系. 这说明并不能仅从两组数据的回归分析结果来判断其是否有相关性，还要结合实际意义去理解数据的含义.

进一步说，结合独立性检验方法，对某个年龄段的身高和体重按照分类等级判断是否相关.

追问1：对于身高评价和体重评价的独立性检验，按年龄筛选后，每个年龄得到的K^2值都不是很大，但全部年龄都选上，K^2值却很大，该如何解释？

师生活动：教师引导学生对身高和体重两个指标按照分类等级采用独立性检验方法判断其相关性，通过对不同的单一年龄段数据的分析对比，会发现不同年龄的数据量接近，每个年龄得到的K^2值也比较接近，数据量增大以后，K^2值也变大很多. 引发学生对独立性检验公式的再探讨，体会n值的用处，思考数据量对于独立性检验结论的意义，获得关于独立性检验的深入理解：只要公式中的$ad-bc \neq 0$，随着数据量n的增大，K^2值一定会变大；反过来，如果即便数据量n很大，K^2值也很小，那么两个变量应该确实独立. 也就是增加数据量，可以放大两个变量间的相关性.

追问2：另选一组指标组合：营养评价与性别，采用独立性检验的方法，按年龄筛选，

观察K^2值的变化，能否得到类似的结论？

师生活动：教师引导学生通过实例对前面分析验证，以获得经验.

设计意图：通过实践检验的分析，更能反映事物的本质，可以帮助学生深入理解独立性检验方法的意义.

7. 课堂总结，提炼心得

问题5：结合这节课的学习，请同学说一说学习心得和此刻对统计分析的理解.

师生活动：教师挑选2～3位同学阐述自己的理解和收获并适当点评.

设计意图：相同的事物，不同的人看到会有不同的理解. 知识也是一样，让不同的学生分享自己的心得，有助于改变学生对数学知识总是要有确定答案的刻板印象，理解多元的世界，同时锻炼表达的能力.

第四阶段：课后练习，巩固收获

请同学们再从数据中选择自己认为有价值的指标组合，对数据进行合理

筛选，运用合适的分析方法，得到自己的结论，并给出基于数据的解释.

设计意图： 引导学生继续深入研究，发掘更多的数据蕴含的信息，在研究中收获对知识的理解，同时掌握一项新的技能：统计分析和数据处理.

活动效果

这一数学实验课程的设计，在突破传统统计学习的模式上迈出了探索的一步. 学生在完成这一实验课程之后，会有以下几点收获：

1. 初步掌握运用信息技术完成数据筛选、统计、分析、解释的能力；

2. 获得对回归分析和独立性检验两种统计方法的更深层次的理解；

3. 理解不同维度、不同方法对同一数据的分析可能得到不同结论的意义；

4. 体会通过数据分析发现数据中隐藏的规律和结论，见识数据挖掘的力量.

（本活动由于洪伟设计）

统计分析报告的撰写

设计理念

统计通过收集数据和分析数据来认知未知现象,研究重点是如何有效地收集和分析数据.在必修《统计》这章中,简单随机抽样和分层随机抽样是数据收集,频率分布直方图是数据描述,各种数字特征是数据分析.统计学习的最终目的,也是最难的就是,能根据实际问题的特点,灵活应用所学统计知识,设计恰当的抽放方法收集数据,选择恰当的统计图表描述数据,选择合适的数字特征刻画统计特征,最后依托数据和数据分析结果做出决策.

本节课通过一个完整案例让学生经历统计学解决问题的过程:了解背景,数据收集,明确问题,设计思路,分析结果,撰写报告,帮助学生积累数据分析的经验,培养数据分析的素养.

活动目标

1.完整经历统计学解决问题的过程:了解背景,数据收集,明确问题,设计思路,分析结果.

2.自主选题,撰写统计分析报告或论文.

3.积累数据分析的经验,培养数据分析的素养.

活动准备

计算机机房,GGB 数学软件,某公司员工的体检数据.

活动设计

第一阶段：了解统计分析报告的撰写流程和基本方法

1. 明确统计分析过程

2. 了解背景与数据

背景：近年来，我国肥胖人群的规模急速增长，肥胖人群有很大的心血管疾病安全隐患．目前，国际上常用身体质量指数（BodyMassIndex，缩写 BMI）来衡量人体胖瘦程度以及是否健康，其计算公式是

$$BMI = \frac{体重（单位：kg）}{身高^2（单位：m^2）}$$

中国成年人的 BMI 数值标准：$BMI = 18.5$ 为偏瘦，$18.5 \leqslant BMI < 23.9$ 为正常；$24 \leqslant BMI < 27.9$ 为偏胖；$BMI \geqslant 28$ 为肥胖．

数据：为了解某公司员工的身体肥胖情况，研究人员从公司员工体检数据中，采用比例分层抽样方法抽取了 90 名男员工、50 名女员工的身高和体重数据，计算得到他们的 BMI 值如下：

男员工

23.5	21.6	30.6	22.1	23.7	20.6	24.0	23.9	20.8	21.5
22.1	21.6	19.0	20.2	19.6	17.3	17.9	23.4	18.7	23.1
17.3	22.4	20.8	25.1	21.3	27.7	23.5	23.6	19.4	23.1
18.6	24.1	21.3	19.5	18.7	21.0	22.6	16.0	18.0	17.9
22.1	19.3	19.3	22.8	29.0	21.4	22.3	18.8	19.7	27.4
23.5	23.6	30.5	22.3	21.6	17.6	21.5	29.1	25.5	18.7
22.1	18.9	25.8	27.8	35.3	17.5	27.0	19.9	22.2	24.5
18.0	19.0	21.1	21.3	18.7	23.9	20.8	34.2	16.6	19.3
20.9	23.7	23.7	23.0	18.7	27.3	21.2	17.3	23.5	30.1

女员工

21.8	18.2	25.2	28.1	21.5	19.1	25.7	24.4	17.6	20.8
20.5	20.2	17.4	21.6	18.4	20.3	30.8	23.6	23.3	22.8
20.8	16.8	19.0	16.4	18.7	26.1	20.2	17.6	15.4	21.5
19.5	31.6	19.1	20.4	13.9	18.6	16.6	15.9	18.3	18.1
29.7	18.9	16.9	25.8	19.8	18.5	16.0	17.6	19.1	26.5

3. 明确任务与要求

（1）选择合适的图表描述数据

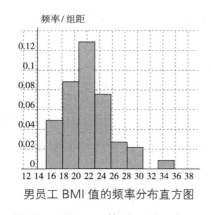

男员工 BMI 值的频率分布直方图

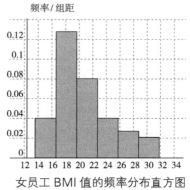

女员工 BMI 值的频率分布直方图

男员工的 BMI 值在区间（15.85，25.85］内较多，数据较集中，大于 25.85 的较少；女员工的 BMI 值主要集中在（15.85，25.85］内，后面呈阶梯式下降．总的来说，男员工的 BMI 值要比女员工的 BMI 值大一些，男、女员工的频率分布直方图都不对称，都是右偏的，即男、女员工中都有偏胖的．

（2）比较男、女员工在肥胖状况上的差异

男、女员工的 BMI 值的中位数、平均数、标准差、方差和极差：

	中位数	平均数	标准差	方差	极差
男	21.6	22.18	3.78	14.32	19.3
女	19.65	20.70	4.06	16.47	17.7

男员工的 BMI 值的中位数和平均数大于女员工的相应数据，均在正常范

围之内．男员工的 BMI 值变化范围比女员工的变化范围大，这是由某个极端值引起的，男员工的 BMI 值的最大值为 35.3，已经达到重度肥胖的标准．从标准差上看，男员工的整体分散程度比女员工的略小．

男、女员工的 BMI 值的分组百分比：

	偏瘦	正常	偏胖	肥胖
男	12%	68%	12%	8%
女	32%	48%	12%	8%

男、女员工偏胖和肥胖的比例差不多，但女员工偏瘦的比例较大，可能与女性更追求身材好有关．

（3）分析公司员工胖瘦程度的整体情况

	中位数	平均数	标准差	方差	极差
男	21.6	22.18	3.78	14.32	19.3
女	19.65	20.70	4.06	16.47	17.7
全体	21.15	21.65	3.95	15.59	21.4

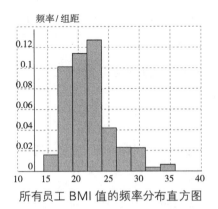

所有员工 BMI 值的频率分布直方图

整体上看，公司员工的 BMI 值的平均水平是正常的，个别员工的 BMI 值大于 28，属于肥胖但比例很小．该公司员工的 BMI 值分布不对称，大约 8% 的员工属于肥胖，但女员工偏瘦的人数明显比男员工多．

（4）统计分析报告的主要组成部分

①标题——公司员工的肥胖情况调查分析.

②前言——调查的目的、方法、范围等背景情况.

③主体——数据，数据分析的全过程：关心的问题是什么，说明数据蕴含的信息；说明如何选择合适的图表描述和表达数据；从数据中提取数字特征，例如均值、方差等；通过样本估计总体的统计规律，分析整体情况.

④结尾——对主体部分的内容进行概括，结合控制体重的一般方法（可查阅有关文献），提出控制公司员工体重的建议.

第二阶段：**学生自主选题，撰写统计分析报告，教师给予必要的指导，并进行优秀报告展示和交流.**

优秀报告展示：

探究户外的最佳运动时间

北京景山学校高二年级四班　戎梓樾（指导教师：王宾辉）

论文摘要　本文将探究人们进行户外运动的最佳时间. 本文会从空气质量、人体血压状况、人体血糖状况（是否锻炼前吃早餐）三个方面进行探究.

本文通过随机抽样调查，整理数据，计算标准差、平均值等方法研究，最终发现，清晨空气质量不如傍晚；清晨气温较低，血压将会相对升高，易导致心脑血管疾病. 同时，本文提出，大家最好应在餐后大约一小时再开始锻炼. 最后得出结论：晨练不如"晚练".

关键词：运动时间统计　血压血糖　身体状况.

1.问题的提出

在进行晨练时，我想到一个问题：到底适不适合早上进行运动呢？我认为这是一个值得研究的问题.

古语有云："早睡早起身体好""闻鸡起舞". 晨练常常被认为是健康生活的反映. 有人曾在北京、重庆、济南、上海调查了约8000名锻炼爱好者，结果发现，近60%的人选择在早晨锻炼身体. 那么，清晨是不是锻炼的最佳时间呢？现在一些人对这一传统习惯有些非议，理由众说纷纭. 那么今天，我们将深入探究：到底应该在一天中的哪一时间段活动，才能最大化保护身体健康呢？

2.问题的探究

晨练可以改善人体神经系统的功能．通过晨练，人们可以增强自身的力量、平衡性和灵活性，能够精力充沛地开始一天的生活．另外，晨练可以改善骨骼营养状况，加快物质代谢，增加骨骼的有机成分，并改善骨骼肌和关节韧带的弹性和柔韧性．晨练有助于加速新陈代谢，可以帮你减肥或保持体重．虽说好处很多，但晨练有没有什么害处呢？

晨练可能存在的风险包括空气污染导致呼吸系统疾病、猝死、空腹锻炼导致低血糖等．我们将分别探究这些可能存在的风险，并最终得出晨练好不好的结论．

首先，我们来探究空气污染与锻炼时间段的关系．

2.1 数据处理的方法

我们统计 2018 年上半年一月到六月北京某站点 PM2.5 每天早、晚的数据（三个时间点的数据取平均值），利用 Excel 表格对其进行整理，计算其标准差、平均值．我们通过绘制从一月早开始至六月晚共 12 组数据的每日折线图，以此比较每两日之间的情况和每日不同时间点的状况．仅仅有这些还不够，我们进一步比较每个月内的早、晚状况，再以此为基础，得出每月的早晚空气质量情况，据此得出是哪月、哪个时间段（早或晚）活动更好，根据政府发布的空气污染指数的程度得知最佳运动时间．

2.2 数据处理

以下是统计数据：

天时间点	一月早	一月晚	二月早	二月晚	三月早	三月晚	四月早	四月晚	五月早	五月晚	六月早	六月晚
1	415	506	183	194	375	353	485	342	299	208	248	225
2	9	4	52	105	98	245	378	362	19	9	9	14
3	6	10	33	41	103	94	62	132	9	12	26	11
4	19	25	70	54	174	70	166	67	49	81	86	110

（续表）

天时间点	一月早	一月晚	二月早	二月晚	三月早	三月晚	四月早	四月晚	五月早	五月晚	六月早	六月晚
5	46	16	46	58	74	23	549	390	387	33	39	35
6	23	36	28	20	32	18	57	32	76	70	54	44
13	6	12	125	35	6	13	45	72	55	3	40	30
14	8	23	144	204	7	16	110	34	5	11	52	5
15	46	69	240	240	54	60	59	12	34	11	33	16
16	101	130	258	9	151	96	32	118	38	28	68	37
17	130	185	10	62	90	148	141	83	51	30	66	63
18	21	52	89	79	153	109	17	24	77	57	54	60
19	116	11	164	14	215	202	30	53	84	38	27	17
20	7	33	7	18	155	63	67	18	61	48	20	22
21	61	9	84	54	68	108	15	11	61	41	37	50
22	16	65	99	12	140	127	40	41	81	19	25	48
23	18	56	17	34	142	104	11	28	15	21	15	13
24	110	137	29	12	73	68	72	16	21	16	23	29
25	228	210	7	12	56	9	11	16	15	18	41	0
26	332	12	22	31	7	12	14	13	31	48	19	8
27	10	79	95	46	15	19	16	16	46	79	80	33
28	150	253	12	14	83	56	17	19	136	92	87	84
29	9	15			109	113	43	55	26	20	34	35
30	8	77			138	45	118	41	30	33	59	49
31	112	83			9	10			77	49		
平均值	80.3	84.32	82.45	61.27	101.1	87.2	106	83.13	71.3	43	51.75	43.3
标准差	106	110.8	75.18	66.67	81.85	82.3	149	113.6	88	42.18	47.38	46.6

为了让数据可视化，我们制作了图表：

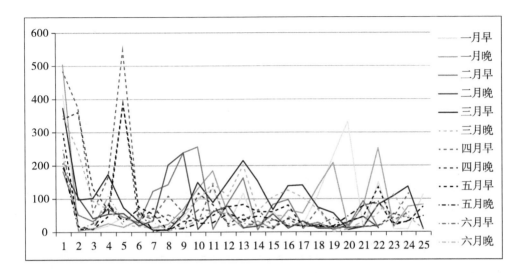

每月春季早晨、晚上空气质量指标的平均值和标准差如下表所示：

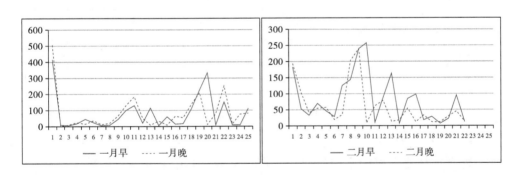

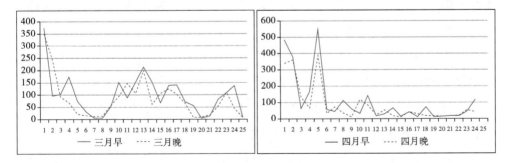

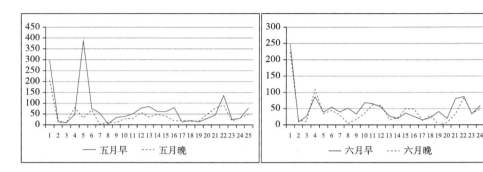

平均值

一月早	一月晚	二月早	二月晚	三月早	三月晚
80.28	84.32	82.45	61.27	101.08	87.24
四月早	四月晚	五月早	五月晚	六月早	六月晚
106.46	83.125	71.32	43.00	51.75	43.25

标准差

一月早	一月晚	二月早	二月晚	三月早	三月晚
106.34	110.83	75.18	66.67	81.85	82.31
四月早	四月晚	五月早	五月晚	六月早	六月晚
148.93	113.50	87.99	42.18	47.38	46.56

从表中可以直观地看出，夜间空气质量更好，更适合户外活动.

2.3 数据的初步分析

首先，从每个月的平均值分析，在一月到六月中，除一月份外，空气质量晚上都比早上好，并且空气质量指数相差比较多，在晚上活动确实更有优势. 一月份作为一个例外出现，应引起关注.

其次，从标准差的角度分析，除一月、三月外，其他时间晚上的空气质量比早上更好，并且相对来讲更加稳定.

因此，晚上空气质量及质量稳定程度大都好于早上，所以在晚上活动确实更好一些. 此观点有些道理，不过更应注意一月、三月的活动时间.

为什么早上比傍晚空气质量更差呢？我在查阅相关资料后得知，早晨在冷高压的影响下往往会有气温逆增现象，即上层气温高，而地表层气温低，大气对流近乎停止. 因此, 地面上的有害污染物不能扩散到高层大气中, 而是停留在下部. 这种现象在工业区或高层建筑的住宅区以及汽车驶过的道路上尤为突出. 此时, 有害气体比正常情况高 2～3 倍, PM2.5 浓度也会提升 40% 左右.

另外, 还有一个很重要的原因, 北京市五环内在 6:00—23:00 期间禁止大货车通行, 但 23:00 至次日 6:00 的时段大货车不受限制, 会有大量大货车进京, 而一辆大货车尾气的污染物含量约为小汽车的 70～100 倍, 并且有一些排放标准不达标的大货车抱有侥幸心理驶入五环内道路, 造成市区空气污染加剧.

因此, 我们应考虑尽量避免在早晨进行锻炼.

接下来我们探究猝死与晨练的关系.

2.4 血压的影响

据报道, 2018 年 7 月 18 日上午, 在陶然亭公园, 一名正在做早操的老人突发猝死. 类似的事件还有不少.

根据世界卫生组织的统计数据, 全球早晨死亡的人数占每天死亡人数的 60%. 清晨不仅是心脏病的高危时段, 也是猝死的高峰期. 许多心脑血管疾病都与早晨血压升高密切相关. 另外, 流行病学调查显示: 大约 40% 心肌梗死和 29% 心脏性猝死发生在清晨, 此时段脑卒中的发生率是其他时段的 3～4 倍.

此外, 还有一项关于我国大众健身人群运动猝死的调查研究显示, 我国运动猝死最易发生的时段是早晨, 其他时段依次是下午、上午、中午、晚上.

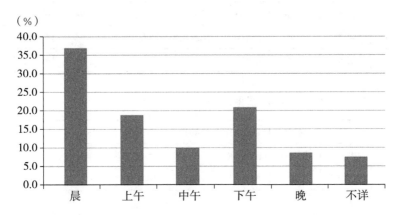

我们先要了解清楚什么是猝死. 猝死分为两大类: 一种类型为心源性猝死, 由于心脏病而导致的患者突然死亡, 这类患者死于急性心肌缺血. 突然地

心肌缺血导致患者心脏的电活动紊乱，然后发生恶性心律失常（主要是心室颤动），此时，如果患者未及时进行心肺复苏或复苏失败，则会发生猝死．另一种类型是非心源性猝死，也称为非心脏性猝死，是由于心脏以外的疾病导致的患者突然死亡，约占所有猝死的25%．主要临床疾病包括呼吸系统疾病，如肺梗死和支气管哮喘．

为什么会造成这种"清晨锻炼易猝死"的结果？我猜测可能与血压有关．我在假期时间测量了爷爷、爸爸一天（2018年2月11日至13日，并计算平均值）的血压变化（爷爷为高血压患者，爸爸正常）．结果如下：

2月11日数据：

时点	8:00	10:00	12:00	14:00	16:00	18:00	20:00	22:00
爷爷血压	148/96	152/105	152/105	160/115	155/98	150/90	150/95	145/95
父亲血压	130/82	138/85	135/80	140/90	140/85	135/88	135/85	135/80

2月12日数据：

时点	8:00	10:00	12:00	14:00	16:00	18:00	20:00	22:00
爷爷血压	145/92	150/100	150/95	158/105	150/96	148/92	148/92	145/90
父亲血压	132/85	135/82	138/85	145/96	142/83	138/85	135/82	130/80

2月13日数据：

时点	8:00	10:00	12:00	14:00	16:00	18:00	20:00	22:00
爷爷血压	148/94	150/98	154/100	162/108	158/100	152/95	150/92	150/90
父亲血压	135/80	138/85	140/85	148/90	145/85	142/88	140/85	136/82

2月11日至13日三天数据平均值：

时点	8:00	10:00	12:00	14:00	16:00	18:00	20:00	22:00
爷爷血压	147/94	152/101	152/100	160/109	154/98	150/92	149/93	147/92
父亲血压	132/82	137/84	138/83	144/92	142/84	138/87	136/84	134/81

结果显示，无论是爷爷还是爸爸，一天中血压的峰值均在14:00左右，而并非早上．是不是我们的假设出了问题呢？

我在网上查阅了相关资料，结果发现医学专家的统计表格如下：

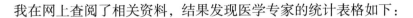

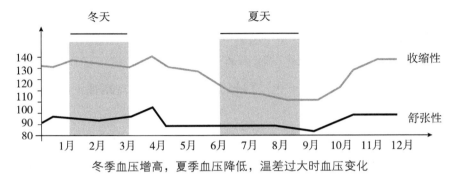

冬季血压增高，夏季血压降低，温差过大时血压变化

结果显示，人在冬天明显比在夏天时血压高. 我因此想到血压与气温的关系. 每日清晨时（6 a.m，仅针对北京）的气温接近当日最低气温，比傍晚时的气温低 10 摄氏度左右，冬季温差还会更大. 究竟是不是低温与高血压导致猝死率升高呢？

原来，冬季天气骤冷，人体基础健康状况较低，血管弹性较差，血压容易骤然升高，而且室内外温差过大，都容易引发心源性猝死. 高血压会导致高血黏度并损伤血管内壁，所以容易促使血栓的形成，导致心肌梗死，严重的就会出现猝死.

清晨是人一天血压的高峰期，最容易发生心肌缺血，导致心肌梗死. 此时处在交感神经和副交感神经系统的过渡期，很容易引起高血压和冠状动脉痉挛. 另外，早晨人体的新陈代谢水平低，血液黏度高，起床后剧烈运动会导致心脏负担突然增加，心血管疾病的风险增加. 此外，早晨人体的生物钟从睡眠过渡到清醒，此时的交感神经处于兴奋状态，而跑步等有氧运动会使机体更加兴奋，容易引发心脑血管疾病. 如果是患有这种疾病的老年人，那就更加难以承受了. 所以高血压患者平时最好按时吃药，避免清晨锻炼.

我们还发现，冬季的早晨温度一般在零摄氏度以下，地面可能会结冰，老人容易摔倒. 而 8:00 以后的气温会比 6:00 时的气温高 2～3 摄氏度，体感温度会高 5 摄氏度左右.

经过分析，我们可以得到这样的结论：低温和剧烈运动会导致猝死率增加，因此建议中老年人尽量在 8:00 之后进行锻炼，且不要进行剧烈活动，有条件的可以考虑在傍晚进行锻炼.

接下来，我们探究血糖与锻炼的关系.

2.5　血糖的影响

根据常识，如果不吃早饭，体内的血糖水平便会降低. 低血糖可能引发出汗、饥饿、心慌、颤抖、面色苍白等，严重者还可出现精神不集中、躁动、易怒甚至昏迷等.

从生物学知识来看，我知道人体血糖有三种来源：从食物中摄入，肝糖原分解，非糖类物质如脂肪转化为葡萄糖. 其中主要来源是从食物中摄取. 因此，通过进食维持血糖水平势在必行.

锻炼爱好者们不吃早餐就进行锻炼的人数多吗？假期中我走访了（北京市朝阳区）家附近的几个小区，随机采访社区居民，记录晨练爱好者的相关情况，并按年龄＜30 岁、30～55 岁、55 岁以上进行划分. 结果如下：

年龄段	＜30	30～55	＞55
样本总量	19	24	37
习惯锻炼前不吃早餐	9	9	12
占比	47.37%	37.50%	32.43%

我们发现，年轻人更喜欢不吃早餐就进行晨练. 在我采访的 80 位晨练爱好者中，有 17 人曾有运动时头晕、心悸等症状，占比 21.25%. 他们中年龄最小的 38 岁，最大的 75 岁. 老年人的早餐习惯好于年轻人，但有心血管疾病症状的要远多于年轻人. 这说明相比较之下老年人的身体状况欠佳，更应该注意防止低血糖，及时吃早餐. 同时，年轻人也不可麻痹大意. 我们最好在餐后进行锻炼，避免空腹运动.

但与此同时，餐后立即运动可导致腹痛、胃下垂等疾病. 因此最好在餐后一小时左右再进行锻炼.

3. 结论

根据对空气质量、猝死概率、血糖状况的探究，综合三方面来看，前两方面的探究足以说明，晨练不如"晚练". 因为午后紫外线强度大、温度高、血压水平高，所以不适合锻炼. 对血糖的调查表明，饭后约一小时进行运动更适合，尤其是在冬季，老年人可以考虑晚饭后一小时下楼进行散步、压腿、打太极拳等相对温和的运动．如果此时天色已晚，也可以考虑在晚饭前下楼运动．年轻人有条件的可以在 8:00 之后进行晨跑、打篮球等活动．当然，此结论是建立在一定要求下的．具体情况还应考虑到天气，如下雨天、下雪天应该及时改为室内活动．

找到合适的时间并加强锻炼，是百利而无一害的．每天锻炼一小时，幸福生活伴终生．让我们动起来吧！

4. 参考文献

（1）空气质量数据参考北京某空气观测站 24 小时发布的空气质量指数及政府规定的污染指数程度划分标准．

（2）部分专有名词来自百度百科．

（3）《晨练容易猝死？清晨是人体最危险的时刻，不适合锻炼，你还不知道》——http://www.xywy.com/wemedia/3520088.html

（4）钱琦．家庭医学 ISSN：1001−0203　2016 年 11 期

（5）统计数据来自亲身调查，小部分来自互联网上的专家统计数据．

活动效果

　　通过本次实践活动，学生经历了统计学解决问题的全过程，初步学会了撰写统计分析报告，初步体会到了理论和实践的联系与区别．在学习统计的过程中，大部分的案例和数据都是老师直接给出的，在老师的引导下完成对数据的整理、描述和分析，而在真正的实际问题中，如何有效地获取真实的数据就是首要的问题．之后在描述和分析数据的过程中，我们需要对不同的方法进行比较和筛选，有时候要创造性地按照需求设计统计图表和分析方法，课本上学习的知识和方法很多时候是不能直接照搬的．学生在自主选题撰写报告的过程中可以更真实地体会数学应用的过程，增强学习知识的主动性和能动性，收获解决问题和学以致用的喜悦感及成就感．

（本活动由王宾辉设计）

学会理财——合理投资教育储蓄

数学课程标准明确提出：数学综合实践活动是基于学生的直接经验，密切联系学生自身生活和社会生活，体现对知识的综合运用的实践课程．综合实践活动课的实施是课堂教学改革一次质的飞跃，它更加关注学生的主体参与和自主探究，更利于学生综合能力的培养与提高，是数学现代教学的重要趋势，在高中阶段的数学教学中实施综合实践活动更是具有重要意义．

本节课是在学完数列（《普通高中教科书·数学·选择性必修第二册第四章》）之后设计的一节实践活动课，要求学生通过亲身体验，对"教育储蓄"的不同存取方式进行评价，并聚焦投资收益问题进行研究．"教育储蓄"是一种零存整取的定期储蓄存款方式，是国家为了鼓励城乡居民以储蓄存款的方式，为子女接受非义务教育积蓄资金，从而促进教育事业发展而开办的．本节课是对已学数列知识的应用，不仅能加深学生对数列知识的理解，而且能提升学生的合作意识，从探究的过程中体验数学学习的快乐．

活动目标

1.熟练应用等差数列、等比数列的通项公式与求和公式以及整存整取、零存整取等储蓄的相关计算．

2.通过实践活动培养学生的合作精神与实践能力，培养学生搜集相关信息及应用的能力．

3.使学生初步了解用数学建模方法解决生活中实际问题的过程，体会所学数学知识的应用价值；提高应用自己所学的数学知识去概括、抽象、解决问题的意识.

活动准备

调查问卷，摄像机，多媒体课件，实物投影.

活动设计

整个教学过程按时间顺序分为三个阶段：

第一阶段：准备阶段

此阶段分以下三个环节：

环节一：创设情境，课题引入

利用多媒体展示与教育储蓄相关的图片与文字性说明，使学生更直观地感受到合理理财给我们的学习和生活带来的影响，进而引入本节课题：学会理财——合理投资教育储蓄.

环节二：布置任务，激发兴趣

任务：学生体验利用数学建模解决教育储蓄问题的完整过程. 搜集有关"教育储蓄"的资料，包括适用对象，储蓄类型和特点，支取方式，银行现行的各类、各档存款利率，等等.

根据调查结果试解决下列问题：

（1）依教育储蓄的方式，每月存 50 元，连续存 3 年，到期（3 年）或 6 年时一次可支取本息共多少钱？（等差数列求和，公式应用模型）

（2）依教育储蓄的方式，每月存 a 元，连续存 3 年，到期（3 年）或 6 年

时一次可支取本息共多少钱？（公式模型的一般化）

（3）依教育储蓄的方式，每月存 50 元，连续存 3 年，到期（3 年）时一次可支取本息比同档次的"零存整取"多收益多少钱？（比较方法优劣）

（4）欲在 3 年后一次支取教育储蓄本息合计 1 万元，每月应存入多少钱？

（5）欲在 3 年后一次支取教育储蓄本息合计 a 元，每月应存入多少钱？（特殊到一般）

（6）依教育储蓄的方式，原打算每月存 100 元，连续存 6 年，可是到 4 年时，学生需要提前支取全部本息，一次可支取本息共多少钱？

（7）依教育储蓄的方式，原打算每月存 a 元，连续存 6 年，可是到 b 年时，学生需要提前支取全部本息，一次可支取本息共多少钱？（分段函数的模型，一般化）

（8）（开放题）不用教育储蓄的方式，而用其他的储蓄形式，以每月可存 100 元，6 年后使用为例，探讨以现行的利率标准可能的最大收益，将得到的结果与教育储蓄比较.（可以涉及等比数列、递推关系、单调性应用、不等式比较等许多知识.）

（9）（开放题）学生自己设计的其他计算题.（如自己设立指标，计算并比较 3 年期和 6 年期的教育储蓄的相对收益的大小；设计一项专项储蓄方案；设计一个回报率更高的投资方案；等等.）

（10）（开放题）将问题解决过程中出现的数学模型（等差数列或复利增长模型）进一步抽象出来，看看它还有怎样的应用.

要求：以小组为单位，通过 PPT 呈现"学会理财——合理投资教育储蓄的研究报告"，报告中应包括目的、设计方案（含分工情况）、调查过程、资料整理、问题结论、讨论和感受.

小组出行时要注意安全，讲文明、懂礼貌，团结友爱.

环节三：明确分工，制定方案

根据所布置的任务并结合学生的兴趣特长，对实践活动内容进行整合，确定全班学生分为三个小组，每个小组自行设计方案.确定小组人员分工、活动地点、活动方式、时间安排、活动准备等.在该环节，教师对每个小组上交的方案做批注，并提出指导性建议．在教师指导下，每个小组对各个设计环节做修改．

设计意图：确定实践课题，细化学生任务，让人人有事做，事事有人做，使学生体会到分工与合作的重要性．

第二阶段：实施阶段

学生需亲身体验、采访调查，小组讨论、总结方法，最后制作PPT，完成研究报告．

鼓励学生充分利用校内外资源并大胆参与社会实践，让学生带着小组分配好的任务，根据实施方案的要求，通过请老师指导、图书馆查询、网上查询、银行调查等方式，系统地开展调查，搜集相关信息．在调查过程中，通过多种方式加强学生对活动过程的认识和感知，如拍摄学生向银行工作人员咨询的视频等．

在活动中，教师与各小组保持联系，了解活动进程，给予指导．在此过程中，可能出现一定的问题，如学生采集和提取信息的能力比较欠缺，所以要加强活动的指导性，可以建议他们从正规渠道获取准确信息，并根据任务目的筛选、提取所用信息．

设计意图：让学生在参与调查、讨论、表达等活动过程中，学会与他人合作，学会科学地看问题、想问题，培养学生关注世界、关注社会、关注生活的责任感．

第三阶段：总结阶段

此阶段分以下两个环节：

环节一：小组汇报，多元评价

此环节三个小组各自汇报本组关于"学会理财——合理投资教育储蓄"的调查报告．学生结合PPT和视频进行汇报，展示小组分工、体验过程、有关"教育储蓄"的资料及问题答案．

在汇报过程中，教师及时给予鼓励和肯定性的评价，鼓励学生提出自己的问题和有创意的解法，增强学生的信心．注意适当提问，引发学生思考，培养学生分析问题、解决问题的能力；在汇报后组织学生进行讨论，互相评价，最后教师点评提升．

环节二：总结收获，课题延伸

此环节通过学生交流收获，向学生渗透理财观念，让学生学会制定科学合理的理财规划．

课题开放延伸：除了投资教育储蓄外，还有多种理财方式，比如基金、外汇、保险、股票等，另外要让学生理解各种投资方式的利与弊，教导学生需理性投资．

设计意图： 各小组展示汇报，提高学生的表达能力，并使学生在活动总结的过程中进一步体会建模思想，增强应用意识．

活动效果

1. 本节课是一节适合高中学生的实践活动课，贴近学生生活，学生自己围绕问题进行数据采集、活动设计、问题解答，提高学生应用数学知识解决实际问题的能力．

2. 学生能在真正的活动中，从问题或者经验中连接知识，更深刻地理解知识．

3. 学生在活动过程中感受团结友爱、互相帮助的传统美德，同时将严谨求实的科学态度渗透到此次综合实践活动中．

4. 综合实践课的开放性、延展性、整体性、实践性、生成性、自主性使得学生不断发现新问题，并找到解决新问题的办法，提高了学生的创新能力和实践能力．

（本活动由郭凌霄设计）

数学游戏中的数列递推关系——汉诺塔

📝 设计理念

数学游戏是一种运用数学知识的大众化的智力娱乐活动，它寓数学问题于游戏之中，让人们在做游戏的过程中学到数学知识、数学方法和数学思想.《普通高中数学课程标准（2017 年版）》要求在课程中激发学生对数学学习的兴趣，使学生自发参与到数学学习之中. 将数学游戏应用到高中数学教学之中，不仅可以提高学生的学习兴趣，使得学生主动建构知识，还可以发展学生发现问题、提出问题、分析问题、解决问题的能力.

作为特殊的递推数列，等差数列和等比数列在古时候就有记载，古巴比伦泥板书和古埃及纸草书上都涉及过相关问题，19 世纪英国数学史家鲍尔在其《数学游戏与欣赏》中介绍了汉诺塔、九连环等数学游戏，均蕴含着数列中的一些递推关系. 本课重点讨论汉诺塔递推关系的得出，以及如何根据递推关系得到通项公式.

📑 活动目标

1. 了解汉诺塔游戏的原理，会利用待定系数法求一阶线性递推关系的通项公式.

2. 通过将递推关系转化为等比数列问题，感受化归与转化的数学思想；将求 $a_n = 2a_{n-1} + 1$ 递推关系的方法推广到一般系数，甚至非常系数，感受特殊到一般的数学思想.

3. 经历"现实问题——数学问题——数学模型"的过程，学生学会用数学的眼光观察世界，积累利用数学知识解决问题的基本经验，发展学生发现与提出问题、分析与解决问题的能力.

活动准备

课前分组，班级共 33 名学生，分为六组；每组一个汉诺塔游戏模型.

活动设计

本活动的课上部分主要分为三个阶段：

第一阶段：了解汉诺塔游戏传说，明确游戏规则；

第二阶段：探究汉诺塔游戏的递推公式及通项公式；

第三阶段：推广方法，解决问题.

第一阶段：了解汉诺塔游戏传说，明确游戏规则

活动 1：教师介绍汉诺塔游戏规则

"传说在印度北部的大庙里，大殿的圆穹标志着世界的中心，圆穹下放着一个大铜盘，铜盘里面固定着三个细似蜂腰的宝石针，每根针有三尺高. 印度教的主神梵天在创造世界的时候，在其中的一根针上穿放了 64 个赤金盘，其中，最下边紧靠在铜盘上的是最大的盘子，往上去盘子一个比一个小，这就是梵天塔——汉诺塔. 长老们日夜不停地按照不可违反的婆罗门法规——每次只能转移一个金盘，并且只能转移到下边没有比它小的金盘的宝石针上——移动这些金盘. 僧侣们预言，当 64 个金盘全部转移到另一根宝石针上时，世界会毁灭."

活动 2：学生概括并叙述汉诺塔的游戏规则

学生用自己的话描述游戏和移动规则，基本得到：有三根柱子，在其中一根柱子上从下往上有 64 个从大到小排列的圆盘，现要将圆盘从所在的柱子上移动到另一根柱子上，问最少移动了多少步. 规则：1. 每次只能移动一个圆盘. 2. 小圆盘只能放在大圆盘上面.

将该问题抽象为数列问题. 若将移动 n 个盘子的步骤记为 a_n，求 a_{64}. 若要解决此问题，则需要求出该数列的通项公式，即可知道该数列的第 64 项.

设计意图：学生从现实情境中抽象出数学问题，并用数学的语言表达出来，参加本活动自然想到需要求该数列的通项公式，积累用数学语言表达的基本活动经验，发展数学抽象和数学建模素养.

第二阶段：探究汉诺塔游戏的递推公式及通项公式

活动1：学生动手操作，探究规律

学生以小组为单位，根据游戏规则动手操作，寻找规律，并展开讨论.教师适时点拨.

教师可适当引导学生寻找当 n 为1，2，3，4等特殊值时移动的步骤.学生发现该数列并非等差或等比数列，还需要寻找其规律.

$n=1$	$a_1=1$
$n=2$	$a_1=3$
$n=3$	$a_1=7$
$n=4$	$a_1=15$
……	

活动2：以小组为单位汇报汉诺塔游戏的递推公式

教师提出汇报要求：

1. 如何寻找递推关系？

2. 如何得到递推公式？

某小组猜想第五项时，发现除了一步一步数，还可以通过以下框图得到：

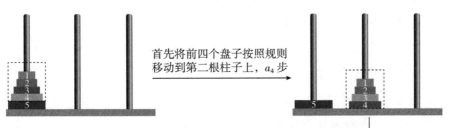

首先将前四个盘子按照规则移动到第二根柱子上，a_4 步

接着将第五个盘子转移到目标柱子上，1步

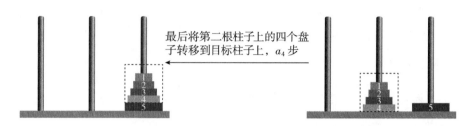

即 $a_5 = 2a_4 + 1$. 依照这种思路，对于 n 个盘子，也可以通过如下框图表示：

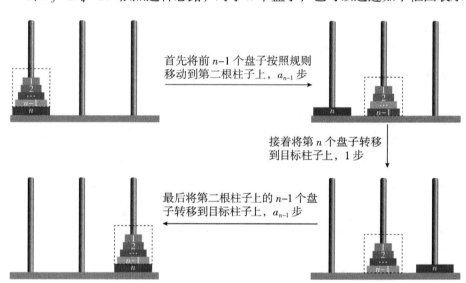

于是可以得到递推公式：$a_n = \begin{cases} 1 \ (n=1), \\ 2a_{n-1}+1 \ (n \geqslant 2). \end{cases}$

活动 3：以小组为单位讨论，根据递推公式求通项公式

学生讨论，教师引导：发现递推的核心结构是乘法，因此可考虑将递推公式化为乘积形式处理. 教师提出汇报要求：

1. 通项公式的求法；

2. 汉诺塔游戏的答案；

3. 推导方法的总结.

学生将 $n \geqslant 2$ 时的递推公式变形，两边同时加 1，转化为 $a_n + 1 = 2(a_{n-1}+1)$.

此时发现 $\dfrac{a_n+1}{a_{n-1}+1} = 2$. 故令 $b_n = a_n + 1$，则有 $b_n = 2b_{n-1}$，$b_1 = 2$. 这是首项为 2，公

比为 2 的等比数列. 于是有 $b_n = 2^n$, 将 $b_n = a_n + 1$ 代入后即得 $a_n = 2^n - 1$（$n \geqslant 2$）.

汉诺塔游戏的答案, 即当 $n = 64$ 时, 代入到通项公式中, 得到 $a_{64} = 2^{64} - 1$.

方法总结: 通过构造数列, 将已知递推关系转化为等比关系, 利用等比数列通项公式求得最终解, 体现转化思想.

设计意图: 通过动手实践, 小组讨论并汇报, 学生发现汉诺塔游戏蕴含的递推关系, 并用数学语言表述出来, 感受特殊到一般的数学思想; 在发现递推关系、推导通项公式的过程中, 学生提高分析问题、解决问题的能力, 感受转化的数学思想.

第三阶段: 推广方法, 解决问题

例 1 已知数列 $\{a_n\}$ 满足 $a_1 = 1$, $a_{n+1} = 3a_n + 1$, $\{a_n\}$ 的通项公式如何求? 你能自己尝试求解吗?

师生活动: 学生自主完成并讨论. 当等式左右两侧加的常数不易看出时, 此时可以先设常数为 x. 解析如下:

设 $a_{n+1} + x = 3（a_n + x）$, 故 $x = \dfrac{1}{2}$.

令 $b_n = a_n + \dfrac{1}{2}$, 则有 $b_{n+1} = 3b_n$, 且 $b_1 = a_1 + \dfrac{1}{2} = \dfrac{3}{2}$.

故数列 $\{b_n\}$ 为首项为 $\dfrac{3}{2}$, 公比为 3 的等比数列, 有 $b_n = \dfrac{3}{2} \cdot 3^{n-1}$.

将 $b_n = a_n + \dfrac{1}{2}$ 代入即得 $a_n = \dfrac{3^n - 1}{2}$.

教师强调并总结求此类常系数递推关系的通项公式的方法: 待定系数法.

例 2 已知 $a_1 = 1$,

（1）若 $a_{n+1} = 4a_n + 3$, 求 a_n.

（2）若 $a_{n+1} = ma_n + n$, m, $n \in \mathbf{R}$, 求 a_n.

师生活动: 第一小问巩固新知, 第二小问解决一般化问题. 还可进一步提问: 是否还有其他方法? 可作为课下的延伸讨论问题.

追问: 若将汉诺塔问题的递推关系更改为: $a_{n+1} = 2a_n + 2n + 1$, 此时通项公式如何求?

师生活动：学生自主尝试求解，若学生依然设 $a_{n+1}+x=2(a_n+x)$，此时 $x=2n+1$，则 $a_{n+1}+2n+1=2(a_n+2n+1)$，但数列 $\{a_n+2n+1\}$ 并不是等比数列．该递推关系并不能仅通过分离常数得到，还需要将一次项分离出来．

故可设 $a_{n+1}+x(n+1)+y=2(a_n+xn+y)$，此时 $\begin{cases} x=2 \\ y=3 \end{cases}$．设 $b_n=a_n+2n+3$，有 $b_{n+1}=2b_n$，则数列 $\{b_n\}$ 为首项为 6，公比为 2 的等比数列．将 $b_n=6\cdot 2^{n-1}$ 代入即得 $a_n=6\cdot 2^{n-1}-2n-3=3\cdot 2^n-2n-3$．

设计意图：呼应情境问题，介绍利用待定系数法的应用，使学生巩固知识并能学以致用，发展逻辑推理素养，积累发现问题、解决问题的经验．

活动效果

实践课程的学习，使学生保持独立、持续探究的兴趣，发展学生发现与提出、分析与解决问题的能力，学会合作与表达，养成实事求是的科学态度，培养学生的数学学习兴趣，感知数学学习方式的变化．

通过汉诺塔情境抽象出数学问题，并用数学的语言表达出来，积累用数学的语言表达的基本活动经验；从游戏中抽象出递推公式，将递推公式转化为等比数列问题，巩固数列部分相关知识点，提升学生数学抽象、逻辑推理等数学素养．同时，从汉诺塔递推关系求通项公式的求解过程中引申出待定系数法，还可以用该方法解决已知递推关系求通项公式一类的问题，为后续内容做铺垫．

形如此类，蕴含递推关系的数学游戏有很多，例如九连环、华容道等，在后续课程中将继续介绍．

（本活动由门桐宇设计）